生技投資聖經

一定要懂的
投資策略

二部曲

感謝您購買旗標書，
記得到旗標網站
www.flag.com.tw
更多的加值內容等著您…

<請下載 QR Code App 來掃描>

1. 建議您訂閱「旗標電子報」：精選書摘、實用電腦知識搶鮮讀; 第一手新書資訊、優惠情報自動報到。
2. 「更正下載」專區：提供書籍的補充資料下載服務, 以及最新的勘誤資訊。
3. 「網路購書」專區：您不用出門就可選購旗標書!

買書也可以擁有售後服務, 您不用道聽塗說, 可以直接和我們連絡喔！

我們所提供的售後服務範圍僅限於書籍本身或內容表達不清楚的地方, 至於軟硬體的問題, 請直接連絡廠商。

● 如您對本書內容有不明瞭或建議改進之處, 請連上旗標網站, 點選首頁的 讀者服務, 然後再按左側 讀者留言版, 依格式留言, 我們得到您的資料後, 將由專家為您解答。註明書名 (或書號) 及頁次的讀者, 我們將優先為您解答。

學生團體 訂購專線：(02)2396-3257 轉 361, 362
傳真專線：(02)2321-2545

經銷商 服務專線：(02)2396-3257 轉 314, 331
將派專人拜訪
傳真專線：(02)2321-2545

國家圖書館出版品預行編目資料

生技投資聖經二部曲 / 羅敏菁 作
臺北市：旗標, 2017.03 面； 公分

ISBN 978-986-312-412-2(平裝)

1.投資 2.生物技術業 3.製藥業

563.5 106000401

作　　者／羅敏菁
發 行 所／旗標科技股份有限公司
台北市杭州南路一段15-1號19樓
電　　話／(02)2396-3257(代表號)
傳　　真／(02)2321-2545
劃撥帳號／1332727-9
帳　　戶／旗標科技股份有限公司
行銷企劃／陳威吉
監　　督／楊中雄
執行企劃／孫立德
執行編輯／孫立德
美術編輯／薛詩盈
封面設計／古鴻杰
校　　對／孫立德

新台幣售價：580 元

西元 2024 年 1 月 初版 6 刷

行政院新聞局核准登記-局版台業字第 4512 號

ISBN 978-986-312-412-2

第一篇　技術篇

1-1　認識癌症……16

了解癌症起因，保護個人也掌握投資……16

癌症形成與癌症治療的大輪廓……17

1-2　癌症治療方法與創新……42

1-2-1　手術……44

1-2-2　放射線治療……44

1-2-3　化學治療……46

1-2-4　標靶治療……48

1-2-5　免疫治療……55

1-2-5-1　最熱門的免疫治療法－免疫檢查點抑制劑……64

1-2-5-2　免疫細胞療法……67

1-2-5-3　治療性單抗藥物與帶藥抗體……78

1-2-5-4　藥廠巨頭的癌症免疫治療佈局……80

1-3　細胞治療……89

1-4　精準醫療概念……106

第二篇 商機篇

2-1 法規商機 120

2-1-1 美國加速新藥上市的法規商機 120

2-1-2 如何善用孤兒藥法規創造商機與投資策略 128

2-1-3 改良型新藥漸成主力 134

2-1-4 美國學名藥的法規商機 136

2-1-5 中國生物醫藥 "十三五" 商機 144

2-2 生技相似藥商機 147

2-3 NASH 肝炎藥物商機 160

2-4 癌症基因檢測商機 166

第三篇 投資思維篇

3-1 美國生技股市觀察 188

3-2 新藥開發乃接力賽, 把握節奏, 就能投資順利 192

3-3 由台灣授權成功案例思考未來投資 194

3-4 新藥研發失敗原因 201

3-5 為什麼好公司沒有好股價 204

第四篇　個案篇

中裕新藥 (4147) 211
聯合生物製藥 (6471) 215
藥華醫藥 (6446) 218
心悅生醫 (6575) 225
生控基因 (6567) 231
景凱生技 (6549) 236
台睿生技 240
漢達生技醫藥 (6620) 244
博錸生技 (6572) / 瑞磁生技 (6598) 247

名詞索引 253

推薦序

我和敏菁有亦師亦友的關係，憑藉她的努力與不服輸的個性，早已在生技投資界享有名氣。由於最近個人對生技產業也有相當的興趣，我看完她的新書大作，更深感獲益良多，只改了一個字。

我身為跨世代的腫瘤科醫師，對於治療癌病比上一代或下一代醫師多了許多體會。學醫是一個永不停歇的學習過程，如果說我們能看得更遠，是因為我們經常站在巨人的肩膀上向遠處看，我們的巨人就是多年來陪伴我們成長的病人，醫療經驗需要傳承，才能避免錯誤，造福未來。回顧癌病治療的發展經驗，終於走上了我認為最正確的道路，標靶及免疫治療兩個主軸上，書中皆有略述，相當不錯。不過生技醫療界如果不改變見樹不見林的老毛病，可能又會讓生技業帶著臨床再度空轉一陣子，因為生技藥業太重視單一細胞機理，而忽略了人是活在多個生理環境系統的協調整合上，唯有病態的腫瘤微環境與人體各環節皆建立了良性循環，療效才能持續。好的生技產業應在此較不為人知的領域加強研發，目前例子不多，希望下本書能找到把握這個概念的生技新藥或醫療技術的公司，我認為那才是治療腫瘤的明星公司。

書中提到各種幹細胞醫療及精準醫學的發展，雖皆有賣相，但目前臨床法規及醫療常規還跟不上科學家的腳步。倒是我特別推薦本書的精華「商機篇」與「投資思維篇」。成功的大藥廠除了要會找出開發出具獨特技術的小公司，更要懂得如何透過既有的法規及臨床試驗設計達到加速新藥上市的速度與節省經費支出的目的。有心的讀者應可由本章節獲取不少啟發。

許多尚未獲利的生技公司都需要長期投資、風險高、利潤也高；新藥開發公司除了技術知識產權要創新之外，法規以及臨床試驗的難易也決定了其風險。甚至千辛萬苦成功了一個藥，科技的進步很快的又讓此藥變成了昨日黃花。大部分的生技業目的在於改進醫療品質與成效，專業度很高。公司最好有資深醫師介入其開發過程；同樣的，投資者最好也借助一本好的入門工具書或資深分析師來了解一下生技產業的眉角與陷阱。身為資深的腫瘤醫師，看到某些醫療的多餘、無謂與浪費，想為台灣生技產業做些事情，更想把臨床經驗逆向轉化為生技產業，深深覺得生技產業絕對要建立在專業與道德上，不該追求無限制的本夢比。

季 匡 華

新光醫院腫瘤治療科主任

國立陽明大學醫學系教授

強普生物科技(股)公司董事

推薦序

Development of new drug products, biological products and medical devices involves many huge human investments and complex processes. The success of development depends heavily on advancements in medical sciences, technologies and methodologies, and advancements of regulatory sciences. Taiwan has a long record of successes in early stages of such development including Phase I and II clinical trials. Such invaluable experiences and successes would pave a way for further stages in advancing development of medical products, which not only render great opportunities of human investments but also improve public health for the world. The human investments cover further understanding of advanced knowledge about diseases, how to facilitate an informative use of the medical products on the market for our well beings, and bringing up innovative ideas to enhance the medical product development, in addition to monetary rewards.

In recent decades, the explosive information on genetics and genomics has created many more pathways for development and regulatory approval process for new medical products. It has been recognized that the conventional one-side-fit-all thinking for the entire patient population with a targeted disease may not be the best. The idea of enrichment has started flourishing and even more so personal medicine is no longer thought to be unreal. As consequences, clinical trial methodologies have been advanced a great deal. More and more attention has been devoted by industries and regulators to developing medical products for rare or orphan diseases through unique pathways, using all sciences and available data and knowledge, in addition to clinical studies. More and more attention has also been drawn to the trade-off between benefits and risks. More innovative strategies have been developed as to how to use biomarkers, surrogates or disease modeling and their quantitative relationships between the markers and clinical outcomes for speeding up the process of medical product development. In addition, how to incorporate scientific uncertainties hidden in data into appropriate interpretations of study results becomes necessity to human investments. All of these bring us more opportunities to explore and invest the human resources for our better payoff, quality of life and longevity.

新藥、生物製劑及醫療器材的開發涉及許多人力投入和複雜的過程，而其成功須要大量仰賴醫藥科學、科技、研究方法與法規科學的配合。台灣已經累積了很長的成功記錄，尤其在臨床一期和二期的臨床醫學實驗上。如此無價的經驗墊立了未來先進醫藥發展的成功基礎，不僅在人力資源的投資上產生助益，也將對全球的公共衛生有所貢獻。人力投資是指除了產業獲利之外，在先進的醫療知識提升、如何善用資訊開發對人類有用的醫療產品，和創新醫療想法的開發等等。

近年基因體學和基因資訊有爆發性的進展，也增加了更多藥物開發方法和藥物核發過程的進展。目前已有普遍認知，以一藥醫治所有相同疾病病人的方式不見得是最佳療法，而個人化療法也不再是天方夜譚，進而促成了臨床試驗的方法也跟著有很大的進展。這種異於過去的發展，是經由特殊的途徑、科學研究、研究數據和臨床觀察所引發。大部份是由產業界和法規制定者對罕見疾病或孤兒藥藥物開發，以致愈來愈多的重心著重於風險與治療好處之間的衡量。同時，更多的創新策略（innovative strategies），包括藉由生物標記（biomarkers）、替代性標記（surrogates）或疾病模式（disease model）及彼此之間的計量關係（quantitative relationships），已被採用，並加速了藥物的開發。如何結合這藏在科學不確定性背後的數字，以進行合適的科學解讀，有賴人才資源的投資。這些都值得我們再努力，以達到提供人類更高品質的生活和延長壽命的目的。

敏菁對生技產業發展十分有興趣，她專長在生技產品的開發與投資，但為了對新藥開發更有掌握性，曾經要我教她臨床試驗的生物統計學。有感於對台灣這土地的熱愛，我常回到台灣分享專業冰冷的生統給醫藥界，希望對台灣有幫助，也期待台灣在新藥開發上揚名國際。

敏菁的這本書是生技專業與非生技業間很好的橋樑，可以協助一般人快速學到世界最先進的生技發展，很榮幸當她的新書推薦者，也感謝敏菁對我原文的翻譯。

洪賢明　博士

美國臨床醫學生物統計專家　2017/1/11

自序與全書導讀

非常感謝季匡華醫師幫我審視書中的癌症治療方法，也感謝在美國具有幾十年臨床生物統計經驗的洪賢明博士，和在美國參與幾十個新藥開發的藥學專家簡督憲博士，幫我審視美國新藥法規，讓我倍有信心！

回想 1997 年因緣際會地到了台北榮總癌病中心工作，讓我這原先偏生產製造的外界生，開始有機會接觸到美國的新藥臨床實驗，並與頂尖的醫生和陽明大學博士生一起學習免疫治療、幹細胞治療，後來進入產業界磨練，一線體會經營生技公司的辛苦和快樂。2003 年進入生技創投，有幸參與美國生技的大爆發，了解到美國善用資本市場擴展其生技產業的策略，也開始思索台灣如何從大構面深植生醫，而不是只有點線連結而已，於是我投入更多的時間研究國際產業。

資本市場須要被教育才能對產業由陌生變熟悉，最後產生信心。2010 年台灣生技股市由原料藥帶動，2012 年由新藥領軍，後二個大案件的臨床失敗讓大家對新藥開發產生疑慮，其實是某些投資者過度投機和風險未調控所致，學習是提升全民知識的最佳方法，畢竟生醫仍是國際主流，台灣也大力推動。

距離上次的 "生技投資聖經" 初版上市已時隔四年，這短短的四年，全球醫療科技有了更多的突破，以長期而言，全球人口老化所面臨的藥物和照護需求，以及我們個人或家庭所須要的預防保健也將有增無減。

投資財富，更應該投資健康，

沒有健康，財富也無福享受。

所以生技投資聖經的第二部，決定以個人保健的科普為主，更深入地分析最近幾年對癌症形成理論與治療的介紹，佐以投資的判斷，期待讀者投資獲利之外，更有健康的身體享受人生。而基本之道是多吸收知識，有基本的科普觀念，才能辨別網路偏頗訊息，對醫生的建議也較有理解與吸收能力。

至於另二大疾病起源的糖尿病和心血管疾病，因非個人專長，不敢造次，請讀者參考其他專書。至於醫療器材或保健食品，也是廣面且深入的市場，但已超出個人能力範圍，並非個人只偏愛新藥開發。

由於科技日新月異，新型治病理論快速出現，個人資源有限，本書必然有許多不足或錯誤的地方，還請各方專家不吝指正。

要結合生技醫療的科普與投資，挑戰性極高，筆者儘量朝簡單易懂為主，本書編寫架構分為：

技術篇

認識癌症及癌症治療方法，其中含蓋國際近年最夯的各種免疫治療方法及精準治療的介紹，包括"我沒抽煙，為何會得肺癌—原來都是基因在作怪"的研究發現(P.114)，期待讀者能由更深入的分子醫學，了解疾病的起因和治療。

商機篇

介紹美國新藥與學名藥法規所帶來的投資策略運用、國外新藥開發潮流，及生技相似藥與基因檢測所帶來的商機，很多投資人意想不到的機會隱藏在細節裡。

投資思維篇

生技股很多沒有獲利數字可供投資判斷，然而美國新藥股仍然享受高市值，如何判斷好公司？為何好公司沒有好股價…等等因素將在本篇探討。

個案篇

有營收數字的生技公司較容易做投資判斷，本書列舉幾個國際化的生技公司，分享專業創投如何看待這些公司的國際潛力。

如果大家仔細分析，很多台灣生技公司頗有技術，給與發展時間，耐心投資，產業才能形成良性發展。公司走到某階段就給與合理的市值，但不要短線過度炒作。對於有潛力的公司可在低點投資，等待開花結果。

敬祝大家　身體健康　保持正面思考

心靈的平和是最好的良藥

記得要有充足的睡眠　少大吃大喝增加身體的負擔

投資財富　更應保健自己

最後不要忘記幫助別人

社會好，地球好，個人才會好！

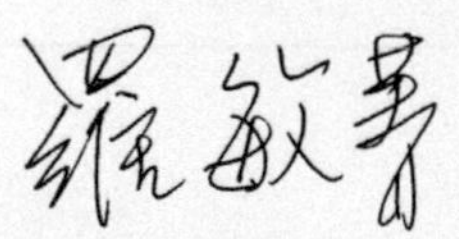

2016 年底完稿於台灣　新北市　紅樹林

第一篇　技術篇

1-1　認識癌症

1-2　癌症治療方法與創新

- 1-2-1　手術
- 1-2-2　放射線治療
- 1-2-3　化學治療
- 1-2-4　標靶治療
- 1-2-5　免疫治療
  - 1-2-5-1　免疫檢查點
  - 1-2-5-2　癌症的免疫細胞療法（含 Car-T 分析）
  - 1-2-5-3　治療性單抗藥物與帶藥抗體
  - 1-2-5-4　藥廠巨頭的癌症免疫治療佈局

1-3　細胞治療

1-4　精準醫療概念

導 讀

癌症是現代化國家的第一大殺手，大部份的醫藥研發以癌症為首。但是癌症是一大類疾病的集合，每種癌症各有起因和標準治療方法。而科學進步神速，更多新的治療方式展現不錯療效，未來也會加入治癌行列。

本篇有關癌症基本概念和治療部份（1-1, 1-2）主要參考美國國家癌症研究院（U.S. National Cancer Institute）對一般民眾的科普教育，而先進的免疫治療（1-2-5）、幹細胞治療（1-3）及精準治療（1-4）則是搜尋各大藥廠研發資訊或專業研究報告所得。

期待本篇簡易的技術描述，可以讓大家快速抓到目前國際發展的樣貌。

1-1 認識癌症

了解癌症起因，保護個人也掌握投資

癌症是文明國家死亡病因的第一位，生技投資不管在新藥開發或基因檢測上都以癌症為主要標的。

而身為投資者的我們，有很高的機率也會成為癌症受害者，所以我們要先從了解癌症的起因開始學起，保護自己免於癌症侵襲，並掌握正確的投資知識。

本篇先簡單地對癌症有一大輪廓的描述，再深入介紹癌症的種類和治療方法。這些基本概念可以幫助讀者判斷投資標的與其他公司技術之間的關係，例如有些藥物彼此之間是競爭關係，有 A 就沒有 B，有些是合作關係，先 A 後 B，或 A 搭 B 一起合併治療。

大家對癌症的治療方法有較全面化的了解後，就可減少對個股過度追高或過度殺低的現象，這對生技業者或投資大眾都有幫助。

另外對病患本身或家屬而言，正確的治癌知識可以協助病患與醫生做最好的合作，大家一起戰勝癌症。

所以，我們先來認識癌症吧！

癌症形成與癌症治療的大輪廓

癌症基本面 (what is cancer)

- 癌症起因於正常細胞做不正常的增生, 並侵略周圍的組織。
- 癌症可起始於身體的任何部位, 如肺部、乳房、大腸直腸消化道、血液組織、淋巴組織、肌肉關節組織…等等。
- 不同部位的癌細胞有不同的特性, 治療方法也不同。
- 腫瘤 (tumor) 有分良性 (benign) 和惡性 (malignant), 良性腫瘤不侵略周遭組織, 惡性腫瘤則生長快速且侵犯鄰居, 擠壓周遭細胞的生長, 甚至分泌物質誘導周遭組織形成微血管, 以供應營養與氧氣給癌細胞坐大, 最後侵犯遠端器官。

癌症移轉 (metastasis)

- 惡性的癌細胞會侵略遠端的器官, 稱為癌症移轉。
- 癌細胞一旦移轉, 一般性的治療方法可能都會無效。
- 當癌細胞侵略其他器官後, 仍會保持原性, 例如肺癌細胞跑到骨頭, 在骨頭的癌細胞仍和在肺部的癌細胞類似, 醫生稱它為肺癌移轉, 而不是骨癌, 所以治療上不用骨癌藥物治療。這就像非洲人跑到美國定居, 骨子裡還是非洲人, 有非洲基因, 頭髮不會因為搬到美國住就變成金色頭髮一樣的道理。但如果再深入分析, 其實原位癌和轉移癌在惡質能力上還是有些不同。

癌症治療原則

不同起源的癌細胞有不同的特性, 故採不同的治療方法。

- 有些癌細胞生長快速, 傳播快速, 有些則生長緩慢, 擴張緩慢, 故對治療方法的反應也不同。

- 有些腫瘤適合以手術治療，有些適合用化學治療，一般會合併二種以上的治療，以達除惡務盡的目標。
- 一般醫生必須先以各種影像、生化或基因檢查後，才能判斷該病人的腫瘤特性。

癌症分期 (cancer stage)

一般固體癌分為四期，一二期為初期，隨著惡化狀況，則進入第三四期。

癌症治療方法：

- 傳統方法為手術、放射線治療、化學治療，後來加入標靶治療、免疫合併治療。
- 手術一般使用於切除大塊病灶。
- 放療可使用於殺死或放緩癌細胞生長，可單獨使用，或搭配手術或化療。放療的光子刀可燒掉較小的腫塊，但要燒掉大塊腫瘤則太浪費時間且輻射有害，所以視腫塊大小與手術搭配。
- 化療藥一般用靜脈注射，後有口服劑型，以方便病患在家使用。化療藥會循環全身，目標在於阻撓或放緩癌細胞的生長。早年高劑量的化療藥除了殺癌，也會造成免疫細胞大量死亡，造成病人死於感染的狀況。
- 免疫治療：早期治療方法為打入免疫提升劑（例如G-CSF），以提升化療後的免疫能力，後來雖有治療性的癌症疫苗開發，但成功上市者只有一二件（例 Provenge®）。近幾年的免疫治療方向改變為抑制免疫檢查點，例如 anti-PD-1, Anti-PDL1等藥物，療效不錯，已於美國成功上市；另外，基因編輯後的 T 細胞，所謂的 Car-T 技術 (Chimeric Antigen Receptor T-Cell Immunotherapy)，也加入免疫治療行列，而成為近年癌症治療風潮。免疫治療的突飛猛進不代表其他技術或藥物就會被取代，因為免疫治療仍有其瓶頸，在未來的章節會有更詳細的分析。

接下來本書參考美國癌症機構的資訊，更深入地剖析癌症。

✚ 癌症是統稱, 可細分成不同病症

樹上的葉子黃了, 就應該要掉落塵土, 讓新生的葉子長出來, 繼續行光合作用, 整棵樹才會長得健康。如果葉子黃了卻不掉下來, 硬要霸佔在樹上, 逐漸地, 功能不佳的黃葉多於綠葉, 樹將奄奄一息！人體也一樣！

細胞生長和分裂是有秩序的, 當細胞老化或受損時, 自然會凋亡 (Apoptosis), 讓新生細胞接替上來。

凡是細胞生長愈來愈不正常, 愈來愈不受控制的疾病, 我們都稱它為癌症 (Cancer)。

固體癌

癌症可能發生在身體的任何器官, 例如肺部、肝部、乳房、皮膚……。這些會形成硬塊的癌症, 我們稱它們為固體癌 (solid tumor) 或實體癌。

有些癌細胞不會形成腫塊, 而是在全身流動, 例如白血球細胞異常所造成的血癌 (leukemia)。

原位癌, 次位癌

固體癌會先駐留在某一器官一陣子, 那是它的出生地, 這些留鄉癌青年們, 我們稱它為原位癌 (primary cancer)。

之後, 這些癌青年開始不安份了, 不受管轄, 而且躲避免疫系統的監控, 肆無忌憚的生長, 擠壓正常細胞的生存空間, 我們稱它為惡性 (malignant) 腫瘤。惡性腫瘤會擴張和侵略附近的組織, 就像地方惡霸一樣。

惡性腫瘤極欲擴張領土，它們會分泌一些物質，衝出原留地，隨著血液或淋巴系統佔領另一些器官，這叫做癌症移轉（metastasis）。而它們在遠端器官建立的殖民地，我們稱它為次位癌（secondary cancer）。

次位癌比原位癌頑強，造成治療上的挑戰

次位癌的特性和原位癌不太相同，雖然顯微鏡底下的長像類似，如果以基因層次剖析，則有不小差距；因為這群 "漂洋過海" 的腫瘤細胞顯然具備"渡海"和 "攻岸搶灘" 的本事，腫瘤細胞的特性已大大改變，對藥物和放射治療的抵抗性也更加強大，醫生在治療上面臨更強大的挑戰。

良性瘤，惡性瘤

有些腫瘤是良性的（benign tumors），較易控制。良性腫瘤不會侵犯附近組織。良性腫瘤有時候會很大顆，當被切除後，通常不會再長回來，除了腦瘤以外。

惡性腫瘤（malignant tumor）則春風吹又生，不易斷根。

✚ 癌細胞的特異功能

癌細胞的特性

- 生長不受控制。
- 利用微環境（microenvironment）影響附近的正常細胞：例如癌細胞會誘導附近正常的細胞形成微血管，幫它運來氧氣和營養，壯大自己。
- 癌細胞會躲避免疫細胞的偵測而存活下來：我們的免疫大軍平時會清理不正常的細胞，以維持身體正常運作，但是癌細胞來自於正常細胞，免疫大軍無法辨識異常，而讓癌細胞長期苟存下來，終釀大禍。

為何癌細胞可以躲避免疫細胞的偵測？

我們人類身體的細胞表面都有一種叫做 MHC 的蛋白質複合物，可用來分辨敵我，如此免疫細胞才會知道誰是外來的細菌而必須消滅之。

MHC (major histocompatibility complex) 乃細胞表面上的複合物，可用來辨識外來物，如細菌。

腫瘤細胞在形成的剛開始，免疫細胞可以偵測得出它們是"非我族類的異常分子"，而消滅之。

至於癌細胞後來如何逃避免疫法眼的呢？有一理論是說被免疫細胞攻擊而未死的癌細胞，被 "基因編輯" (gene edit) 到帶有 MHC 的護照，造成免疫細胞以為它們是同族的，而放過它們。這過程稱為"癌細胞的免疫逃避"(escape from immune surveillance)，也就是癌細胞演化出逃避免疫監控的能力，因為它們混到了 "MHC" 同一國的護照。

MHC為主要組織相容性複合物 (major histocompatibility complex) 的簡寫。腫瘤細胞成功躲避免疫細胞攻擊後，腫瘤才能快速增殖。

✚ 癌症如何而來？導源於基因突變

以前的癌症理論是說癌症有 10~15% 是遺傳引起的，其他為不明原因。最近幾年拜基因定序技術的進步，使科學家可以更深入的研究疾病在基因層次上的表現，於是美國癌症研究中心 (National Cancer Institute, NCI) 對癌症有了更清楚的解釋。

NCI直接點出癌症是基因性疾病 — Cancer is a genetic disease，也就是說癌症來自於控制細胞生長、分裂與功能的"基因"產生了問題。

基因的問題可能來自於:

- 遺傳:天生有缺憾,例如某些抑癌基因有突變,無法抑癌。
- 後天環境的驅動:驅動因子可能造成基因變異,例如接觸過多的化學物質、放射線、紫外線,基因突變累積愈來愈多。

如果某些突變點正好卡在關鍵基因上,就會造成細胞亂長。假使再加上個人的生活作息混亂,免疫能力下降,無法即時清除癌細胞時,日積月累,最後就形成了腫瘤。

每個人的癌症都不一樣

每個人的癌症都有其特殊的基因變化組合 (Each person's cancer has a unique combination of genetic changes, source: NCI),對藥物的反應也不同。

例如科學家研究 16 位黑色素瘤病患的基因,發現光從這 16 個人身上,總共就找出了 184 個基因突變點,平均每人有 11.5 個突變,而且每個人的基因變化都不同。其中突變點小於 4.5 個者,對某藥物 (ipilimumab) 的反應率最佳,療效最好 (資料來源:Cell 2016, research from MD Anderson Cancer Center)。

而當細胞繼續成長時,還會產生更多的變化,即使同一坨腫瘤,在不同腫瘤細胞內的基因變化也是不同的!

投資 思考

癌症基因的多變化性促進了新藥的發展

隨著基因科技的發達,現在已經可以更深入地從基因突變層次對病人做分類、治療和復發追蹤,促成製藥界須要開發更多的靶藥以因應之,請詳 115 頁,圖1-4-4。

✚ 與癌症相關的基因簡單分為三大類

基因改變來自於以下三大類基因產生問題：

1. 原癌基因（Proto-oncogenes）
2. 抑癌基因（Tumor suppressor gene）
3. DNA 修復基因（DNA repair gene）

原癌基因（Proto-oncogenes）是致癌基因（oncogenes）的前身。

讀者可能很疑惑，我們身體怎會有致癌基因呢？以科學角度來想，原癌基因涉及正常細胞的生長和分裂，但是這些原癌基因若產生變化的話，這些基因也會比一般的基因更活躍，導致細胞生長和分裂更快速，而變成癌細胞，所以科學家們把這些基因稱為致癌基因，而致癌基因的原型版就稱為原癌基因。

還好我們身體還有一類基因稱為抑癌基因（Tumor suppressor genes），抑癌基因負責調控細胞生長和分裂，以和致癌基因互相制衡。

萬一我們的抑癌基因也有問題的話，就無法壓制細胞的過度生長，於是癌細胞就會逐漸累積。平常大家常聽到的紫外線、輻射線、燒烤食物產生的致癌物、空氣中的 PM2.5 微粒…等等都可能促發我們體內 DNA 的變異。

我們的 DNA 雖然穩定，但它的外圍結構還是很容易與週遭微環境的化學物質產生結合，或在能量（指輻射線、紫外線…）的驅動下，產生 DNA 的化學變異。

DNA 是我們細胞運作的藍圖，您想想看，藍圖錯誤後，還能蓋出堅固的建築物嗎？所以各位讀者要遠離致癌物，不要吃下大量的致癌物或過度照射太強的輻射線而不自覺。

對於平日 "少量" 的致癌物入侵，我們身體有主動的修復系統，例如 "DNA 修復基因"，和下一章我們會講到的 "免疫大軍"，它們都是我們身體內建的掃毒程式，不用我們喊口令，就會自動清除不正常細胞。

癌症移轉

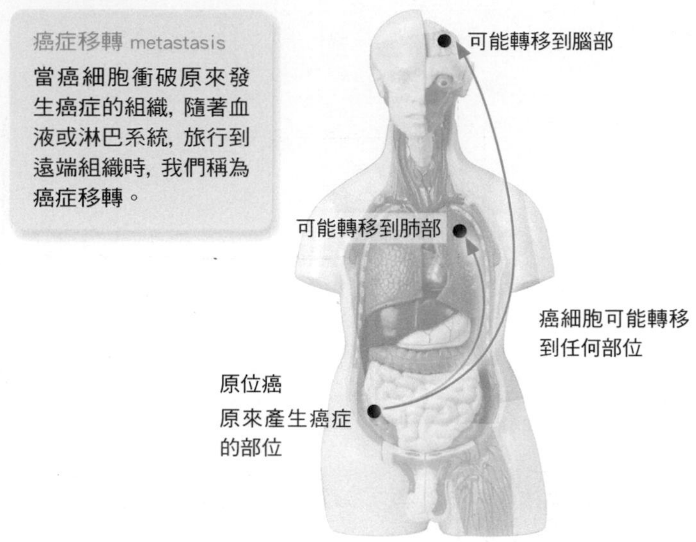

當癌細胞衝破原來發生癌症的組織（原位癌），隨著血液或淋巴系統，旅行到遠端組織時，我們稱為癌症轉移。癌細胞一旦移轉，等於全身亂竄，存活率一般不佳。這時的醫療目標只求 "控制病情" 而無法期待治癒。因此初次罹癌的病人即使病情獲得控制，也要改變生活習慣，不要再維持之前的 "癌細胞養成環境"，並且要按時回診，以防癌細胞移轉。

腫瘤的形成

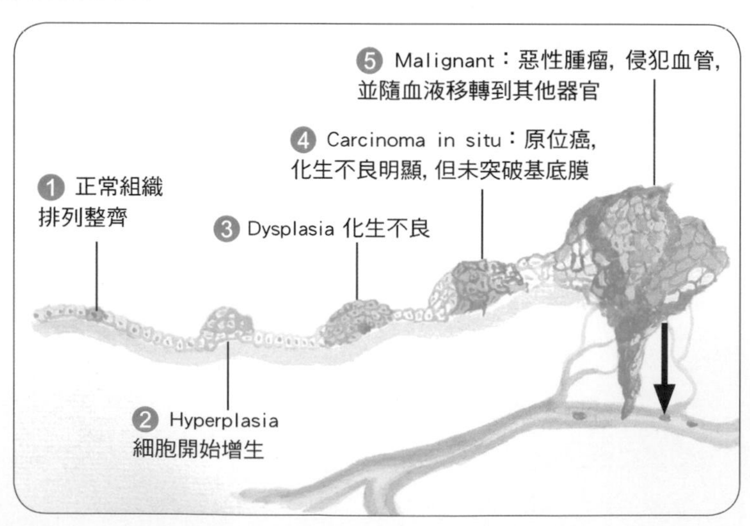

腫瘤的形成有其過程和時間，上圖可協助大家了解專有名詞，於自我保健、身體檢查，或進行投資時比較能進入情況。

- Hyperplasia（細胞開始增生）：上圖❷，這時細胞雖然變多，但排列還算整齊。為何細胞會增生過多？也許是長期發炎刺激引起的，所以平常仍要避免發炎。

- Dysplasia（化生不良）：上圖❸，細胞具有某些不正常的型態與基因特徵，但尚未達到惡性腫瘤的程度，日後有進展成惡性腫瘤的可能性。

- Carcinoma in situ：原位癌，上圖❹，化生不良（dysplasia）的程度明顯，但細胞未突破基底膜產生侵襲，尚未成為一般所謂的癌症（侵襲癌）。

- Cancer：腫瘤變成惡性，上圖❺，不但侵襲並破壞周邊組織，還吸引微血管形成，為它帶來更多補給，最後侵入血管，隨著血管或淋巴管轉移到其他器官。

✚ 癌症的種類介紹 - Carcinoma

癌症有一百多種，簡單分類如下，讀者不用特別記住名稱，只要大約了解即可，等投資碰到看不懂的名詞時，再隨時查閱即可。

- Carcinoma 是由上皮組識引起的癌症

  Carcinoma 是最常見的癌症種類，主要由上皮細胞（epithelial cell）變異引起。我們身體的外層和內部都有上皮細胞組織，例如身體外層的皮膚，身體內部的腸道表皮。

- Carcinoma 又分為：

  - Adenocarcinoma（腺癌）是指會產生粘液或粘膜的上皮細胞產生癌化，例如乳癌，大腸直腸癌，攝護腺癌等等都是 adenocarcinomas。

  - Basal cell carcinoma 是指上皮細胞下層的細胞產生病變。

- Squamous cell carcinoma (鱗狀細胞癌) 是指皮膚表皮正下方的細胞產生病變。鱗狀細胞癌也會發生在內部器官例如胃、腸、肺、膀胱、腎的表皮下方層。鱗狀細胞癌在顯微鏡底下看起來像魚鱗。

- Transitional cell carcinoma:Transitional cell 有多層上皮細胞, 發現在胃、腸、肺、膀胱、腎等器官。

✚ 癌症的種類 - 肉瘤

肉瘤 (Sarcoma) 不常見, 而且大部份屬於良性, 所以較少藥物針對肉瘤進行開發。肉瘤一般以手術、放療或化療處理。Sarcoma 雖然俗稱肉瘤, 但它可分成二種, 分別發生在軟組織和骨頭上。

軟組織肉瘤約有五十種, 可能發生在脂肪、肌肉、韌帶、血管、淋巴管、神經組織或皮膚深層組織, 但最常發生肉瘤的地方是手部和腿部的肌肉組織。

Sarcomas 也可能發生在骨頭, 尤其是兒童的 Ewing Family of Tumors and Rhabdomyosarcoma。

發生率

依美國腫瘤協會公佈, 2016 年軟組織肉瘤新案例發生率約 12,310 件, 男多於女;死亡數約 4990 人。

起因

- 輻射 Radiation:有些病人是因其他癌症治療, 照射過多輻射線引起。
- 家族遺傳:常見於神經組織。
- 淋巴系統受損。
- 曝露於某些化學物質。

而受傷、抽煙、飲食型態, 或過度運動並不會引起肉瘤。更多詳情請參考美國腫瘤協會網站。

✚ 癌症的種類介紹 - 血癌

Leukemia is a cancer of the blood cells：

血球主要由骨髓製造而來，有關血球異常的癌症統稱血癌（Leukemia）。最常見的是白血球異常，引發身體免疫力喪失，任何小小感染都可能要命。

血癌又分淋巴母細胞癌（lymphoblastic）和骨髓瘤二種，有急性和慢性之分。所以讀者常會聽到急性骨髓瘤 AML（Acute myeloid leukemia）或慢性骨髓瘤 CML（Chronic myeloid leukemia）等簡稱。

雖然市面上已經有不少的 AML，CML 治療藥物，但新的療法仍然不斷地被開發中，因為仍有病患對現有藥物沒反應。

✚ 癌症的種類介紹 - 淋巴癌

淋巴系統

淋巴系統包括淋巴組織及器官，譬如脾臟及扁桃腺，也包括淋巴球，例如白血球等等，淋巴系統是我們對抗病菌感染的組織。

淋巴癌基本知識

淋巴癌（Lymphoma）是源發自淋巴組織的一種癌症，主要發生在淋巴節。因為早期症狀並不明顯，徵兆又與感冒相似，讓人容易混淆，而延誤了黃金治療期。但淋巴癌是少數能治癒的癌症之一，若能早期發現，治癒率高達 70%。

淋巴癌的症狀大都表現在淋巴腺的腫大，最早期發生在頭頸部、腋窩或腹股溝，通常無痛也不紅腫。會紅腫熱痛的淋巴結腫大多是淋巴腺發炎。發生在身體內部的淋巴腺則無法用手摸到，可能錯失治療良機。

淋巴癌病患有時會發生不明原因發燒（體溫攝氏 38.3 度以上）、晚上盜汗、體重減輕等全身症狀。

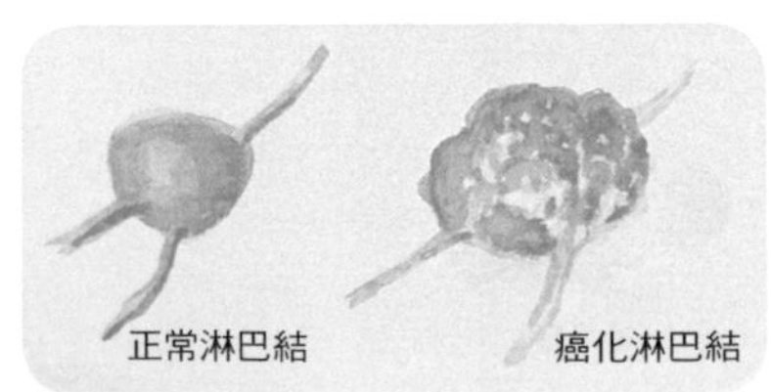

淋巴癌分二種類型

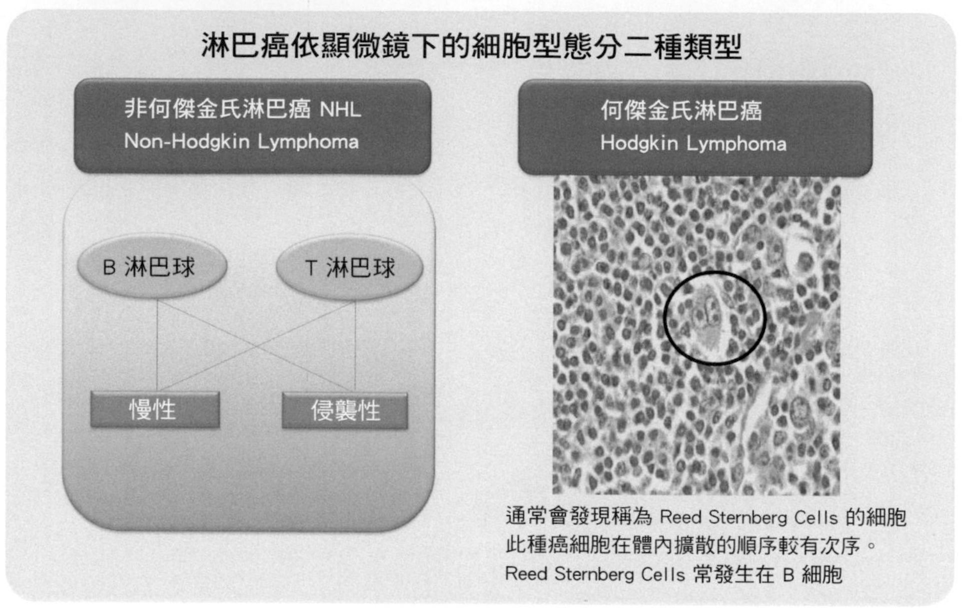

通常會發現稱為 Reed Sternberg Cells 的細胞
此種癌細胞在體內擴散的順序較有次序。
Reed Sternberg Cells 常發生在 B 細胞

大部份的淋巴癌為 NHL，故癌藥大部份針對 NHL 開發。

而 NHL 又分為來自 B 細胞變異和 T 細胞變異二種癌症，而二種細胞病變又可分為慢性和侵略性二種，所以為總共有四種組合。投資時請看清楚目標適應症。

在此，我們要插播一下有關 NHL 的大新聞，順便舉二個 NHL 的次分型：

NHL 中有個稱為 DLBCL (Diffuse large B-cell lymphoma) 的 B 細胞淋巴瘤，是一種最常見的 NHL，佔 NHL 的 30%，但化療無效後的死亡率很高，每天死於 DLBCL 的病人約 30 人，而 Car-T (T 細胞基因改良技術) 對此類病患有療效。Kite 這家公司於 2016 年 9 月的臨床二期數據顯示治療三個月，51 位病人中，有 33% 的完全應答率 (Complete Response)！而對另一種較少見的 PMBCL (primary mediastinal B-cell lymphoma) 則有 64% 的完全應答；有關 Car-T 請另詳第 68~74 頁。

淋巴癌的分期

- 第一期：淋巴癌局限在一個淋巴結或淋巴區域。
- 第二期：淋巴癌已入侵兩個或兩個以上的淋巴結或淋巴區域，但仍在橫膈膜的上側或下側，這叫做局部擴散。
- 第三期：癌細胞分散在橫膈膜的兩側（上側和下側），這叫做 "廣泛擴散期"。
- 第四期：淋巴癌已轉移到一個或多個身體器官，包括骨頭、骨髓、皮膚、肝及肺，這叫做 "廣泛轉移癌"。

淋巴癌發病原因

到目前發生淋巴癌的原因仍不甚清楚，除了體質、接觸化學物質、病毒感染之外，病人本身有嚴重的免疫機能異常，如腎臟移植者、愛滋病毒，或特殊病毒感染者，其罹病率為正常人的數十倍，家族及遺傳的傾向則少見。

淋巴癌的檢驗

在診斷過程中，會有不同的檢驗工具，以協助醫生判斷淋巴癌型態和有否轉移。檢驗方法包括：

- 細胞切片檢查: 用針筒或開刀取出細胞組織化驗。
- 血液檢驗: 用針筒從手臂抽血，醫生借著顯微鏡觀察紅血球、白血球及血小板。
- 骨髓檢查：用針筒在髖骨骨盆附近取出骨髓樣品化驗。
- 脊椎穿刺切片檢查：使用細針從脊椎取出脊椎液做化驗檢查。只有特殊的病例才會使用這種方法。
- 斷層掃描檢查：由各種不同的角度拍攝，讓醫生知道淋巴癌位置。
- 磁核共振攝影：利用磁性及無線電波顯示淋巴癌有否轉移到神經系統或其他器官。

淋巴癌的治療

一般而言惡性度較低且屬於第一、二期局部淋巴癌的病人，可以接受放射線治療。惡性度較高，不管任何期別，因病情惡化較快，而且容易散佈全身，就需要以化學治療併用標靶藥物來消滅腫瘤。

如果是頑固性及高危險性惡性淋巴癌，使用骨髓或周邊血幹細胞移植是接續化療後的標準治療，可明顯提高痊癒機會。

淋巴癌預後 (Prognosis)

惡性淋巴癌的病人若不接受治療，平均活存不超過二年。若能接受適當治療，緩解機率約有七成，但有四成的病人可能會復發。

在症狀完全緩解的兩年後才復發者，對第二次的化療仍有良好的反應。但不論有無復發，只要適當接受治療，七年以上的存活率約佔所有惡性淋巴癌的四成左右，在癌病中是相當好的成效。(資訊來源：嘉義基督教醫院第146期)

淋巴癌療效雖佳，但很多病人轉而增加其他癌症的機會，例如骨髓瘤，乳癌…等等。

淋巴癌各期別的五年存活率

期別	五年存活率	檢查發生機率
原位 Localized (confined to primary site)	82.3%	26%
區域擴散 Regional (spread to regional lymph nodes)	78.3%	19%
遠端移轉 Distant (cancer has metastasized)	62.7%	47%
未知期別者 Unknown (unstaged)	68.6%	8%

表格資料來自於美國腫瘤學會2013年

✚ 癌症種類介紹 - 多發性骨髓瘤

多發性骨髓瘤 Multiple Myeloma，簡稱 MM。

此病好發在 60~70 歲老年人，男多於女。病患常因以下症狀就診；骨頭酸痛或有病理性骨折（pathologic fracture）、脊椎壓迫症狀、貧血導致的頭昏疲倦或全身無力、尿毒症症狀、高血鈣症狀（如噁心、嘔吐、便秘或神智遲鈍）或 hyperviscosity症狀（視力模糊、頭痛、失明、嗜睡）。少數患者因骨頭上或骨頭以外的腫塊或神經病變（neuropathy）而發現罹患此病。

多發性骨髓瘤為漿細胞（plasma cell）增生的惡性疾病，絕大多數的病患會分泌所謂的 M-蛋白（M-protein）。漿細胞屬於免疫細胞。

不正常的漿細胞稱為骨髓瘤細胞（myeloma cells），起先發源於骨髓，最後散佈到全身骨頭。

美國發生率

MM不是常見的癌症，發生機率約 0.7%，但死亡率不低。

根據美國腫瘤學會預估，2016 年的 MM 新案例約 30,330 件，死亡約 12,650 件。

診斷標準

- 骨髓中 plasma cells 或 myeloma cells＞30%。
- 組織病理證實的 plasmacytoma。
- M-protein: IgG＞35 g/L

治療

目前多發性骨髓瘤仍難治癒，平均存活時間為三年到四年左右。

- 一般使用高劑量化療合併血液幹細胞移植。若治療有效可見骨骼酸痛、貧血、M-protein 及 β2-microglobulin 等逐漸改善, osteolytic lesion 不再惡化。
- 可使用的化療藥如下, 可合併多種藥物治療:
  - Melphalan, 對 Melphalan 化療反應不佳者, 亦可以 thalidomide 或 corticosteroids 治療。干擾素對移植後的病人可延長其緩解期間。此外, Bortezomib (Velcade®) 為 proteasome inhibitor, 單用或合併化學治療亦有顯著的臨床反應。
  - 其他還有 Vincristine (Oncovin®), Cyclophosphamide (Cytoxan®), Etoposide (VP-16), Adriamycin(Doxorubicin®), Liposomal doxorubicin (Doxil®) (Adriamycin)), Bendamustine (Treanda®)。

MM 藥物

MM 雖然不常見, 但治療還有成長空間, 所以美國還是有不少生技公司針對 MM 進行新藥開發, 其中蛋白酶體抑制劑 Proteasome inhibitors 為一大類。

- Proteasome inhibitors (蛋白酶體抑制劑)

  蛋白酶體 (Proteasome) 是細胞內的清道夫, 負責清除暫時沒有用途的蛋白質, 例如調控細胞生長的過氣蛋白質。

  而抑制蛋白酶體, 使細胞被垃圾淹死, 可殺死癌細胞, 雖然對正常細胞也有害。但看起來癌細胞更無法忍受垃圾而先陣亡。

  最有名的蛋白酶體抑制劑是商品名叫做 Velcade® 的 Bortezomib 小分子藥物, 有嘔吐之類的副作用。

  Carfilzomib (Kyprolis®) 是後來開發的蛋白酶體抑制劑 , 靜脈注射;Ixazomib (Ninlaro®) 則為更方便的口服劑型, 一週吃一次, 連吃三週休息一週。以上藥物均有副作用。

- Histone Deacetylase (HDAC) inhibitors

  HDAC inhibitors 可抑制染色體上的 histone，也就是利用干擾細胞的基因運作，來達到抑制癌細胞生長的目的。

  Panobinostat (Farydak®) 是一種口服的 HDAC inhibitor，可使用於 Velcade® 和干擾素之後，一週口服三次，連續二週，休息一週，然後一直重覆，直至病情獲得控制。有副作用。

- Monoclonal antibodies (單抗類藥物)

  單株抗體是人工製造的抗體，可以針對特定標的物，進行去除或加強的功能。骨髓瘤細胞表面有個稱為 CD38 的蛋白質，單抗藥物 Daratumumab (Darzalex®) 進入人體後，會尋找帶有 CD38 的細胞，也就是骨髓瘤細胞，然後引發免疫細胞攻擊骨髓瘤細胞。靜脈注射一週或一月打一次藥。這藥在 2012 年 6 月於臨床一二期 (Phase I/II) 顯示療效，2015 年 11 月就獲得 FDA 上市許可，隔年也取得歐洲藥證，原開發者是 Genmab 公司，四年就快速通關取證。

投資 思考

- 在投資思考上，不見得要投病患多的市場，沒有藥醫的利基型疾病反而容易勝出。例如 MM 藥物 Daratumumab 最後被 Johnson & Johnson 取得市場行銷權。
- 單抗藥物也有副作用，Daratumumab 施打數小時後，有些病人會出現類似感冒、或呼吸困難、嘔吐、頭痛等症狀。紅血球表面也有 CD38，故施打 Daratumumab 會出現紅血球數目下降的現象。
- Elotuzumab (Empliciti®) 也是單抗藥物，主攻另一個骨髓瘤表面蛋白質 SLAMF7。

- Interferon（干擾素）

干擾素是由人體骨髓或白血球分泌的物質，可清除癌細胞，已大量使用於多種癌症的輔助治療，干擾素對骨髓瘤也有抑制效果，故與上述多種化療藥物搭配，用於延緩復發期。

投資 學習

- 未被滿足 (unmet) 的市場，創造新藥快速通關，脫穎而出的機會，如 Daratumumab 使用於骨髓瘤的案例。骨髓瘤不是常見的癌症，發生機率約 0.7%，但死亡率不低，所以被美國 FDA 認定為必須快速解決的疾病標的。
- 小分子藥傾向於開發成口服劑型，以方便病人使用。相較於靜脈注射須要醫護人員服務，口服癌藥可以減少醫院和醫保支出，故成為全球小分子藥物開發偏好。
- 各種藥物都有其治病機制，也都有副作用，但可互相搭配。

✚ 癌症種類介紹－皮膚癌與黑色素瘤

黑色素瘤

黑色素瘤（melanoma）是產生黑色素的組織（melanocytes）異常而導致的癌症，一般發生在皮膚，也可能發生於眼睛。

黑色素瘤發生率

這三十年來，黑色素瘤發生率增加很快，根據美國腫瘤學會預估 2016 年的黑色瘤新案例約 76,380 件，死亡可能達 10,130 件。新案和死亡率都以男生為多，約是女生的二倍。

白種人一輩子得到黑色瘤的機率是 2.5% ，黑人約 0.1%，拉美後裔約 0.5%。一般年紀愈大罹患率也愈高，研究發現近年年輕女孩得到黑色素瘤的比例成長得特別快。

在台灣，男女皮膚癌發生率分別在總體癌症中排名第 8-9 位，全島約有 3000 個病患。其中黑色素瘤佔皮膚癌的 7%（資料來源：馬階醫院）。

皮膚癌的種類

皮膚是人體面積最大的器官，會產生癌病變的細胞有許多種，其中最常見的是來自表皮內的角質細胞及黑色素細胞，因為它們是第一線接觸到陽光的組織，長期照射紫外線很容易導致這些細胞的癌病變。當角質細胞發生異常癌病變時，會產生基底細胞癌或鱗狀細胞癌。基底細胞癌是台灣地區最常見的皮膚癌，大約佔 45~50%，還好它的惡性度不高，幾乎不會轉移，手術治療成功率很高。

第二常見的是鱗狀細胞癌，約佔台灣皮膚癌 27%。鱗狀細胞癌如果太晚發現，太晚治療，可能會向內侵入皮膚真皮層中的血管或淋巴管，使腫瘤細胞轉移至肺臟、肝臟、骨頭等其他器官，讓治療更加困難。但是如果早期發現，以手術治療成功率很高。

第三常見的是黑色素癌，雖然只佔台灣皮膚癌的 7%，但是容易轉移，惡性程度高，又對化療或放療反應有限，因此造成很高的死亡率，是所有皮膚癌中最受關注的重點。東方人的黑色素瘤最常出現於手腳，包括指甲下方、指頭及掌面。

造成皮膚癌的危險因子

- 基底細胞癌主要的危險因子是日曬。
- 鱗狀細胞癌主要的危險因子有日曬、放射線照射、長久不癒合的傷口、慢性砷中毒等。
- 黑色素癌主要的危險因子為過度日曬和家族遺傳。而缺少黑色素保護的白皮膚者、曬傷引起的水泡、須要長時間烈日工作者要特別注意觀察皮膚異狀。

皮膚癌的治療

- 基底細胞癌以手術切除，治癒率高達 97% 以上。
- 鱗狀細胞癌大多以手術切除，晚期發現須加上放療或化療。
- 早期黑色素癌以手術切除，已經轉移至淋巴或其他器官者，須加化療或免疫療法。

國際黑色素瘤的免疫治療展現佳績

雖然黑色素瘤在東方不常見，但對白種人而言是個被高度關注的癌症，尤其移轉後的黑色素瘤，其使用化療的效果並不好，直到 2013 年調控免疫檢查哨分子 (Immune Check Point Molecule, ICM) 的出現。

截至 2016 年底為止，已經上市的免疫檢查哨抑制劑有三個：Ipilimumab® (anti-CTLA4), Pembrolizumab® (anti-PD-1) 和 Nivolumab® (anti-PD-1)。它們單獨使用於轉移性黑色素瘤呈現 20～40% 的控制率，令人興奮！不同於傳統化學治療的無效或易復發，免疫檢查哨抑制劑的療效是持久的，早期參與 Ipilimumab® 臨床試驗的轉移性黑色素瘤病人，經追蹤，存活超過十年者約 20%！

有關 "免疫檢查哨抑制劑" 請另詳第 64~66 頁的介紹。

✚ 癌症種類介紹 - 腦瘤

腦瘤的類型

腦瘤 (Brain Tumors) 的類型根據來源不同可分為：

1. 原發性腦瘤：一開始即由腦部長出的腫瘤。
2. 次發性腦瘤：由其他部位的癌症轉移到腦部，尤其來自於肺癌、乳癌的移轉。

依據 Butler 氏收集來自美、德、日、印度、瑞典等國各大報告系列共 27,487 病例所做的統計，以顱神經組織發生病變的神經膠瘤 (glioma) 最為常見，約占所有腦瘤患者將近一半 (43.9%) 的比例。其中又可分為神經膠質母細胞瘤

(glioblastoma)、星細胞瘤 (astrocytoma)、寡樹突膠質瘤 (oligodendrocyte) 與室管膜瘤 (ependymoma)。另一類是發生在腦與顱骨間或脊髓與脊椎之間的腦膜瘤 (meningioma), 約佔17.2%, 較常發生在婦女身上, 屬於良性腫瘤可以經由手術方法摘除;此外, 腦下腺瘤 (pituitary adenoma) 佔 8.6%, 許旺氏瘤 (Schwannoma) 佔 7.0%, 其他如先天性瘤 (congenital)、血管瘤 (Tumor of blood vessel origin) 則佔少數。

腦瘤主要分類:

- 神經膠瘤 (glioma):佔 43.9%, 幾乎都是惡性
  - 神經膠質母細胞瘤 (glioblastoma):特別惡性
  - 星細胞瘤 (astrocytoma)
  - 寡樹突膠質瘤 (oligodendorcyte)
  - 與室管膜瘤 (ependymoma)
- 腦膜瘤 (meningioma) , 約佔 17.2%, 好發於女性

- 腦瘤診斷:以 MRI (核磁共振) 為主, MRI 較為敏感, 較容易發現 CT (電腦斷層) 不能發現出的小顆腫瘤。
- 治療:目的在控制腦部轉移, 原發性癌症需用其他方法治療, 其預後與原先癌症之嚴重度及轉移狀況有絕對關係。

單一腫瘤, 若位於表淺區域, 或不在重要神經功能區者, 可以採手術切除。腫瘤若兩顆以上, 或位於深部, 技術上不易切除, 所以預後比單一腫瘤者差。最近放射線手術逐漸推廣, 轉移性腫瘤在五顆以內者皆可適用, 但需加上全腦放射線治療。(資料來源:台北榮總)

投資 思考

對腦部深層的腫瘤, 手術或放療無法解決者, 須藥物治療, 但腦部有壓力與腦血屏障問題, 許多藥物無法達到腦部深層, 過往許多國內外生技公司努力許久, 目前還有加油空間 (未被滿足的市場)。

✚ 腫瘤分級及癌症期別 tumor grade and cancer stage

腫瘤分級的目的是為了預測腫瘤未來的發展和擴散速度，針對的是腫瘤本身；癌症期別分級針對的是病人全身，看該病人的癌細胞是留在原位，還是已經移轉，二者的分級系統不同，但目的都是為了病情預測。

腫瘤分級 Tumor grade

以顯微鏡檢視細胞或組織的外形，正常細胞外形完整，整個組織乾乾淨淨，有條理，稱為 "well-differentiated"。

隨著癌症的進展，癌細胞因為生長快速，又會擠壓和侵略周遭組織，所以和週遭細胞的界線愈來愈模糊，排列也愈來愈不整齊，醫師依它的混亂程度，標識為 "poorly differentiated" or "undifferentiated"。

請注意，不同固體癌的分級會稍有不同，一般來說，腫瘤依癌細胞外形變化和侵略周遭的程度，分為以下幾期，級別愈高愈嚴重：

- GX: Grade cannot be assessed (undetermined grade)
- G1: Well differentiated (low grade)
- G2: Moderately differentiated (intermediate grade)
- G3: Poorly differentiated (high grade)
- G4: Undifferentiated (high grade)

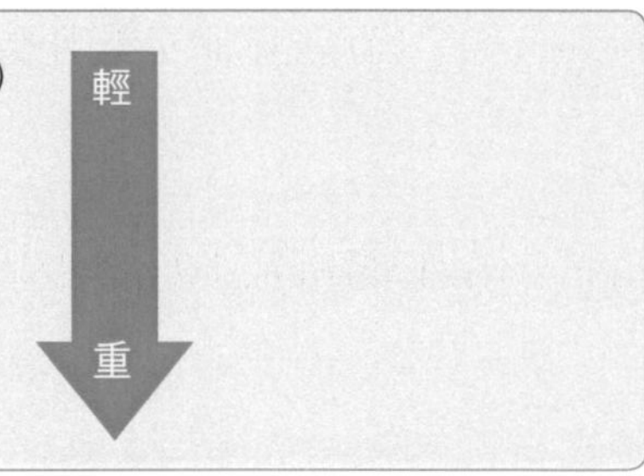

乳癌或攝護腺癌有另外的腫瘤級別判斷系統，請另詳美國國家癌症研究院 NCI 網站。

癌症期別 (Cancer stage)

癌症期別是根據癌症是否在原位、或已移轉、腫瘤大小、腫瘤數目、區域淋巴結數目等等進行腫瘤進展狀況的描述。

腫瘤分級可做為治療策略和預後評估參考

醫生利用腫瘤分級和其他參考條件，例如癌症期別、病患年紀、健康狀況來訂定個別病人的治療計劃 (treatment plan)，並判斷預後狀況 (prognosis)。預後狀況是指根據上述個別病人的病情狀況，預估該病患可能的治療結果、可能痊癒？或會復發？復發的機率或時點…等等。

一般分級數字愈低表示愈容易治療，預後狀況較佳。數字較高者，表示癌細胞生長快速，可能已十分強大，可能會產生抗藥性或已擴散，須要進行更積極的治療。

有些癌症的預後較容易掌握，例如軟組織的肉瘤、初級腦瘤、乳癌和攝護腺癌，有些晚期癌症較詭異，癌細胞一直在進化演變。但相信隨著科技的發展，人類對癌細胞的行為會更加清楚，也會發展出更多有效的治療方法，例如各式各樣的免疫治療。

有人預估 2045 年癌症將從地球消失，我想不會，因為癌症主要起因於人類生活環境和生活習慣的不良，除非我們願意改變，否則癌症總有一天會找上我們，只是科學家有更多的藥物可以對抗癌症，延長人類生命而已，但不是健康的生命。讀者們還是要好好地預防癌症，平時保持運動，凡事看淡，天天開心，充份睡眠，不多食，不讓身體過勞，自然就有健康的身體。

✚ 癌症如何擴散的？

癌症之所以被受關注，乃因為癌細胞會移轉到其他器官，造成醫療困難。

癌症第四期常有癌細胞移轉情形。

癌細胞移轉後, 仍保有原位癌細胞的特性, 醫生可以由顯微鏡底下的細胞形態分辨 "本地人" 還是 "外來移民"。

轉移性的癌細胞通常是惡性腫瘤。醫生雖然可以分辨某器官有無移轉來的癌細胞, 但不見得能判斷出它們來自何處。

癌細胞的擴散是有步驟的, 如下:

1. 侵略週遭正常細胞或組織
2. 通過淋巴或血管壁
3. 循著淋巴系統或血液系統旅行到其他器官
4. 鑽出血管壁, 進入該器官組織
5. 在新生地定居下來, 開始繁衍成小腫瘤
6. 誘導血管新生, 為它帶來更多養份與氧氣, 於是癌細胞生長更快速, 更難控制了。

雖然說來簡單, 但大部份偷溜出來的癌細胞會死在旅途上, 不過一旦環境適合, 癌細胞會定居下來。而定居後, 也要等好幾年才有辦法繁衍。

有時候看到網路文章聲稱被醫生判定死刑的癌症四期病患, 吃了 xx 或做了 xx, 癌症不藥而癒。也許是原先的正規治療加上病人生活習慣的改變, 讓癌細胞沒有生存環境, 所以幸運恢復健康, 但也有可能只是癌細胞潛伏。

總之, 與癌症的抗戰是長期的, 不同的癌症、不同期別的癌症, 與不同病患的生活形態、基因狀況, 均會產生不一樣的結果。希望以上的說明會讓大家更清楚癌細胞的形成和擴散行為。

投資 思考

投資新藥時，請注意該藥挑戰的癌症期別。治療癌症前期者較容易成功，末期病患或移轉型病患則風險較高。

以往臨床實驗多針對未有藥醫的癌症末期病患，這是因為藥物競爭激烈，普通癌症已有藥物可治療，新藥只能挑戰還未有藥醫的癌症。加上新藥是否有效還未知，故參加臨床實驗者多為其他用藥無效者，而這種難治的病人也會增加新藥的失敗率。

最近，有些癌藥針對癌前病變設計臨床實驗，病患數更多，且防治於病情未擴散前，是不錯的嘗試，應可增加新藥成功機率。

癌症經常移轉區

癌症發生處	主要移轉區
膀胱	骨, 肝, 肺
乳房	骨, 腦, 肝, 肺
大腸	肝, 肺, 腹腔
腎	腎上腺, 骨, 腦, 肝, 肺
肺	腎上腺, 骨, 腦, 肝, 另一肺
黑色素瘤	骨, 腦, 肝, 肺, 皮膚, 肌肉
卵巢	肝, 肺, 腹腔
胰臟	肝, 肺, 腹腔
攝護腺	腎上腺, 骨, 肝, 肺
直腸	肝, 肺, 腹腔
胃	肝, 肺, 腹腔
甲狀腺	骨, 肝, 肺
子宮	骨, 肝, 肺, 腹腔, 陰道

1-2 癌症治療方法與創新

圖 1-2-1 一張圖了解癌症起因和各治療法主要定位

有序 健康

一群正常代謝的細胞，受著人體監視系統的看管，該長則長，該更新則更新，井然有序

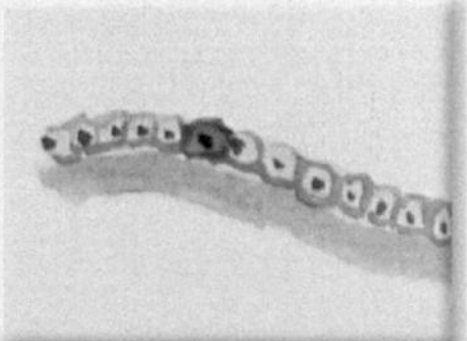
正常組織

增生 癌變

因種種原因，出現少量生長不受控管的細胞 - 癌細胞，逐日坐大

開始癌變

抗藥性發生

癌細胞逃避免疫監控

腫瘤移轉

侵犯其他器官 90% 的癌症移轉後即很難治療

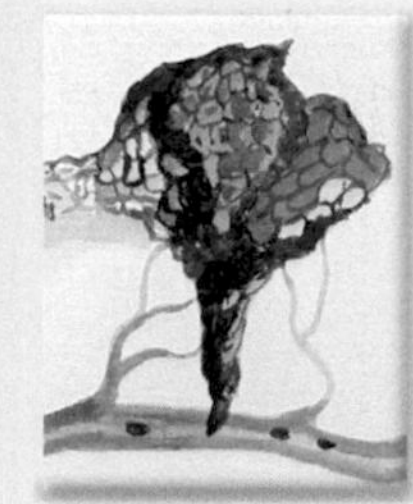
一直換藥，維持生命

接管生命

- 手術（去除腫瘤腫塊）
- 放療（減小腫塊）
- 化療（通殺, 藥效佳, 但毒性高）
- 標靶治療（針對癌因下藥, 副作用較低, 但壓制力不足時, 殘餘癌細胞演變出更強能力。目前很多癌因無靶藥可醫, 仍須化療）

殘存的癌細胞演化出逃避免疫監控的能力

免疫治療利用體內免疫系統大軍, 清除殘餘癌細胞, 避免坐大,
（例如：免疫檢查點藥物, Car-T 技術）

癌症治療方法很多，彼此互相搭配，而不是競爭關係，因為癌症是上百種不同癌症病變的總稱，而同一癌症又有早期、中期和末期移轉型癌症的差別，所以醫生不會只偏好一種治療方法，而是使用各種武器和策略，挽救病人生命，兼顧病人福祉。

上圖，以一張圖將癌症起因，和各種癌症治療方法標出定位，協助讀者了解整個治癌架構，期待個人善做保養，將不正常的細胞控制於早期。若不幸有朋友罹癌時，也較能了解醫生的療程設計。

在投資上，則換個腦袋，留意新話題、新療效、新投資機會。美國生技股漲幅最大時機是臨床實驗的中早期，因為投資者對該藥或該技術充滿期待，大家急著卡位，股價自然大力推升，而等大家都就定位後，只剩零星調節性的進出，漲幅自然平緩。

生技股市每年都會對熱門品項進行點名，尤其是有療效的創新科技，例如近幾年在各種癌症上展現驚人療效的 "免疫檢查點治療" 和大數據的 "精準治療" 概念…等等。

新藥開發並沒有比其他產業虛幻，事實上醫藥救助人類的重要角色遠比遊戲軟體、金融工程更值得大家投入，因為它的療效有目共睹，只要大家看看地球老化人口一直累積就知道這是醫藥產業最大的貢獻！它解決了癌症本來是絕症的事實，也大大降低傳染性疾病對人類的威脅。

本章參考美國癌症研究機構及台灣醫院的專業論述，整理各種癌症治療方法，並加入近年熱門的癌症研究方向，如免疫檢查點藥物（immune check point inhibitors）、標靶藥物（target therapy）、免疫細胞治療（chimeric cell therapy）等技術的開發情形，期待投資者除了投資財富之外，更應撥出時間研究醫藥資訊，投資自己的健康！

P.S. 癌症的標靶治療及免疫治療乃近年重點技術，故以較大篇幅介紹之。

1-2-1 手術 Surgery

手術目的主在切除大塊腫瘤，手術工具如下：

- 金屬刀。
- 冷凍切除：使用液態氮或氬氣（argon gas）切除不正常組織。應用於早期皮膚癌、痣、早期子宮頸病變的治療。
- 雷射手術（Lasers）：使用高強精準的光束，可燒掉極小塊的腫瘤或使腫瘤萎縮。使用於子宮頸癌、食道癌、非小型細胞肺癌。
- 高溫治療（Hyperthermia）：使用高溫去除腫瘤，或使癌細胞對放射線治療更敏感。高頻燒蝕（Radiofrequency）即是其中一種，其使用高頻率的無線電波產熱，但 Hyperthermia 不常用。
- 光動治療（Photodynamic Therapy）：一般會與對光敏感的化療藥搭配，化療藥被光激活後，轉變成可殺死癌細胞的活化狀態，而未被光激活時，則無害。借此特性，把藥打到腫瘤部位後，才打開光波，激活藥物，如此可以減少對正常細胞的傷害。光動療法使用於皮膚癌或非小細胞肺癌。

1-2-2 放射線治療 Radiation Therapy

在高劑量時，放療可以殺死癌細胞，或放慢癌細胞生長。

癌細胞以放射線處理後，須要數週或數月的時間，才會慢慢萎縮不見。

放射治療的功能

- 治療癌症：放療可以去除腫瘤，防止癌細胞再生，或放慢癌細胞生長速度。
- 減輕癌症症狀：放療可使腫瘤縮小，減輕腫瘤帶來的疼痛或其他不便，例如直腸腫瘤縮小後，排便較輕鬆些。肺部腫瘤去除後，呼吸較順暢些。

放療種類

主要分為外光源和內光源二大類 (external beam and internal beam)。

- 外光源放射治療:
  通常為大型放射治療機, 對區域腫瘤進行治療, 例如肺部。
- 內光源放療治療:
  是指將放射物輸入體內, 當成放射源, 再進行放射治療。如果是打入腫瘤部位者叫 brachytherapy, 通常使用於頭頸部、子宮頸、攝護腺, 或眼睛部位。

放療的使用

放療可單獨或與其他手術、化療一起搭配, 可使用於手術前、中或後:

- 於手術之前:目的在於縮小腫瘤, 使手術範圍和傷口盡可能縮小。
- 於手術中:傷口已使用刀子劃開, 直接對準腫瘤治療, 不須通過皮下組織。
- 於手術後:殺死殘餘癌細胞用。

放療副作用

放療可殺癌細胞, 對正常細胞也有害, 所以醫生儘可能地降低放射線劑量或沿途路徑, 以免錯殺無辜。上述的 brachytherapy 由於只對腫瘤處施打放射源, 屬於侵害性較小的放療。

投資 思考

早期的放療機器又大又笨重，更須防護措施，例如必須建築某種厚度的牆面，以隔輻射線；所以在投資成本上，除了機器本身的造價外，還須考慮場地空間、電力供應、放射源的取得問題，非一般股市投資者可想像，比較像整體營造；而質子治療機、中子治療機的建置又比一般的放療儀器更複雜。

所以投資上要先研究該公司的營收結構，是儀器代理所得？還是整體工程所得？是否包含服務費或顧問費？營收認列方式、期別…等等。在競爭方面，近年較輕巧的放療儀器陸續出現，減少了傳統放療機器的缺點，知名公司，如 Varian。

1-2-3 化學治療 Chemotherapy

化療和放療一樣，可清除或放緩癌細胞生長，但化療藥物也有不少副作用。

癌細胞比正常細胞生長快速，很多化療藥針對快速生長的細胞做設計，而口腔細胞、腸道細胞、頭髮的毛囊細胞，以及免疫細胞也有生長快速的特點，所以變成化學治療的犧牲品，因此化療通常伴隨疼痛、無法進食、掉髮、失去免疫抵抗力或噁心嘔吐等副作用。

化學治療原理

細胞生長會一個分裂成二個，癌細胞是正常細胞分裂時產生異常，所以早期化療藥的殺癌機制大部份聚焦在"攻擊分裂中的細胞"。而癌細胞生長速度比正常細胞快，所以打藥下去時，殺到癌細胞的機率會比正常細胞高，但是無可避免地也會殺到正常細胞。

有些化療藥主攻細胞內的基因物質，阻擋該基因合成下游物質，以阻止不正常的細胞分裂，下表為常見的化療藥種類及代表藥品。

表 1-2-1 化療藥種類及代表藥品

化療藥類型	適用的癌症	藥物舉例	備註
ALKYLATING AGENTS 碱劑	Leukemia Lymphoma Hodgkin disease Multiple myeloma Sarcoma Cancers of the lung, breast, and ovary	Busulfan (Busulfex, Myleran) Cyclophosphamide (Cytoxan) Temozolamide (Temodar)	對骨髓有傷害,可能引起淋巴癌
ANTIMETABOLITES 干擾細胞代謝者	Leukemia Cancer of the breast, ovary, and intestinal tract	5-fluorouracil (5-FU) 6-mercaptopurine (6-MP) Capecitabine (Xeoloda) Gemcitabine (Gemzar)	無
ANTI-TUMOR ANTIBIOTICS 抗癌用的抗生素	Many types of cancer.	Actinomycin-D (Cosmegen) Bleomycin Daunorubicin (Cerubidine, Rubidomycin) Doxorubicin (Adriamycin PFS, Adriamycin RDF)	高劑量可能對心臟有害
TOPOISOMERASE INHIBITORS Toposome 酵素抑制劑	Leukemia Lung, ovarian, gastrointestinal, and other cancers	Etoposide (Toposar, ePesid) Irinotechan (Camptosa) Teniposide (Vumon) Topotecan (Hycamtin)	可能引發第二種癌,例如淋巴癌
MITOTIC INHIBITORS 細胞分裂抑制劑	Myeloma Lymphomas Leukemias Breast or lung cancer	Docetaxel (Taxotere) Eribulin (Halaven) Ixabepilone (Ixempra) Paclitaxel (Taxol) Vinblastine (Velban, Velsar)	較易引起神經痛

資料來源: MedlinePlus/updated on 2015/9

1-2-4 癌症標靶治療 Targeted Therapy

標靶治療針對癌細胞的特定行為進行抑制，如同導彈飛彈針對特定目標進行攻擊一般，比較不會傷及無辜，但標靶藥物仍有副作用。

> 標靶治療主要針對癌細胞的分裂、生長和擴散等行為，分別對症下藥，和化療藥相比，標靶治療對正常細胞的影響較少，病人的副作用及痛苦也較輕。

一般投資者以為標靶藥物都是單株抗體，只有單抗才有高藥價，才會創造高營收，事實並非如此，小分子藥物也有標靶功能，而小分子標靶藥物的價格和單抗靶藥不相上下。

投資 思考

有些專家說未來是大分子的天下，這說法不正確；大小分子各有所長，療效無分分子量大小，而藥價也不是以分子大小或生產成本做定價，Gilead 的 C 肝藥是小分子藥，但療效佳，在美國境內照常訂高價。

標靶藥物類型

分小分子化學藥和大分子的單抗藥物：

- 小分子藥物，分子小容易進入細胞內，主要干擾癌細胞內的生長條件和訊號。
- 單抗藥物分子過大，難以進入細胞內，大部份作用於細胞表面或細胞膜附近，以結合細胞表面受體的方式，抑制癌細胞生長。

標靶藥物的使用

須先進行生化或基因檢查，判斷個人癌化原因，或癌症類型，再採取不同的癌症療法，並選擇個人化的標靶藥物。

標靶藥物如何抗癌

大部份的靶藥鎖定癌細胞生長和擴散所需的特殊蛋白質，給與干擾，而達到治癌目的。

靶藥的抗癌策略有很多種：

- 阻止癌細胞生長：

  正常細胞一分為二的衍生只會發生在有必要的時候，而且會聽令於"生長訊號"的出現，平常不會無故繁衍。當這些生長訊號結合到細胞表面時，細胞才會啓動分裂。

  但是有些癌細胞的細胞表面產生變化，不管生長訊號有無出現都在分裂，所以愈長愈多，不受控制。故有些標靶藥物被設計為針對這些表面蛋白質進行干擾，以阻止其過度分裂。例如乳癌藥 Herceptin 即為一例。

  科學家發現有 25~30% 的乳癌患者，她們的乳房過度表現 Her 2 neu 這個蛋白質，Herceptin® 這單抗藥物可以中和過多的 Her 2 蛋白質，使細胞生長恢復正常。

- 阻止血管增生：

  前面說過，有些惡性腫瘤會誘導附近組織形成微血管，為其運來糧草和氧氣，以迅速擴大腫瘤陣營。有些標靶藥物可以阻礙微血管的形成，斷其糧草，使腫瘤停留原地，無法擴張。有些藥物則可破壞已經形成的微血管，使腫瘤萎縮。例如 Anti-VEGF 的藥物，Bevacizumab (Avastin®)。註：VEGF 為 Vascular endothelial growth factor 血管內皮生長因子的縮寫。

- 協助免疫系統摧毀癌細胞：

  癌細胞有一功能是逃避免疫細胞正常的掃癌活動。有些標靶藥物可以標出癌細胞 (mark the cancer cells)，讓免疫細胞，例如 T 細胞，可以看見癌細胞，以將之清除，有些標靶藥物則是加強免疫系統功能。

- 直接引導細胞死亡

  正常細胞老化時會經由"自然凋亡"(apoptosis) 的過程被分解消失之。但是癌細胞會逃避自然凋亡，長生不死，所以有些藥物引導癌細胞走回"自然凋亡"的模式，以清除之。

投資 思考

這類增加"自然凋亡"的藥物很多，很多保健食品或中草藥在細胞實驗裡也有此類功能。在新藥投資上要選擇毒性低、藥效強的標的，有些藥物要吃上 1～10 公克才有自然凋亡的療效，也就是一天要吃一大堆才有療效，其實已經失去藥物開發價值，需進行更多化合物上的改良才能提高競爭力。

- 餓死癌細胞：

  某些器官的細胞生長須要某些特殊的荷爾蒙，例如乳房細胞、攝護腺細胞；阻斷荷爾蒙供給，可餓死癌細胞。這通常使用於不再育乳或生殖的病患。

- 傳輸炸彈給癌細胞 (ADC 帶藥抗體，請詳第 79 頁)：

  有些單株抗體標靶藥物，一支手含有腫瘤抗原，可以結合到癌細胞，另一支手連結化療藥、毒素、或放射線，可以找到癌細胞而給與致命的一擊！

標靶治療的挑戰

標靶治療雖被很多人推崇，但也有挑戰：

- 癌細胞可能產生抗藥性，所以標靶藥物最好和化療藥物或放療搭配 (資料來源：美國國家癌症中心NCI / target therapy)。

- 標靶藥物不易開發：

  標靶藥物雖然有許多科學面支持，但說來容易做來難，包括目標受體的結構複雜、藥物與受體的親合力難抓或難達到理想…等等問題，須要時間開發。

這也反應在標靶藥物售價高昂的原因上。

投資 思考

很多人以為有標靶藥物就不須要化療或放療，或以為標靶藥物可以取代化療或放療。其實大部份的癌症找不到起因，而病人一進醫院已在末期，更沒時間慢慢檢查，找適合的標靶藥物。即使找到，也不見得付得起高昂治療費，所以化療藥即使有副作用，仍然有市場。

標靶治療的副作用

常見的副作用包括腹瀉和肝問題，其他還有血栓、傷口不易癒合、皮膚紅腫、疲倦、掉髮等等現象，視各藥有所不同。

大部份的副作用只要治療停止就會消失。

癌症標靶藥物舉例

若以靶藥在不同腫瘤發展階段的治療方法分類的話，大致可分為細胞訊息阻斷、生長因子阻斷、和增強免疫細胞活性等，如下頁所示，本書另外標出參與下一代靶藥開發的台灣公司，以享讀者。

表1-2-2 標靶藥物的治癌方法

腫瘤發展階段	細胞過度增生	原位癌	移轉癌	所有階段
腫瘤行為	生長不受控制，該凋亡而不凋亡	不理會生長指令，異常增生	分泌生長因子，吸引微血管增生	躲避免疫監控
靶藥策略	斷訊 (Kinase inhibitors)，終止細胞內的生長訊號傳遞	抑制細胞表面的生長訊息 (anti-over expression)	中和癌細胞放出來的生長因子，及抗微血管增生 (Anti-angiogensis)	增強免疫系統辨識癌細胞能力
現有藥物舉例	Gleevec® (Imatinib) 小分子 Kinase inhibitor，使用於慢性骨髓癌 CML	Herceptin 抑制 Her+ 的過度表現，使恢復正常／使用於乳癌及其他 Her+ 癌症	Anti-VEGF 藥物 Avastin® 治療大腸直腸癌	含腫瘤抗原和增強 T 細胞受體的雙靶藥物 Bispecific antibodies. Blincyto®
台灣新藥公司舉例	DNA 修復藥物／生華		抗脈管增生／台睿 (第 239 頁)	台醫

標靶藥物最常利用阻斷癌細胞生長訊號來開發藥物

癌症最早起因於正常細胞的生長不遵循新陳代謝的原則，該自然凋亡而不凋亡。所以大多數的靶藥利用阻斷生長訊號來達到抑癌目的。

細胞內有無數的生長訊號連續線，像瀑布一樣的一個聯接一個 (cascade)，只要阻斷其中的關鍵點，就可干擾細胞的生長。

科學家在 1980 年代發現 kinase 這類負責蛋白質磷酸化的酵素在細胞訊息傳導上，擔任重要角色。於是 199x～2003 年前後，大量的 Tyrosine Kinase Inhibitor (TKI) 小分子靶藥被開發出來並獲得上市核可。尤其對表皮生長因子 EGFR 的阻斷尤為大宗。因為大部份有空腔的器官，如腸道，都有表皮細胞。而表皮細胞受到外來氣體或食物中的致癌物刺激，容易造成過度生長，必須抑制之。已上市的 EGFR 抑制藥物有Gefitinib (Iressa®), Cetuximab, Erlotinib……。

若以癌症類型分類，幾個知名的靶藥簡介如下：

- 治療大腸直腸癌的標靶藥物：
  * Cetuximab (爾必得舒；Erbitux®)：屬於單株抗體，為注射劑型；主要作用為抑制 EGFR 而阻斷腫瘤生長，使用於大腸直腸癌、頭頸癌的治療。
  * Bevacizumab (癌思停；Avastin®)：屬於單株抗體，為注射劑型；主要作用為抑制血管內皮細胞生長因子 (簡稱 VEGF)，可抑制血管增生，造成腫瘤無法獲得生長所需之養分；目前主要用於大腸直腸癌的治療。常見副作用包括：影響血壓、輕微蛋白尿、腸胃不適、血球抑制等。
- 非小細胞肺癌的標靶藥物：
  * 知名的有 genfitinib (艾瑞莎；Iressa®) 及 erlotinib (得舒緩；Tarceva®)；這類藥品為表皮生長因子 (EGFR) 的 Tyrosine Kinase Inhibitor (TKI)。一天口服一次，對有 EGFR (表皮生長因子) 過度表現者效果較佳。

● 乳癌標靶藥物:

* Trastuzumab (賀癌平;Herceptin®):屬於單株抗體, 注射劑型;一般可單獨使用或合併其他化學藥物來治療 Her2 過度表現的乳癌患者;Her2 過度表現會造成癌細胞生長速度變快, 而 trastuzumab 可選擇性作用在腫瘤細胞表面上的 Her2 蛋白質, 以降低 Her2 的過度表現, 故可抑制腫瘤細胞生長。25% 的乳癌病患有 Her2 過度表現現象, 卵巢癌也有 Her2 過度表現現象。註:Her2 原名 human EGFR-related 2, 人類上皮生長因子接受器第 2 蛋白質。

  註:台灣多家公司生產 Herceptin® 的相似藥, 如台康、喜康、泰福。

* Lapatinib (泰嘉;Tykerb®):為口服劑型的標靶藥物, 可同時抑制 Her2 以及表皮生長因子接受體 (EGFR), 以阻斷腫瘤細胞生長及訊息的傳遞;一般與化學藥併用, 使用在 Her2 過度表現且 trastuzumab 無效的乳癌患者。

  註:個案篇的台睿生技正在開發毒性更低的口服劑型。

● 治療血液癌症的標靶藥物:

* Rituximab (莫須瘤;Mabthera®):屬於單株抗體, 為注射劑型;針對 B 細胞上面一個名為 CD20 的蛋白質, 主用於治療非何杰金氏淋巴瘤。

* Bortizomib (萬科;Velcade®):屬於 Proteosome inhibitor (蛋白解體抑制劑), 為注射劑型。Proteosome 乃細胞內的垃圾處理廠, 抑制它會使癌細胞因細胞內的垃圾無法清除而被臭死;主要用於治療多發性骨髓瘤。

● 其他多重標靶藥物:這類藥品多作用在一個以上的標靶位置;以下藥物皆為口服劑型。常見的藥物包括:

* Imatinib (基利克;Glivec®):適應症為慢性骨髓性白血病與腸胃道間質腫瘤, 常見副作用包括:體液滯留、胸痛、肌肉疼痛、腹瀉、痤瘡狀疹等。

* Sunitinib (紓癌特；Sutent®)：適應症為使用 imatinib 效果不佳或無法耐受 imatinib 之腸胃道間質腫瘤及腎細胞癌，常見副作用包括：痤瘡狀疹、腹瀉、手足症候群等。

* Sorafenib (蕾莎瓦；Nexavar®)：目前主要用於肝癌及腎細胞癌，常見副作用包括：痤瘡狀疹、腹瀉、手足症候群等。

表 1-2-3：常見標靶藥物

大腸癌	肺癌	乳癌	肝癌	胃癌
爾必得舒(➔) Erbitux	得舒緩 Tarceva	賀癌平(➔) Herceptin	蕾莎瓦 Nexavar	賀癌平(➔) Herceptin
癌思停(➔) Avastin	艾瑞莎 Iressa	賀疾妥(➔) Perjeta		
	妥復克 Afatinib	泰嘉錠 Tykerb		
	癌思停(➔) Avastin			
	截克瘤 Xalkori			

註：➔符號表示注射，其餘均為口服

1-2-5 癌症免疫治療

免疫治療乃利用免疫系統治療癌症

癌症免疫療法 (Cancer Immunotherapy) 是繼手術、化療、放療和標靶療法之後出現的一種新型治療方法，被稱為癌症治療的「第五大療法」。它是利用患者自身免疫系統的力量來抵抗癌症。

免疫，顧名思義，就是免除個人病疫的意思。免疫能力是每個人天生就有的"內建掃毒程式"，現今科技只是升級強化原有能力而已。

然而人體的免疫系統十分複雜，除了要有能力分辨敵我（專一性），也要使出剛剛好的力道（濃度劑量），不能太弱殺不了外來入侵者，也不能太強殺到自己的細胞，而且要跟時間搭配（出場入場時間），加上面對的是狡詐多變的癌細胞時，癌症免疫治療開發史可說是斑斑血淚，全球不知多少英雄豪傑和幾十億美金的投入，一直到近年才較為明朗，比起化療、放療的市場化足足晚了百年的時間！

2013 年，因為療效上的突破，癌症免疫療法被國際頂級學術期刊《Science》雜誌評為年度十大科學突破之首。

在進入癌症免疫治療主題之前，我們要先了解癌症只是個泛稱，不同器官的腫瘤形成原因、進展時程、惡化程度及各種腫瘤細胞的異質性和多元性都非常的複雜，而各別病人的基因、飲食、生活環境、免疫系統狀況，甚至長期心理反應所分泌的物質，也會影響個人的特有腫瘤形成。

近十年來漸受注意的免疫療法，從早期的清除殘餘癌細胞，到近幾年來的釋放免疫煞車調控，使醫生有更多的利器可控制癌症。但原先的化療藥物，標靶藥物仍會存在於市場，因為各有用途。

免疫治療一般使用於合併治療，而非取代其他療法，由本章的分析即可了解免疫治療也有限制。

免疫系統具偵防、抵抗外病、清除內病的功能

❶ 武力部隊

我們的免疫系統是由一支組織龐大，功能各異的防疫大軍所組成，例如有一線的巡邏警察－天然殺手細胞（NK-Nature Killer Cells）、負責辨識和呈報壞人的樹狀細胞（DC-Dendritic cells）、具長期抵抗外敵記憶的 B 細胞、武功強大，負責殺敵的 T 殺手細胞（T-Killer Cells）…等等（圖1-2-2）。

❷ 傳令兵

我們的免疫系統更有情報傳遞網，如激素（Cytokine）、補體（complement），以配合免疫大軍的武力，抵抗外來的病毒、病菌，維護人體的健康。

❸ 後勤協調指揮

另一方面，我們的免疫系統也有陰陽調節的「檢查哨」功能，也就是有"加油"和"煞車"雙向功能，以調節免疫反應。

免疫反應必須調節到剛剛好可以抵抗外來病菌，但不會反應過度，殺到自己，造成正常組織的損傷或誘發自體免疫疾病。

圖 1-2-2 殺癌須要特種部隊

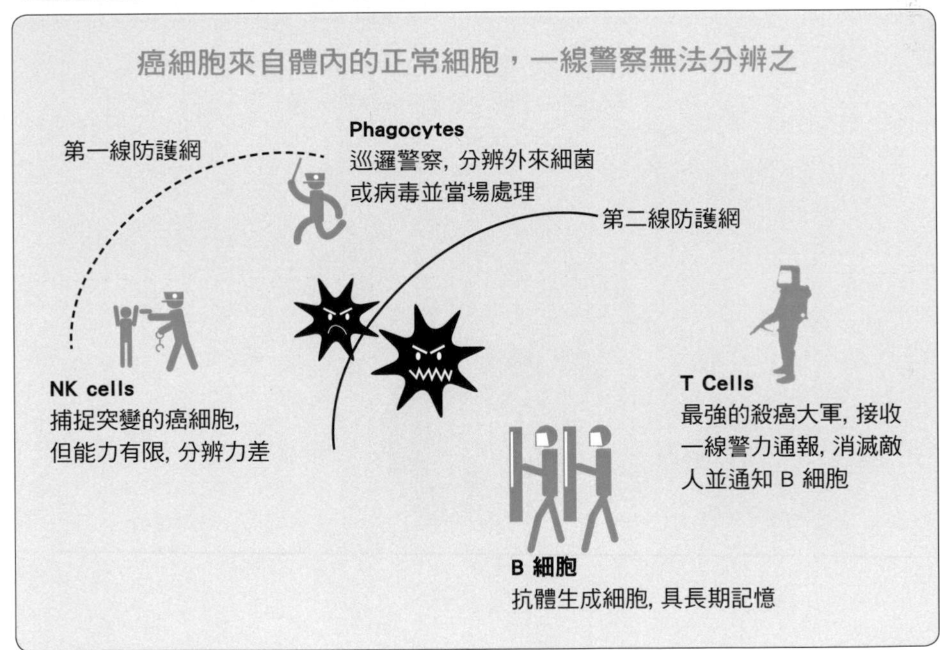

癌症的形成

正常細胞生有時、死有時，維持井然有序的組織功能；但因個人基因變異，或食物致癌物、環境毒素、輻射…種種原因，造成有些細胞的生長開始脫序、過度增生，最後變成癌症。

癌症具有多種惡性競爭以坐大自己的能力

- 逃避免疫系統監控：降低表面抗原的表現，使免疫細胞無法分辨異常，而躲過免疫偵測。
- 表現某些蛋白質，以癱瘓免疫軍團。
- 分泌特殊物質，吸引附近的微血管增生，為其帶來營養補給，壯大自己。

另外對免疫細胞來說，腫瘤內的「微環境」通常都不利於免疫細胞的活化，使得腫瘤內部常處在免疫抑制的狀態。「腫瘤微環境」有如警察滲透不進去的毒窟，癌細胞在微環境裡肆無忌憚。

圖 1-2-3 **癌細胞逃避人體免疫監控的技倆**

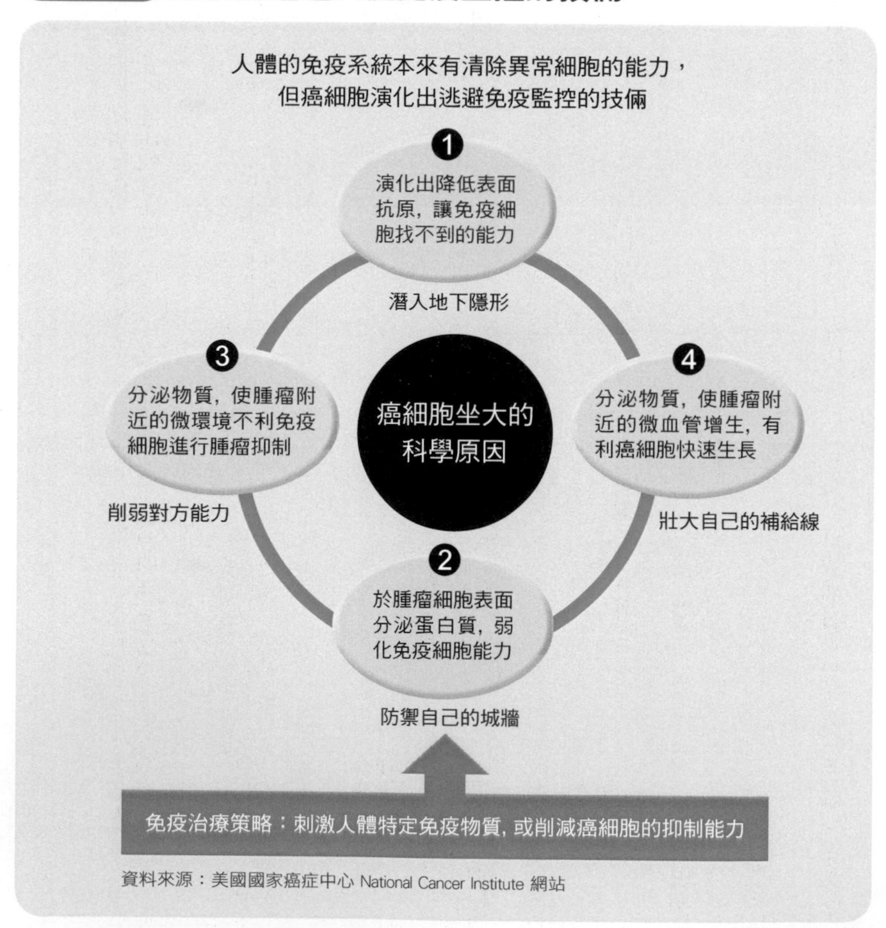

傳統抗癌策略

以固體癌來講，較大的病灶通常會先使用手術或放射線，先將腫瘤割除或縮小，再搭配藥物治療；而非固體癌，如血癌、骨髓瘤等，則採用化學藥物或標靶藥物（含單株抗體和小分子藥物）治療。

現今癌症治療成果

大部份的癌症在現今各種治療方法的搭配下，癌症存活率已大大提高，於是新藥開發方向朝減低病人住院天數、減少肢體失能、減少藥物副作用，和提高生活品質邁進；不過還是很多惡性腫瘤或復發性腫瘤須要創新療法的加入。

投資 思考

復發性腫瘤表示原先的治療方法已失效，故須"創新"療法。

免疫治療的歷史

癌症免疫治療的構想最早於 1910 年代由 William Coley 醫師提出，Coley 在病患腫瘤內注入高溫殺死的細菌，希望外來細菌可以激發患者的免疫反應，以控制腫瘤。但是當時對腫瘤以及免疫系統的了解還不夠充份，治療結果時好時壞，無法被廣泛認同。同時代裡，居里夫人的放射治療較能殺癌，於是放射線治療變成顯學。

1990 年代隨著細胞分子學的突飛猛進，科學家對人體的免疫系統和癌症形成的關係有更清楚的研究。

十多年來，全球的科學家嘗試使用不同的理論，包括打入病人自體或異體的腫瘤碎片、腫瘤浸潤液、或人工合成的腫瘤抗原，以強化樹狀細胞的腫瘤辨識能力（即美國 Dendreon 公司的治癌概念）、或結合抗原與輔助劑開發出來的治療性癌症疫苗…種種方法，全球投入相當多的科研經費和人力，經歷無數的失敗，在失敗中學習，終於在 2014 年二個免疫檢查點藥物在原先治療無效的黑色素細胞瘤上展現突破，獲得美國 FDA 藥物上市核可，繳出全球振奮的成績單！

免疫治療的分類

癌細胞來自於正常細胞，如何分辨正常細胞與癌細胞，即腫瘤抗原的選擇與強度，是所有科學家必須面對的問題，至於抗原進入人體後，又是另一挑戰，故以下將免疫治療進行不同的分類。

依"刺激人體免疫反應路徑的不同"可將免疫治療分為被動式與主動式二大類，二者有先天上的優劣勢限制：

癌症免疫治療法－依免疫路徑分類：

- 主動式（成功案例少）：打入抗原，使病患自行產生抗體。
- 被動式（普遍）：在體外先製備好細胞激素或抗體，再打入病人體內；如單抗藥物。

主動式治療：少有成功案例

泛指打入抗原，使病患自體產生抗體，以控制腫瘤；主動式治療的優點是抗原的製作較抗體開發簡單；不易成功的原因有二：

❶ 癌症病患本身的免疫系統較常人虛弱而且混亂，不易產生該有的免疫反應，此乃二三十年來主動式免疫療法少有成功案例的主要原因。

❷ 另一失敗原因則是"癌細胞起源於正常細胞，體內免疫系統不易辨識"。

不過**使用無毒病原菌引發 T 細胞反應，且作用於病毒引發的癌症**，例如子宮頸癌，則可能有希望，因為較易啟動人體免疫反應。台灣開發者為"生控基因"（另詳個案篇，第 230 頁）。美國開發者為 "Advaxis" 等公司。前者使用綠濃桿菌，後者使用李斯特菌，但後者須備以抗生素以防止李斯特菌的感染，安全性未若生控基因者佳。

被動式治療：較快速方便

被動式治療是指在體外先製備好細胞激素或抗體，再打入病人體內；換句話説就是十年前流行的細胞激素藥物（例如 IL-2）和目前普遍使用的單株抗體癌藥，例如治療乳癌的 Herceptin®/trastuzumab，治療大腸直腸癌的 Erbitux®/cetuximab 等等暢銷藥，都是被動式療法。一般人體要產生抗體至少要二週到二個月以上（視抗原強弱而定），而直接打入抗體可及時救治，又可克服病患無法產生抗體或抗體量不足的問題，故較主動式治療普遍。

若以技術區分的話，我們可以把癌症免疫治療分為以下幾類：

癌症免疫治療法－依技術分類

- 免疫檢查點療法（Immune Check Point）：例 Anti-PD1
- 細胞療法（Immune Cell Therapy）：例 Car-T
- 藥物法（Therapeutic Antibodies）：例單抗藥物
- 治療性疫苗（Therapeutic Vaccine）：例 Provenge®
- 免疫調節劑（Immune System Modulators）：例干擾素

- 免疫調節劑（Immune System Modulators）：最早問世，至今仍是普遍使用的免疫治療藥物，例如干擾素、IL-2…等等。
- 治療性單抗藥物（Therapeutic Antibodies）：市場應用最廣，藥價最高。
- 治療性疫苗（Therapeutic Vaccine）：全球至今只有 1~2 個產品上市，例 Provenge®。
- 免疫檢查點療法（Immune Check Point）：近年最有突破性的癌症治療方向也是全球大藥廠競爭焦點，已有數個大藥上市，例 Anti-PD1，請另詳 1-2-5-1 節第 64~66 頁，及 1-2-5-4 節第 80~87 頁。
- 細胞療法（Immune Cell Therapy）：近年火紅的技術話題，利用基因編輯，增加免疫細胞對癌細胞的辨識能力後，例 Car-T。請另詳第 68~77 頁。

✚ 癌症免疫治療一覽

癌症免疫治療不如手術、化療或放療那麼普遍，但重要性日漸升高，尤其是免疫檢查點抑制劑，以下做較詳細的介紹。

- 免疫調節劑（Immune System Modulators）

細胞激素是身體免疫調節物質之一，由免疫細胞生產，可以增強或抑制免疫反應。最常使用於治療的細胞激素有二種，一為干擾素 interferons，一為介白質 interleukins。

台灣的藥華開發全球唯一的 single peak 長效干擾素，無其他干擾素的缺點，描準紅血球增生，血小板增生及脊髓細胞增生等適應症開發，臨床二期實驗發現可於分子層次將肇禍的 JAK2 基因恢復正常，可持續觀察之（另詳個案篇，第 218~224 頁）。

- 治療性單株抗體藥物（Therapeutic Antibodies）

抗體是身體用來對抗外來物質而產生的特定蛋白質。但我們的身體從外來物入侵，到產生抗體抵抗外來物，至少須要二週到二個月的時間，緩不濟急。所以科學家想到一個在體外生產抗體的技術，並且將之純化，變成單一來源單一作用的蛋白質，稱為單株抗體。

單株抗體具有很強的專一性，可以用來當為探針（probe），尋找特定目標，包括異常表現的腫瘤細胞。也可以當成藥物，去除或增強某些功能，以治療疾病，應用性非常廣，可謂是人工智慧版的藥物。

抗體長得像英文字的 Y，有二支手臂，可與特定的蛋白質標的物結合。在癌症治療上，科學家可以設計單抗，用以辨識癌細胞，或直接使用單抗的抗體功能，清除癌細胞。

前文所講的標靶藥物，很多是使用單抗技術，如 Hercetpin®，Erbitux®。而單抗殺癌涉及免疫系統，美國國家癌症研究院將其歸於免疫治療。

- 治療性疫苗 (Therapeutic Vaccine)

大家對疫苗的觀念是指"預先注射，以防止感染"，如痲疹或流感疫苗。所以癌症疫苗這名詞出現時，的確讓一般人誤解，以為癌症可以打針預防。

其實流感疫苗和癌症疫苗的共通點是指打入"抗原"，讓人體產生抗體，特別冠上"治療性"疫苗，是為和"預防性"疫苗產生區隔。

目前使用於癌症治療的疫苗不超過三種，雖然二十多年來相關開發超過百個。治療性癌症疫苗不容易成功的原因是前章"主動式"治療所談的病人免疫缺失及抗原辨識不易的問題。

最早使用，而且現在還在使用的癌症疫苗是 BCG (Bacillus Calmette-Gurin)，BCG 是一種由細菌來的疫苗，使用於膀胱癌的治療。BCG 菌會引起肺結核，但弱化後，可引起某程度的免疫反應；治療時醫生用導管 (catheter) 把 BCG 打到膀胱，屬於區域性治療。BCG 也被使用到其他癌症治療，但不普遍。

另一個被核准的治療性疫苗是 Dendreon 公司開發的攝護線疫苗 Provenge®，利用樹狀細胞攜帶攝護腺腫瘤抗原。

現在有些公司利用病毒或細菌攜帶腫瘤抗原。由於病毒或細菌比較能引起身體免疫系統的反應，理論來講，應該會比樹狀細胞的療效更好，尤其是針對由病毒引起的癌症，例如子宮頸癌。

前述台灣生控基因 (The Vax gene) 的綠濃桿菌平台，有望加入癌症疫苗行列。生控基因利用去掉毒素的綠膿桿菌當成免疫刺激者，攜帶子宮頸癌抗原，並加入輔劑增強 APC (Antigen Presenting Cells 抗原呈現細胞) 的活性，另一邊加強 TCR-T 細胞受體結合力，目前處於美國臨床二期。

- 免疫檢查哨藥物 (Immune Check Point Molecules)

Immune Check Point Molecules 簡稱 ICM，最有名的是 CTLA-4, PD-1, PD-L1 之類的藥物，於 2014 年、2015 年、2016 年分別由 BMS (Bristol-Myers Squibb)、Merck 和 Roche 開發上市。其他各大藥廠，包括 Sanofi, Novartis, Pfizer, Amgen…也都各自有幾十個由 ICM 與現有藥物合併治療的臨床實驗

正在進行中。至於小生技公司，在 2014-2015 年時，更是只要與 ICM 合併治療，哪管只有十個人的臨床數據，也可以讓股價大漲一二倍，可見 ICM 的火紅程度！請另見 1-2-5-4 介紹。

- 細胞治療：

細胞治療一般是取病人自己的免疫細胞進行免疫力的提升，包括 LAK 細胞，用高濃度 IL-2 激活病人自體細胞、TIL 細胞，從切除的腫瘤組織分離淋巴細胞，激活和擴增後打回體內、DC-CIK 細胞，將 DC 細胞與 CIK 細胞混合培養，再打回體內……聽不懂沒關係，基本上這些細胞治療技術都有點過氣了。

目前細胞治療主要取用 T 細胞，尤其是人工灌能後的 Car-T 技術，其他免疫細胞的功能和療效持久性都不如 T 細胞，只能當配角或無病時的保養。但是仍要提醒 Car-T 技術操作不當會引起過強的免疫反應，不可不小心。

目前加入 Car-T 研究陣營者包括美國、中國、英國、瑞典、日本等。國際製藥巨頭諾華公司率先和賓夕法尼亞大學合作開發 Car-T 細胞免疫療法的研究。隨後禮來、葛蘭素史克和輝瑞等大藥廠以及 Juno、Kite 等小型生物醫藥公司也競相加入 Car-T 研發行列。

1-2-5-1 最熱門的免疫治療法－免疫檢查點 Immune Check Point therapy

我們的身體非常奇妙，具有活化與抑制二種互相平衡的能力，以維持正常的運作。舉 T 細胞的活化和去活化為例。T 細胞是免疫細胞的一種，當有外來細菌入侵時，T 細胞會被活化，以消滅敵人；而敵人撤退時，T 細胞的活性也會被抑制，以恢復平和狀態，否則身體一直處在備戰狀態也不是好事。

其中擔任調節任務的分子，有一群被稱為免疫檢查點（Immune Checkpoint Molecules，簡稱 ICM）的蛋白質，它們具有決定性的關鍵角色，相當於邊界崗哨檢查站的的指揮官，當入境車輛過多時，就會執行暫緩通行的指令。

免疫檢查點是指控制免疫反應的重要蛋白質分子 (immune checkpoint proteins), 這些分子通常扮演抑制角色, 以避免免疫反應過長過久, 否則會傷害到自己本身的細胞。科學家發現癌細胞可以命令這些檢查點, 以逃避免疫檢查 (資料來源：National Cancer Institute), 故科學家開發"免疫檢查點抑制劑"以控制癌症。

也說是說免疫平衡中有專門當"煞車"功能的分子, 而"免疫檢查點治療法"就是把癌症病患的煞車功能暫時拿掉, 使 T 細胞火力全開, 全力殲滅癌細胞！各大藥廠莫不積極參與！

免疫檢查點療法目前在腎臟癌、肺癌和黑色素細胞癌上, 可延長半數病患的生命, 故倍受注意。

從 2013 年 FDA 核准第一個 ICM 藥物以來, 現在已有以 Anti-CTLA4 的 Ipilimumab (Yervoy®by BMS), 及 Anti-PD-1 的 Nivolumab (Opdivo®, by BMS)、Pembrolizumab (Ketruda®, by Merck), 和 Roche 的 Anti- PD L-1 上市。

CTLA-4 和 PD-1 都是免疫檢查點, 不過仍有安全性上的顧慮, 因為煞車放開過大, 大量的細胞激素迅速產生, 容易造成"激素解放風暴 (Cytokine Release Storm)", 使病患休克甚至死亡。科學家也擔心過強的免疫反應, 是否會或造成免疫細胞攻擊自體細胞, 反而造成自體免疫性疾病, **所以更多公司加入開發更新和更安全的免疫檢查點藥物, ICM 的研究方興未艾！**

另外業界使用免疫檢查點合併現有化療藥, 或治療性腫瘤疫苗的臨床實驗也在小規模人體實驗中展現不錯療效, 在 2014~2015 年只要和 PD-1 沾邊的合併治療都造成該公司股價的大漲, 可見其熱度！

表：1-2-4 免疫檢查點抑制劑開發狀況 (統計至 2016 年底)

檢查點藥物名稱 商品名/藥證取得者	第一個被核准的 適應症	抑制 標的	作用原理
ipilimumab Yervoy®/BMS	advanced melanoma	CTLA4,	CTLA4 是抑活 (inactivate) T 細胞的開關, 位於 T 細胞表面；ipilimumab 結合 CTLA4, 使它無法牽制 T 細胞, T 細胞的殺癌功能才可自由展開。
nivolumab Opdivo®/BMS	advanced melanoma or advanced lung cancer	PD-1	PD-1 的功能為防止 T 細胞被活化, 故抑制 PD-1 可使免疫能力增強, 以殺死癌細胞。
pembrolizumab Keytruda®/Merck	advanced melanoma	PD-1	同上
Atezolizumab Tecentriq®/Roche	膀胱內皮增生癌	PD-L1 PD-L2	Atezolizumab 針對鉑類化療藥物無效的膀胱內皮增生癌 (Urothelial carcinoma), 2016 年 5 月被 FDA 核可上市。
臨床中的 ICM			
Epacadostat/ Incyte Inc.	黑色素瘤	IDO	與 permbrolizumab 合併治療, 2016 年處於三期臨床中
PDR-001 / 諾華	二期臨床註冊時間		2015/4月
REGN-2810/ by Regeneron & Sanofi	二期臨床註冊時間		2015/2月

其他公司：MedImmune、Sangamo BioSciences…, 上海恒瑞：SHR-1210 二期臨床註冊時間 2015/1月, 上海君實 anti-PD1, Shanghai Junshi Biosciences 處於一期臨床/2016 年

註：PD-1 是 Programmed cell death protein 1 的縮寫。PD-1 乃 T 細胞和 Pro-B 細胞表面上的蛋白質, PD-1 的功能為抑制 T 細胞的活化, 以防止體內產生自我免疫現象 (autoimmunity)。自我免疫會造成自己的免疫細胞攻擊自己的組織。PD-1 會引發細胞的自我凋亡 (apoptosis), 為程式化的細胞主動死亡, 故稱為 Programmed cell death protein。

1-2-5-2 癌症的免疫細胞療法 Immune Cell Therapy

癌症的細胞治療泛指利用身體現有的免疫細胞，如樹突細胞（Dendritic Cells－體內最強的抗原呈現細胞）、天然殺手細胞（Natural Killer Cells－體內第一線巡邏細胞），或 T 細胞（體內最強的殺手細胞）來進行腫瘤治療的方法。

其中 T 細胞最被看好。T 細胞具有辨識力強、記憶性長、殺癌效果強等多方優點。不過 T 細胞還分不同功能的 T 細胞，更多的研究還在進行中。

樹狀細胞擔任"抗原呈現"角色，可加強癌細胞被其他免疫細胞"看到"，由於只有"呈現"，而"殺敵"能力未若 T 細胞，故只有 Dendreon 公司的 Provenge® 在攝護腺癌上呈現療效。NK 細胞的殺癌功能不如 T 細胞具有高度專一性，目前有公司企圖使用基因編輯方式，讓這一線巡邏員可以辨識癌細胞，理論不錯，但 NK 細胞有先天的限制，一般認為最有可能成功的還是運用 T 細胞。該 NK 公司雖有名人加持，但在美國的掛牌股價表現不佳，還是要回歸科學基本面，以療效取回投資者的信心。

利用 T 細胞的免疫治療方法有二種：

- TIL（tumor-infiltrating lymphocytes）腫瘤浸潤的淋巴細胞：
  之前陳述過我們的免疫細胞本來就有發現癌細胞，消滅癌細胞的功能，只是後來癌細胞演化出逃避免疫監控的能力；TIL 是指已經發現癌細胞位置，而且也攻進腫瘤大本營的免疫淋巴球，其中大部份是 T 細胞－我們的武裝精英部隊。可是精英人數太少，無法發揮即刻滅敵的任務，雙方對峙，僵持不下。科學家就思考，何不把這些已經能分辨癌細胞的 T 細胞，也就是 TIL 拿出來，在體外大量培養，增加數目後，再打回體內，不就可以殺癌了嗎？

所以 TIL 的免疫治療方式為 (1) 取出病人腫瘤浸潤液, (2) 分離出裡面的 T 細胞, (3) 體外增殖培養, (4) 打回體內。

目前仍有 133 個 TIL 合併其他藥物的臨床實驗正在進行中 (資料來源: clinicaltrials.gov, 2016/12)。

- Car-T 基因編輯的 T 細胞治療技術

Car-T 原名是 Chimeric Antigen Receptor T-Cell Immunotherapy (嵌合抗原受體 T 細胞免疫療法)。有聽沒有懂, 對吧!簡單來説它是一種利用加入外來基因, 以增加 T 細胞辨識癌細胞和消滅癌細胞的技術。於 25 年前開始發展, 經過改良後, 目前的第二代於血癌中展現不錯療效, 而第三代針對固體癌的臨床實驗也已經展開了。

由於 Car-T 療效不錯, 倍受醫界與股市的注意, 不過其中一家開發公司, Juno, 有多起非直接原因引起的病患死亡案例, 而使該公司股價大跌。

目前約有 97 個 Car-T 應用於各種癌症或期別的臨床實驗正在進行中 (資料來源:clinicaltrials.gov (2016/12)。

Car-T 為何火紅?

2014 年 6 月, 只有 19 名員工的 KITE Pharmaceutical 公司在美國納斯達克上市, 一天之內狂攬 1 億 3 千萬美金!兩個月之後, 同樣不到 20 人的 Juno 又成功融資 1 億 3 千萬美金, 甚至有網站已經跳出來估 Car-T 將有數百億美金商機! 如果它在固體癌也能同展超強療效的話。是做夢?還是指日可待?是雞犬升天還是高進入門檻只有少數公司會成功?我們來分析之。

Car-T 療效

Car-T 技術構想於 25 年前, 但早期未顯療效, 第二代的 Car-T 塞入 (嵌合) 二個輔助蛋白質 CD28 和 4-IBB 的基因, 加強了腫瘤辨識能力, 而且選用腫瘤抗原十分明確的 CD19 為標的, 於急性血癌 (ALL) 臨床二期展現驚人療效, 完全應答者 (Complete Response) 高達 93%, 全球歡聲雷動!

多個臨床實驗由美國知名的 MSKCC, NIH, UP…同時進行, 都展現類似八九成完全應答的治癒率, 另外 Car-T 也在另外二種血癌 CLL, NHL 呈現 50% 的 CR, 證明 Car-T 技術是可重覆驗證, 不是騙人的紮實技術。

Kite 和 Juno 分別與這些研究機究合作, 上市募資, 所以公司雖然只各有 20 人, 但背後有很強很有經驗的研究團體協助, 加上未來有擴大到固體癌的想像空間, 一上市就氣勢如虹, 股價衝天!

註解

- CR:complete response 完全應答, 指在某定義下, 癌症被治癒
- ALL:Acute lymphoblastic leukemia 急性淋巴性白血病
- CLL:Acute lymphoblastic leukemia 慢性淋巴性白血病
- NHL:Non Hodgkin leukemia非荷杰式白血病
- MSKCC:Memorial Sloan Kettering Cancer Center美國知名癌症研究中心
- NIH:National Institutes of Health美國國家衛生研究院
- UP:Univ. of Pennsylvanian美國賓州大學, 新藥研發知名學校

Car-T 的治療程序:灌能, 增量

1. 抽血:取出病人自體T細胞。
2. Reprogram:以病毒帶入人工基因 (含有腫瘤抗原以及輔助蛋白質例如 CD28 或 4-IBB 的基因, 可加強癌細胞辨識能力), 然後與 T 細胞原先的基因產生嵌合 (Chimeric)。
3. 嵌合後, 基因產生的蛋白質表現於 T 細胞的表面 (TCR -T cell receptors) 上, 使 T 細胞辨識癌細胞的功能倍增, 更有殺癌能力。
4. Expansion:增殖培養, 複製更多這種嵌合後的 T 細胞, 再打回體內。

註:嵌合 (Chimeric) 乃生技專有名詞, 是指結合二種不同物種的基因。

圖 1-2-4 **Car-T 治療簡單示意圖**

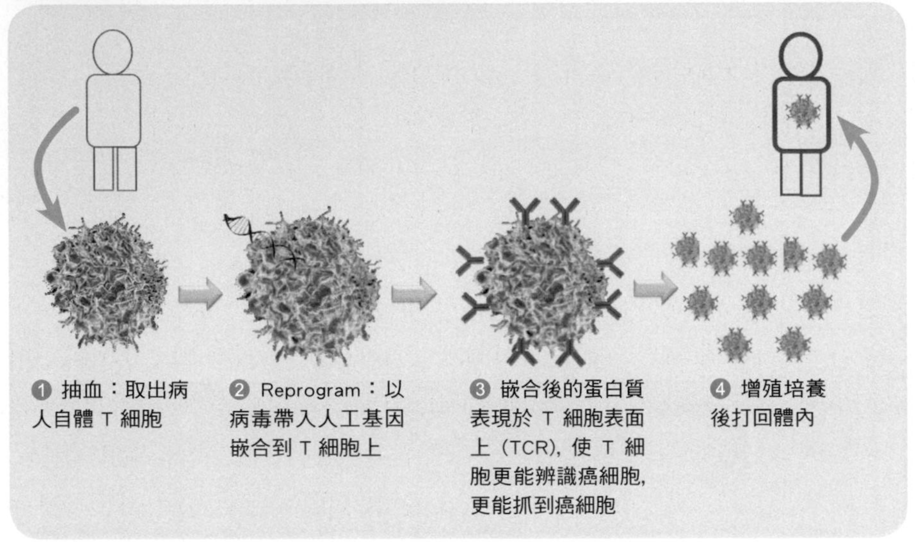

Car-T 的優勢

這次 Car-T 在血癌上的成功在於二個關鍵，一是 T 細胞的強化，二是癌症標的和癌症抗原的選擇。CD19 是很少數只發現在癌細胞而不存在於正常細胞的腫瘤抗原。因為目標明確，不會誤殺正常細胞，T 細胞又具有記憶性，可長期偵防，據稱有血癌病人 14 年未再復發。

簡單而言，Car-T 具有以下優勢：

- T 細胞具長期記憶性，療效可能會較久。
- Car-T 有如活生生的藥物（the living drug），也像進入體內的小型機器人，可以隨時長期地偵測癌細胞，清除癌細胞。

Car-T 的劣勢

Car-T 是個須要特別留意風險的技術，同時打入太多 T 細胞會引發過強的免疫反應（Cytokine Release Storm細胞激素解放風暴）。而何謂過強，因人而異，所以適當劑量和醫療經驗正在累積和探討中。Juno 以打入 IL-16 或 tocilizumab 降低免疫過強反應，但至本書截稿的 2016 年底為止，一般懷疑是細胞治療前的化療藥組合產生問題，導至病患死亡。

如果安全性是議題的話，會讓醫生不敢嘗試而影響 Car-T 的普遍化。目前約有 97 個 Car-T 應用於各種癌症或期別的臨床實驗正在進行中（資料來源：clinicaltrials.gov （2016/12)。

Car-T 的副作用簡列如下：

- CRS（Cytokine Release syndromes細胞激素大量釋放徵狀）：

  這是 Car-T 技術在臨床應用中一個最主要的不良反應，由於 T 細胞大量打入，引起細胞激素的大量釋放，使病人出現發熱、發燒、肌痛、低血壓、呼吸衰竭等症狀，嚴重時有生命危險。

- 靶向/脫靶毒性（on-target/off-tumor)：

  由於 Car-T 抗原的靶向性非常強，當腫瘤細胞和正常細胞含有相同抗原時，Car-T 細胞無法區分，對正常細胞也會產生激烈攻擊。所以找到特異性高的腫瘤抗原是未來的研究主題。例如針對 CD19 的 Car-T 治療，會導致 B 細胞發育不良，靶向 Her-2 的 Car-T 也會攻擊其他組織或器官，因為 Her-2 在其他器官也會表現。這在單抗藥物問題較小，但敏感性特高的 Car-T 則須特別注意，例如可能會產生心肺系統的毒性。因此必須重新選擇合適的高特異性腫瘤抗原，以防誤殺，而這是個很大的挑戰！

- 產生神經毒性：

  Car-T 治療白血病會引起神經系統症狀，這是一個預期之外且目前尚不清楚的現象。有幾個研究小組報導這些症狀具有多樣性但可自行消退，如譫妄、語言障礙、運動障礙、緘默症和癲癇發作。雖然這與全身 CRS 的發生有些時間上的關聯，當然也與 Car-T 存在於腦脊液中相關，這些症狀的機制與靶組織仍有待確認。

Car-T 在各種癌症的臨床實驗

除了血癌使用 CD19 抗原已進行到臨床二期外, 其他靶向 GPC3 的肝癌 Car-T、靶向 EGFR 過度表達的惡性神經膠質瘤 Car-T、靶向 MUC 1 陽性實體腫瘤的 Car-T 均在進行中。大家最想看到是 Car-T 在其他實體腫瘤中是否有療效, 而如前所述, 新的高特異性腫瘤抗原必須重新尋找, 以防誤殺, 攻擊到其他器官或組織。

Car-T 的市場競爭力?

雖然 Car-T 被華爾街大肆報導, 但細胞治療無法像藥品一般可跨國大量生產或行銷, 讓有些藥廠對 Car-T 產生猶豫與徘徊。

尤其 T 細胞治療具有高技術密集、高醫療風險、高勞力密集的限制, 雖然不少大藥廠加入研究, 如 Novartis, Pfizer, Celgene/Bayer, 但有些藥廠仍偏向藥物開發, 如 Amgen, Roche, J&J, AbbVie, Eli Lily…, 它們積極開發可達到類似功能的 TCR 雙療效單株抗體藥物, 目前約有 30 個藥物正在開發中。

Car-T 熱鬧二年後的 2016 年, Novartis 宣佈解散整個研究團隊化整為零。而藥物組這邊, 由 Amgen 開發的抗 CD19 雙效單抗藥物 Blincyto (first-in-class BITE) 獲得大家的關注, 於 20 人的小型實驗中有 80% 的病患在"分子層次"上達到完全應答, 這比起 Car-T 的"細胞型態" 上的完全應答更有意義, 但療效無法持久是 Blincyto 最大缺點。

細胞層次是指由顯微鏡觀察細胞病態情形, 分子層次則是由細胞內的基因層次觀察是否緩解, 白話文來講就是具有基因層次的完全應答才能說是完全治癒。

但以投資而言, 橘子蘋果各有支持者, 大部份的投資人不會做如此詳細的比較, 反倒是媒體報導引導股價, 這現象在美國也經常發生。

Car-T 的未來研究

第三代還未進入臨床實驗，第四代更強的分子已經在設計中。

- 尋找更多的腫瘤抗原：尤其是固體癌的特異性抗原。
- 尋找更多的協同刺激分子 stimulation molecules：第二代加入二個（CD28 及 4-IBB），第三代已有五種分子在排隊，其中很多是免疫檢查點分子，也就是說也許再過幾年又有新療效公佈，股市又要為之瘋狂！台灣有機會嗎？有的！但須要資本市場的支持。

Car-T 應用於固體腫瘤必須面對的難度

雖然說癌症種類和病患數更多的實體瘤才是市場有辦法衝到美金百億的條件，然而 Car-T 應用於實體腫瘤有技術上的難題必須克服。

前述的 CD19-Car-T 在治療 ALL（急性淋巴細胞型白血病）有 90% 的完全應答，但在 CLL（慢性淋巴細胞型白血病）的效果則只有 50%，預期在實體腫瘤的效果則更差。這是由於實體腫瘤在慢性發展過程中，會在體內形成微環境 (Tumor Microenvironment)。裡面有浸潤性的 T 調節性細胞（T reg 細胞）、腫瘤相關巨噬細胞、PD-1 高表達以及抑制性細胞因子（比如IL-10、TGFb），把腫瘤保護得非常嚴密。以往 TIL（腫瘤浸潤 T 細胞）經驗，回輸後的 T 細胞很難歸巢到腫瘤位置，所以預估 Car-T 在固體癌的療效會面臨挑戰。

美國上市的中國西比曼生技公司（Cellular Biomedicine Group ，CBMG）於 2015 年 9 月公布其 24 人使用 EGFR 的 Car-T 臨床 I/II 期數據，於不同固體瘤（實體癌）取得了應答，屬於全球首次發表，但未有更詳細的內容。CBMG Announces Positive Results from CAR-T EGFR Immunotherapy in Advanced Relapsed/Refractory Patients with Solid Tumors。

Car-T 產業端

Car-T 取用個人的 T 細胞，是一種非常個性化的療法，產品的供應方式和傳統藥物有著根本上的差別。

● 產業化尚有一段路要走：

所有細胞療法都要注重細胞處理的標準化，在製藥界藥品是由 cGMP 廠提供，而 cGMP 必須遵守 FDA 嚴格的生產流程標準化和確效化管理，細胞治療也一樣。

雖然百花齊放，但各細胞處理公司是否能提供高技術水平須待觀察，所以產業規模化還有一大段路要走。粗放式開發的醫院或者企業，在未來必定會被淘汰。

Car-T 國家競爭

統計 2015 年 Car-T 臨床計劃美國 48 項，中國 19 項，歐洲 7 項，日本和澳大利亞各一項。2016 年全球則增加到百項以上。

企業風險

Car-T 每一步驟都是關卡，各家技術能力差距甚大。

之前筆者雖說 Car-T 是可複製的技術，是指對資深等級的癌症研究機構而言，如果仔細分析這些不同機構對 ALL（急性淋巴細胞型白血病）的治療率還是有差別的。這和病人狀況、基因設計及表達技術、細胞工藝技術都有關，而且上述好療效也只累積到幾十位病患的臨床二期數據而已，對於其他從事 Car-T 療法的研發型企業而言不見得可達到類似效果，故投資風險包括：

* 臨床進展不利：因為 Car-T 的每個程序、細胞激活、嵌合基因載體的設計與表現強度、適應症選項與臨床療程設計等都關乎成敗，投資者須謹評估。
* 臨床意外：T 細胞治療容易因為引發 CRS（Cytokine Release syndromes）免疫風暴而導致病人休克或死亡，臨床醫院和執行者須嚴陣以待。

＊ 法規監管：大部份國家的細胞治療法規未明，普遍存在法規監管跟不上科技的現象，企業須花時間與法規審查人員溝通，時間與金錢的支出會比成熟的藥物產業多出不少，幹細胞產業為此延宕不少時間，投資 Car-T 者也要有心理準備，例如細胞生產流程管控、收案進度和臨床進展都會較慢，除非在法規不明國家私下進行，或以研究方式申請臨床實驗。

Car-T 上市公司

美國 Car-T 上市公司均與研發單位有合作，而商業夥伴也已簽下。上市公司中位居領領導地位者為 Kite、Juno。(Juno 有多起死亡事件須留意後續)

表 1-2-5

上游研發者	納斯達克上市合作夥伴/適應症	下游商業夥伴
Memorial Sloan Kettering and Fred Hutchinson Cancer Center	Juno ($JUNO) leukemia and solid tumor	AstraZeneca
U.S.National Cancer Institute	Kite/BuleBird ($KITE) E6/子宮頸癌/頭頸癌	
	Kite CD19/B-,NHL	Amgen
U of Pennsylvania CD19/for MM, CLL,ALL, NHL,	Novartis	Novartis
	Cellectis ($CLLS)	Pfizer
	Adaptimmune ($ADAP) NY-ESO-1c259/MM, Ovarian, Melanoma…	GlaxoSmithKline
Baylor Center for Cell and Gene Therapy	Bluebird Anti-BCMA/MM	Celgene/Bayer
M.D. Anderson IL-12/Breast Cancer CD19/Leukemia	Ziopharma/Intrexon	
大陸301醫院	Cellular Biomedicine Group ($CBMG)/實體瘤	
MD Anderson	Johnson & Johnson	

資料來源：各公司網站, 2015年

MM：多發性硬化症, CLL, ALL, NHL 分別為慢性, 急性及非何杰氏血癌簡稱

表 1-2-6 大陸 Car-T 上市公司

A股	安科生物 恒瑞醫藥	與博生吉合作 Car-T 與深圳源正細胞合作免疫治療
新三板	深圳合一康生技	Car-T 技術服務 幹細胞與 Car-T 臨床前研究

另外上海昆朗生物科技公司與中國醫學科學院血液病醫院、江蘇省人民醫院、武漢同濟醫院等 18 家醫院設立 Car-T 臨床研究中心。大陸對於 Car-T 技術的研究野心勃勃。

而 Car-T 必須使用到基因編輯（gene editing）技術，以把不同來源的基因嵌合在一起，目前 Editas 和 CRISPR 二家公司提供可以快速編輯基因的方法，使過往幾個月的工作可以濃縮到一週完成，乃生技界的大突破，而這二家公司也水漲船高。

Car-T 故事

Car-T 療法是由美國賓夕法尼亞大學終身教授、美國科學院院士 Carl June 教授和他的團隊首創。後來越來越多的科學家、醫院和藥企投入參與，並吸引資金不斷湧入，加速技術的推動。

説到 Car-T 的臨床案例，一定會提到 Emily Whitehead 這位可愛女童的成功存活故事。Emily 在 5 歲時被診斷出急性淋巴細胞白血病（ALL），在進行首輪化療時受到感染，差點失去雙腿。後來病情復發，她又接受了治療，並排期做骨髓移植手術。在等待期間，病情再次復發，這時醫生們已經無計可施。後來接受 Carl June 的 CART19 細胞回輸，Emily 產生超強的免疫反應，連續幾天發高燒，最終掙脱了死神的束縛，現在 Emily 已經 9 歲，還在健康成長，而體內仍然能檢測到存活的 Car-T 細胞。

除了兒童，Car-T 對成人血癌病患也有控制上的效果。

美國 FDA 會核准 Car-T 上市嗎？

目前有多家研究單位與上市公司合作 Car-T 療法，美國 FDA 也在密切監控中，FDA 會根據各家公司的臨床規劃和實驗結果而定。Juno 的案例不代表全部的 Car-T 狀況，因為每家的病患收案條件不同，前處理使用的化療藥組合也不同。

小結

醫藥開發本身無對錯，是研究的熱情和找尋解決之道的毅力，支撐人類的前進。

T 細胞具長期記憶性，是 Car-T 治療的優勢，我們期待 Car-T 能繼續發揚光大，救助更多病患，而分析這麼多正反面向，無意打擊新技術的發展，而是提供資訊，使讀者由科研、醫學、企業經營、商業風險和股市漲跌等不同層面，看待一項新科技的發展。

所有偉大的技術開發都有類似的激情，和後來冷靜的思考，以及牽引出來的市場機會，大家平常心以待。筆者還是支持科研的發展，人類因為夢想而偉大，救人是最美的情操。

美國很多生技股，例如在罕見疾病的藥物開發上，仍然享有高市值。生技股投資是看未來的醫療潛力，而不是獲利。在生技股票投資上，沒生技背景者，可隨人氣熱度調節，也是一種投資方法。這就是"股市"！獲利後要記得要協助他人，利他的社會才會產生良性循環！

1-2-5-3 治療性單抗藥物與帶藥抗體

Therapeutic Antibodies & Antibody - Drug Conjugates

單株抗體可以當為檢測探針, 或治療藥物。

抗體是體內免疫細胞對抗外來細菌或病毒而產生的對應性蛋白質, 它有很強的特異性, 若專攻 A 就不會針對 B。

抗體也有記憶性, 對曾經造訪過的細菌或病毒留下長達數十年的記憶, 所以小時候打過的天花疫苗, 可以讓我們終身對天花病毒有抵抗力。

於是科學家們就利用抗體天生的"高特異性"和"記憶性"開發出人工的抗體製造技術。由於打進一個抗原會產生很多不同的抗體, 但我們只需要其中的一種, 故將之純化成單一抗體, 並以其中的一株抗體為源頭, 大量繁殖, 故稱為單株抗體 (monoclonal antibodies)。

抗體長的像英文字母的 Y, 上面二隻手臂可以接不同抗原, 可以接合到任何的蛋白質片段, 例如細菌表面蛋白質, 細菌碎片蛋白質, 癌細胞表面蛋白質, T 細胞表面蛋白質…太好用了, 於是創造出很多治療疾病上的大藥出來, 為十幾年前無法治療的疾病找到很好的治療方法, 也創造亮麗的藥物營收, 如 Herceptin®, Avastin®, 2015 年美國營收各為美金 25 億和 32 億。

而更多的單抗藥物將加入精準治療行列, 單抗藥物市場在未來仍將持續高成長。

ADC：Antibody Drug Conjugate 帶藥抗體

Antibody - Drug Conjugates 是把抗體和化療藥結合的新組合藥物。ADC 結合單抗辨識癌細胞的功能, 與化療藥的毒殺功能, 以達到更好治療療效, 目前有三個藥物上市。

表 1-2-7 美國 FDA 核准的 ADCs 癌藥

ADC藥物商品名	藥物名稱	適應症
Kadcyla® by Genetch 公司	ado-trastuzumab (her2) + emtansine	2013 年核准於乳癌
Adcetris® By Seattle Genetics 公司	Brentuximab (CD30)+ vedotin	2011 年上市, 使用於 HL, NHL 等淋巴癌
Zevalin® By Biogen 公司	Ibritumomab (CD20)+ tiuxetan 放射線藥物	2002 年核准於 NHL 淋巴癌, 乃第一個放射免疫治療藥物

為何會想到開發 ADC 技術呢? 最主要是單抗藥物雖然可以辨識癌細胞, 阻斷癌細胞生長, 但缺乏毒殺作用, 無法有效地直接殺死癌細胞。而小分子藥物雖然可以隨著血液流動, 打擊癌細胞, 但也會傷害正常細胞與組織。於是將二者結合, 使具標靶性又可提高療效, 兩全其美。

開發 ADC 時一般會選擇已知的單抗和已知療效的化療藥, 因為雙方的治癌機制已有資料可資參考。但是如何把化療藥接到單株抗體上, 如何接?接哪裡?要接幾個化療藥分子才會達到最佳療效而又不會殺傷力太大, 則須要技術, 經驗和臨床驗證嘍。

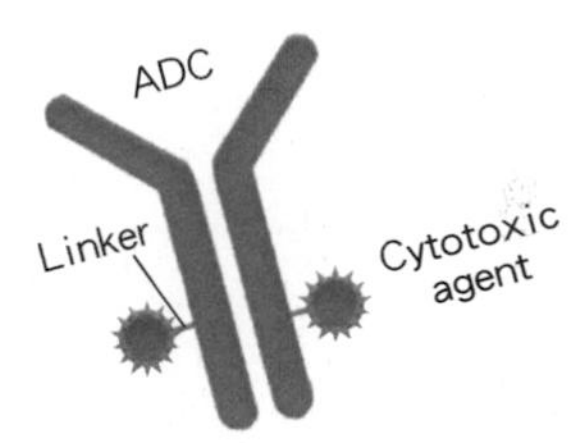

台灣的台醫國際正在開發多個 biobetter/biosuperior 帶藥抗體, 包括:AbGn-110, 及 AbGn-108 等, 期待更有效地治療各類惡性腫瘤。另外台灣神隆, 台康/台耀, 也正在開發 ADC 原料藥。

1-2-5-4 藥廠巨頭的癌症免疫治療佈局

挾帶免疫檢查點藥物 PD-1 抑制劑 (Program Death 1 inhibitor) 在難治的黑色素瘤展現令全球驚豔的免疫療效下, 所謂的 immuno-oncology (I/O癌症免疫治療) 已成為全球各大藥廠熱門的競爭項目！幾乎叫得出名字的國際藥廠都有 I/O 部門, 全球上百個 I/O 臨床實驗正如火如塗地展開！

表 1-2-8 列出近年主要藥廠的研發重心, 由表可知, I/O 幾乎是各大廠的共同開發項目, 畢竟癌症是全球第一大病, 而不管化療、放療或標靶治療, 通通無法解決癌症復發的問題, 如果能刺激身體本身的免疫系統, 則有望清除殘餘癌細胞, 延長病患生命！

問題是科學家多年努力, 一直無法有效提升免疫療效, 原來是我們的免疫系統內建"促進"與"抑制"二個互為調控的機制, 也就是加油與煞車二套功能, 以防止體內的免疫作用過強, 傷了自身的細胞。

近年科學家找到去除免疫煞車的方法, 並首先在末期無法開刀的黑色素瘤癌患上證明有效, 2014 年 Merck 和 BMS 二家公司的 PD-1 inhibitor 取得藥證 (表 1-2-9), 而更多的 I/O 療法正如火如荼地應用於其他癌症, 並與現有癌症藥物合併治療！

根據 IMS Health 預估, 10 年後 I/O 產值約 350 億美元, 跑前面的 Merck、BMS 及 Roche 投資約 10 億美元開發產品, 老大哥的 Pfizer 乾脆直接以 28.5 億美元買下 I/O 技術, 欲超捷徑 (Source：Guggenheim Securities, 2015/9)。不過 BMS 手筆最大, 於 2015 年初以 12 億美元天價簽下 Flexus Bioscience 尚在動物實驗階段的 ICM 分子 IDO1；Merck 也不甘落後, 2016 年初以 4 億美元簽下 IOMET 也是尚在臨床前階段的 IDO1 分子, 競爭十分激烈 (表1-2-10)。

另外創投這邊也不錯過這百年機會，光 2014 年美國創投就大押免疫治療公司高達 11 億美元（Source：Guggenheim Securities，2015/9）！

但是 I/O 治療還有很多待研究的細節，例如光去除煞車就可以治療所有癌症了嗎？有多少治療提升的癌患真正有表現 PD-1？療效和分子之間有對應關係嗎？雖然合併治療的療效看起來不錯，是否還有更多免疫調節機制未被發現？也因此 I/O 療法雖然已有 3 種新藥上市，更多的研究還方興未艾！

表 1-2-8 近年大藥廠研發佈局與重心

公司	近年主要研發佈局
Bristol-Myers Squibb	重押 I/O, 結合各種免疫療法, 規劃出癌症免疫治療全版圖, 包括：ICM 和 micro environment (腫瘤微環境)； ICM 部份欲研究 CTLA-4、PD-1、IDO、OX40、GITR 不同分子的不同功能結合
Merck	重押 ICM 癌症檢查點免疫治療及高膽固醇單抗藥物； 在 ICM 方面主攻 anti-PD-1, 另增 IDO1/ TDO、GITR、IL-10 等, 約 7 個新分子, 總計共 80 個臨床試驗, 針對 30 種癌症進行驗證
Roche	重押 ICM 檢查點分子, 如 PD-L1、IDO1, 開發新分子, 如 OX-40、IDO、CD3 等。其他免疫性疾病持續進行, 由於正常細胞也會表現 PD-1, Roche 認為針對癌細胞的 anti-PD-L1 更具潛力
Pfizer	均勻投資心血管、癌症、免疫疾病等各領域； ICM 部份採直接技術併購
Gilead Sciences	抗病毒感染相關疾病, 如愛滋病、C肝、B肝； 近年開始佈局脂肪過多引發的發炎性肝炎, 如非酒精性肝炎
Amgen	均勻投資於各適應症, 但在高血脂方面數個臨床進行中

資料來源：作者整理

	近年主要產品
	• Yervoy® (ipilimumab)：anti-CTLA 4 單株抗體, 2011 年核可於無法切除或轉移性的黑色素瘤, 於第三期的黑色素瘤無疾病存活中位數提高 9 個月 (26.1月 v.s.17.1月) • Opdivo® (nivolumab)：anti-PD-1 單株抗體, 2014 年核可於無法切除或轉移性的黑色素瘤, 2015 年取得肺癌及腎癌上市核可 • 更多 ICM 分子在開發中, 總共投入約 50 個癌症免疫治療的臨床試驗, 大部份是合併治療, 以延長病患生命為主要目標 • C 肝大戰上 BMS 推出 Dakalinza® 合併 Sofosbuvir 的複方藥物
	• Keytruda® (pembrolizumab)：anti-PD-1 單株抗體, 2014 年核可於不可切除或轉移性的黑色素瘤 • Keytruda® 應用於其他肺癌、三陰性乳癌、頭頸癌、胃癌、食道癌等固體癌之單方或合併治療正在臨床試驗中 • 更多 I/O、ICM 分子在開發中, 總共投入 80 個癌症免疫治療的臨床試驗, 大部份是合併治療, 以延長病患生命為主要目標 • 在心血管疾病方面, 抗高膽固醇藥物處於臨床三期
	• Atezolizumab：anti-PD-L1, 針對膀胱癌, 於 2016 年底通過上市審查, 應用於其他固體癌的合併治療也在臨床試驗中 • Ocrelizumab：anti-CD20 單抗藥物, 治療類風濕性關節炎、紅斑性狼瘡、多發性硬化症等自體免疫性疾病
	• 癌症免疫治療：2016 年啟動合併治療, 組合包括 PD-L1 抗體 Avelumab、4-1BB 激動劑 Utomilumab、和一個 OX40 激動劑 • 心血管疾病：例如中和高血脂之單株抗體藥物 Bococizumab, 臨床三期中
	• Sovaldi® (sofosbuvir) C 肝單方小分子藥物和 Harvoni® (ledipasvir and sofosbuvir) C 肝複方小分子藥物均已上市, 因高藥價話題引發爭議
	• Evolocumab® (PCSK 9 inhibitor) 2015 年取得藥證, 用於治療家族性高膽固醇血症

表1-2-9 已上市的免疫檢查點藥物 (Immune Checkpoint Molecules, ICM)

藥物名稱	Yervoy® (Ipilimumab)	Keytruda® (Pembrolizumab)	Opdivo® (Nivolumab)	Tecentriq® (Atezolizumab)
藥證持有者	BMS	Merck	BMS	Roche
藥證核准日	2011/3/25	2014/9/4	2014/12/22	2016/5, 2016/10
作用機轉	CTLA-4 blocking	PD-1 blocking	PD-1 blocking	PD-L1
首次適應症	不可切除或轉移性的黑色素瘤	同左	同左	膀胱癌及非小細胞肺癌

資料來源：網路公開資訊；作者整理

圖 1-2-5 未來的 I/O 朝合併治療邁進；方興未艾

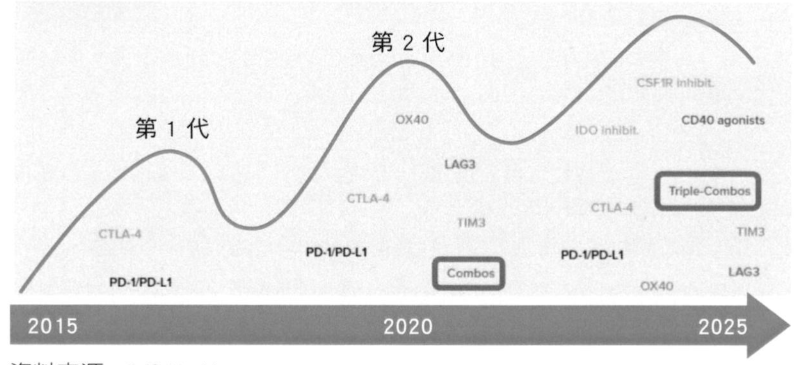

資料來源：IMS Health

單位：百萬美元

表 1-2-10 免疫檢查點分子授權金額顯示全球熱潮

Date	Target	Buyer	Deal size	Upfront	Clinical Phase	Molecule
2016/1	Iomet Pharma	Merck	400	150	Preclinical	IDO 1
2015/10	Admune Therapeutic	Novartis	258	140	Phase I	IL-15 agonist
2015/2	Flexus Bioscience	BMS	1,250	800	Preclinical	IDO1
2014/2	Costim	Novartis	248	153	Discovery	Several, including PD-1
2013/8	Amplimmune	Astra Zeneca	500	225	Preclinical	PD-1
平均價格			531	293		

資料來源：網站資料, 作者整理

BMS 最早踏入 ICM 研究

BMS(必治妥藥廠) 早在 1991 年就發現有些機制對 T 細胞的殺敵功能有抑制作用，於是併購 Medarex 公司取得相關研究，但在更有效的 anti-PD-1 藥證申請上卻輸給 Merck 三個月；不過這不影響 BMS 在 I/O 上的佈局，BMS 有更多的 I/O 藥物分子與研究計畫。

目前 BMS 在癌症免疫治療上總共有 50 多個臨床試驗進行中，主要想擴展到更多的固體癌，如腎癌、肝癌、肺癌等的合併治療，或 anti-PD-1 的單一治療，或再加入 CTLA-4 的三合一治療。

而這些合併臨床結果也成為 2016 年 ASCO (American Society of Clinical Oncology) 的焦點，例如針對肝癌藥物 Nexavar 無效的病患，在一／二期臨床中顯示可增加一倍的存活期 (CheckMate-040 study, Overall Survival 中位數由 7～8 月延長至 15 個月)。而 CheckMate-069 臨床試驗推估即使因為 anti-PD-1 副作用過強而半途停止治療的黑色素瘤病患，anti-PD-1 仍有增加生命的效果，至於可延長多久，因為大部份的病人仍然存活，臨床數據尚無法統計。

BMS 認為除了 CTLA-4、PD-1、PD-L1 之外，未來 OX40、LAG3、TIM3、GITR 等分子都會加入 I/O 合併治療行列。

Merck 第一個取得 Anti-PD-1 inhibitor 藥證

2014 年 9 月，默沙東藥廠 (Merck) 的 Anti- PD-1 免疫療法新藥 Keytruda® 獲美國 FDA 核准應用於黑色素瘤，隔年默克再發表以 Keytruda® 治療三種癌症的研究成果。Keytruda® 是第一個經 FDA 核准的抗 PD-1 免疫療法藥物。

- 非小細胞性肺癌：Keytruda® 針對 PD-1 與其配體 PD-L1 以及 PD-L2 的單株抗體，能阻礙 PD-1 受體與配體的結合，以抑制 PD-1。在非小細胞性肺癌臨床實驗中，495 位病人中有 20% 病人對藥物有反應。若針對帶有 PD-L1 的目標病人而言，則有 45% 對藥物有反應。病人平均存活 1 年，其中癌症無惡化存活期為 4 個月，平均存活期已經超過各種已知療法。不過這項實驗並未排除安慰劑效果。

- 間皮瘤 (Mesothelioma)：間皮瘤為一種罕見癌症，通常與吸入石綿有關，這項研究對 25 位化療無效的間皮瘤病人施以 Keytruda®，平均療程 5 個半月後，76% 見效，有 28% 病人的腫瘤縮小，48% 病人腫瘤停止生長，有 10 位病人仍在療程中，2 位尚未接受評估。通常間皮瘤在化療無效或復發後，幾無可用的治療手段，Keytruda® 的初步結果，帶給間皮瘤病人一線生機。

Roche 建立 PD-L1 旗艦隊，重押癌症免疫治療

專注於癌症治療也是全球精準治療的領導廠商 Roche，其藥物產品線中，六成以上的藥物都搭配相對應的檢測試劑 (companion kit)，期待先找出病人的病因，再對症下藥。主力藥物為併購 Genentech 取得的乳癌和大腸直腸癌的單株抗體藥物 Herceptin®和 Avastin®。面對癌症免疫療法的風口，執全球單抗研發牛耳的 Genentech 當然不能缺席，所不同的是 Genentech 採用的是 anti-PD-L1 而不是 anti-PD-1，因為 Genentch 認為直接擋住癌細胞上面的 PD-1 Ligand 更有治療上的意義，於是建立了 PD-L1 旗艦隊，針對各種不同癌症，進行不同合併治療的臨床搭配。

ICM 之類的免疫治療不在於取代之前的化學療法或標靶藥物，而是希望藉由對免疫檢查點的調控，讓免疫細胞可以發揮作戰力，所以 PD-L1 可以搭配 Roche 原有的癌症藥物，加強療效，強化 Roche 的癌症領導地位；根據 2015 年 Roche 的法說報告，目前有 Roche 有 11 個癌症免疫治療處於三期臨床中。

Atezolizumab 就是 Roche 的 PD-L1 藥物，一個 ICM/I-O 產品，第一個挑戰的適應症是針對鉑類化療藥物無效的膀胱內皮增生癌 (Urothelial carcinoma)，於 2014 年獲得美國 FDA 突破性療法認定，2016 年 5 月及 10 月分別獲得膀胱癌及非小細胞肺癌的上市核可。

附錄：近年細胞與免疫治療於癌症的突破

- 1982 年, GRIMM 等人誘導出 LAK 細胞。
- 琳達· 泰勒 (Linda Taylor), 免疫療法的第一個受益者, 1984 年美國國家癌症研究所史蒂文· A· 羅森伯格 (Steven A. Rosenberg) 團隊用高劑量白細胞介素- 2 (IL-2) 成功地治癒了琳達· 泰勒晚期轉移性黑色素瘤患者。
- 1986 年Rosenberg 等從小鼠腫瘤中分離出浸潤淋巴細胞。
- 1990 年, 伊薩哈和羅森伯格用一種模塊設計的方式構建了 Car-T 細胞。
- 1991 年, 美國科學家 Schmidt Wolf 首先報導了 CIK 細胞。
- 2008 年, 美國 MD 安德森癌症中心對一名 52 歲男性惡性黑色素瘤患者在進行免疫治療。該男子腫瘤復發並伴隨轉移, 醫生給與體外擴增並回輸特異性 CD4+ T 細胞, 兩個月後患者所有的病灶消失, 兩年內沒有腫瘤的復發。這是醫學界首例利用複製免疫細胞的方法成功治癒癌症的個案。不過, 後來在其他腫瘤上未有再現性。
- 2012年 4 月, 血癌女童 Emily 在嘗試所有傳統治療方法都無效的情形下, 接受賓州大學的 Car-T 治療, 結果病情獲得有效緩解。
- 2015年, 一位患有潰爛性黑色素瘤的 49 歲女性病人, 接受 CTLA - 4 抑制劑 Ipilimumab 與 PD -1 抑制劑 Nivolumab 聯合注射 3 周後, 轉移瘤迅速消失。

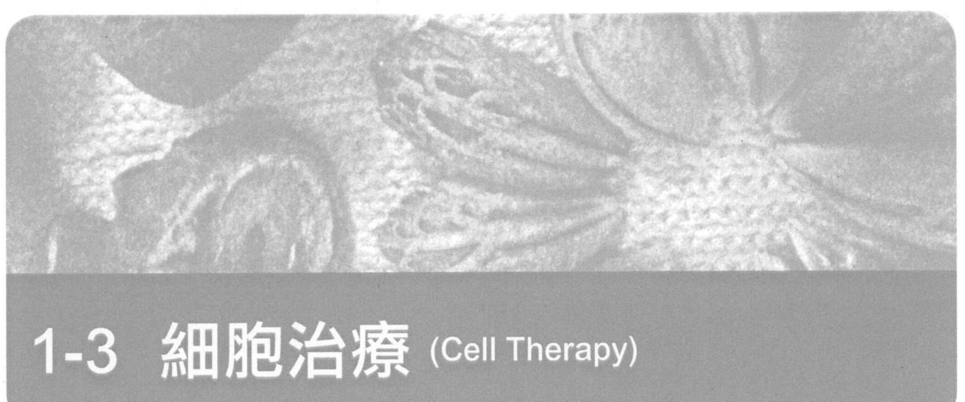

1-3 細胞治療 (Cell Therapy)

圖 1-3-1 一張圖了解細胞治療

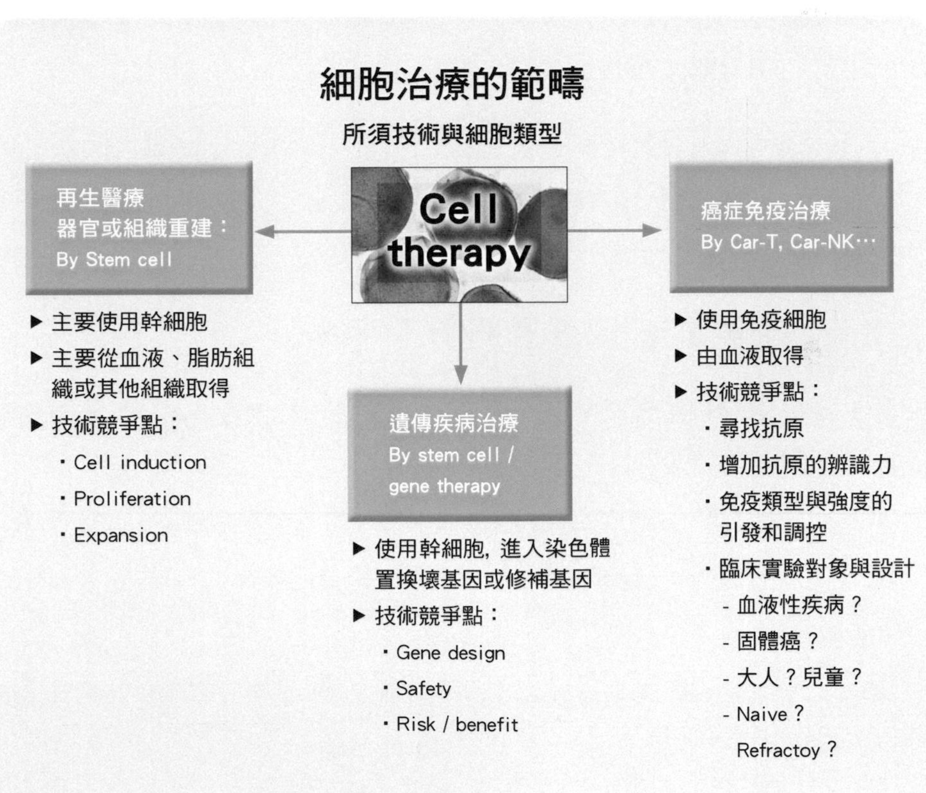

凡是以細胞做為治療工具的技術，都可歸類於細胞治療。被使用的細胞包括幹細胞、免疫細胞或身體其他部位的細胞。

細胞治療十多來一直是科學家念念不忘的研究標的，有些領域被淡忘，例如胚胎幹細胞，有些應用到醫美產業，例如自體脂肪幹細胞的臉部除皺，有些在癌症治療上展現佳績，例如前述的 Car-T 技術在血癌展現的療效。

細胞治療可以補填藥物治療的不足，尤其是根源性的疾病，例如遺傳性疾病或全身性的免疫治療。

目前被核准的細胞治療大部份使用自體細胞，因為異體移植的安全性障礙仍待克服。(商機：異體細胞的移植)

另外，細胞培養須要時日，無法像藥物先製備生產，再全球行銷，因此細胞治療主要定位在個體化治療上。

雖然細胞治療很難取代藥物，但是有些領域適合使用細胞治療，因為可以植入改良的基因，糾正基因產物的缺陷，或增強細胞功能，這也讓跨國大藥廠不敢忽視細胞治療的潛力。

本章把細胞治療依應用領域，簡單分為三大區塊：

1. 再生醫療的應用：這領域主要以幹細胞為主，應用於器官或組織的再生與功能恢復，再生醫療是過往的科研熱門標的。
2. 遺傳疾病的治療：主要經由細胞內的染色體改良基因，以取代先天不良的基因，若成功可能治本。目前主要針對單一基因變異的疾病進行治療，多基因病異者較複雜，案例不多。
3. 癌症免疫細胞治療：乃指使用各種免疫細胞清除癌細胞，其中療效最佳的是基因編輯過的 T 細胞 (Car-T)，請詳第 68 頁介紹。

本章主要分析幹細胞治療的應用。

1-3-1 幹細胞的分類

細胞治療常用到幹細胞，所以我們先來認識一下幹細胞。

圖 1-3-2 每個組織或器官都有幹細胞

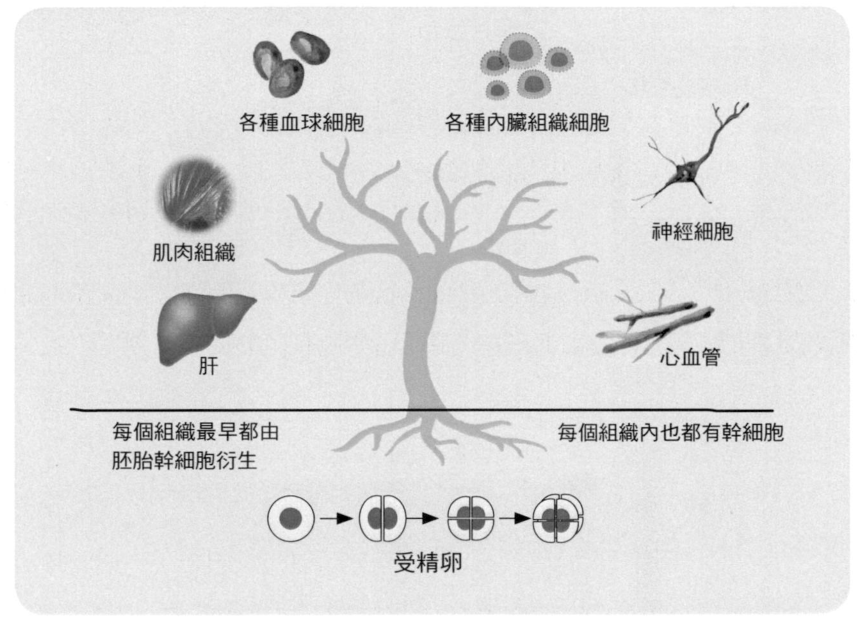

何謂幹細胞 Stem Cell

幹細胞由英文 "Stem"（起源）的意思來思考，指的是所有細胞的源頭。包括在受精卵時代的胚胎幹細胞，和成長為完整個體後，分散到不同組織器官裡的幹細胞們。也就是說每個組織或器官都有幹細胞，以執行該組織的細胞更新之責。

幹細胞的分能

幹細胞可以衍生成其他細胞，所以是再生醫療的主角。以科技角度而言，能取得最原始、分化能力最強的萬能幹細胞當然最好，那就是胚胎幹細胞。不過為商業行為而殘害胚胎，這在大多數國家都是違法而且不道德的行為，所以後來轉向臍帶血幹細胞、成人週邊血幹細胞、脂肪幹細胞或其他組織幹細胞發展。

幹細胞依功能分類

1. 全能幹細胞（Totipotent）：指的是受精卵分裂成八個細胞之前的細胞，這珍貴的幹細胞，各自都可以可分化成完整的個體，被稱為全能幹細胞。

2. 萬能幹細胞（Pluripotent）：是全能幹細胞的後裔，無法發育成一個完整個體，但是可以發育成不同的器官和組織，例如分化成腦部、心臟、造血幹細胞、神經細胞等等。

3. 多功能幹細胞（Multipotent）：只能分化成特定組織或器官，例如由造血幹細胞分化為紅血球、白血球和血小板等等。

4. 專一性幹細胞（Unipotent）：已定型，只能衍生單一特定的細胞，但可促進細胞更新，例如臉上表皮的皮膚幹細胞、腸道的上皮組織基底層的幹細胞、或肌肉中的成肌細胞等等，這些定型後的細胞無法再轉型為其他細胞。

依來源分類

1. 胚胎幹細胞（embryonic stem cell）：在胚胎發育早期的囊胚中，可發育為不同的細胞，但人類的胚胎幹細胞取得有爭議，難以普遍應用。

2. 臍帶血幹細胞（umbilical stem cells）：來自分娩後的廢棄物，取得容易，細胞又較成人幹細胞多能，故被鼓勵冷凍保存，以未來自需或供應他人急需之用。過往使用於血液性疾病或遺傳性疾病的治療，例如鐮刀型貧血症的幹細胞移植，或黏多醣代謝失常的治療，此症為隱性基因疾病，黏多醣堆積會影響智能與生理機能。未來科技也許可以增加更多應用。

3. 成人幹細胞（adult stem cell）：它們存在於成體的特定組織中，可以有限度的分化，例如被誘導成骨髓幹細胞、造血幹細胞、神經幹細胞等等。之前醫院常在化療前先保存病人個體的骨髓幹細胞，化療後再打回體內，以促進免疫細胞的復甦，即是一例。而由周邊血幹細胞純化出免疫細胞，體外增殖後再打回體內提升免疫力，以做為平日保養用，在日本和中國則很常見。

而不同形態的幹細胞又有不同功能，目前產業界應用較多的是間質幹細胞。

間質幹細胞 Mesenchymal Stem Cell, MSC

間質幹細胞簡稱 MSC，屬於多功能幹細胞，具有幹細胞增生及多向分化的能力，可分化成骨骼、神經等組織，當我們體內組織受損時，間質幹細胞能進行修復的功能。

臍帶的 MSC 含量最高，每二億顆有核細胞裡，臍帶的 MSC 含量為 66.6 萬顆，其次為骨髓的 2000 顆，差距甚大。MSC 的高含量為保存臍帶幹細胞最主要的原因，因為 MSC 可作為未來細胞療法、組織工程、再生醫學的材料，其重要性及未來的發展潛力與日俱增。

脂肪幹細胞 Adipose Stem Cells

脂肪幹細胞（ASC）可由成人的脂肪抽取，由於免疫性低，具異體移植潛力，體外安定性高，可以當成基因傳遞細胞，所以被研發界關注，多種應用將進入人體臨床試驗。

資料來源：Stem Cell Rev. The potential of adipose stem cells in regenerative medicine 2011 Jun;7(2):269-91. doi: 10.1007/s12015-010-9193-7。

誘導性多功能幹細胞 Induced Pluripotent Stem Cells

簡稱 iPS，乃把特定基因或特定基因產物（蛋白質）導入體細胞（如皮膚細胞或是肝臟細胞），使體細胞具有胚胎幹細胞的萬能轉化能力，並且持續增生分裂。

2007 年，美國和日本兩組科學家以基因改良方法，成功地把老鼠皮膚細胞誘導回去成多能細胞，有如胚胎細胞一樣具有最大可塑性，而聲名大召。這誘導後的細胞稱為「iPS」，原本期待未來可以"逆轉人生"，永保青春，永不生病，永遠都有年輕的器官可使用。紅透半邊天的 iPS 卻還有一大堆安全疑問待解，須要臨床實驗證明，可惜直至 2015 年只收到一名病人，而不得不喊卡。現在 iPS 轉為研究用途，用於篩選藥物和偵測藥物對不同細胞的影響。

1-3-2 幹細胞的廣義應用

幹細胞在科學研究和商業應用上有不同的方向和要求。

圖 1-3-3 一張圖了解細胞治療

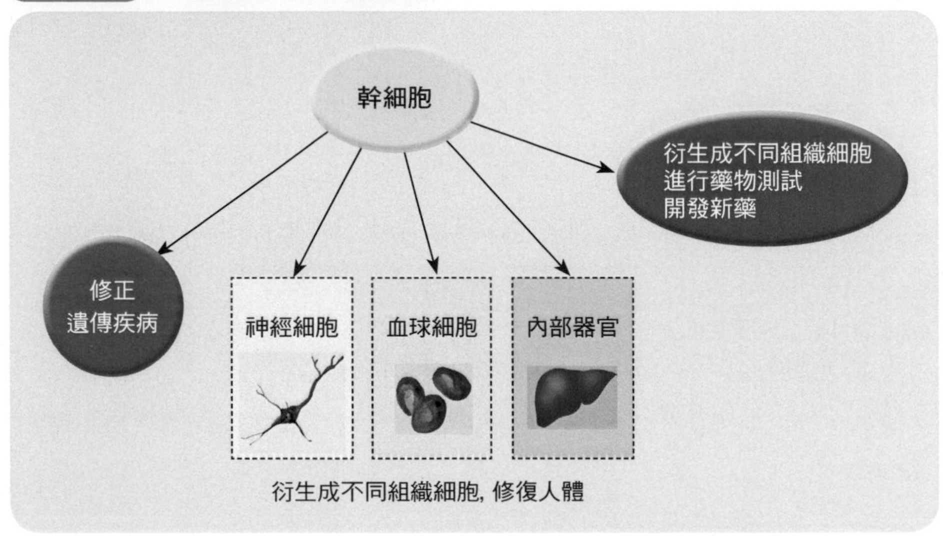

在科研上, 幹細胞可透導成其他組織細胞, 進行新藥開發的測試

在醫療上, 可以健康的幹細胞取代有生殖缺陷的細胞, 例如以健康的臍帶血治療粘多醣代謝異常, 或血友病的治療, 於臍血幹細胞上植入可生產正常凝血蛋白的基因, 讓病人血液可以自然凝固。

在成人治療上, 多種臨床實驗已經展開:

- 異體幹細胞於軟骨的修復:美國有公司取得成人血液細胞, 去除其免疫性, 使移殖時不會產生排斥, 用於軟骨修復。
- 自體幹細胞於中風或腦性麻痺修復。
- 幹細胞誘導生成肝細胞, 心肌細胞, 胰島素生成細胞…可治療肝硬化, 心臟衰竭, 一型糖尿病等等。
- 還有很多幹細胞應用在全球積極展開, 讀者可隨時注意媒體。

目前幹細胞的商業應用－幹細胞儲存

台灣大部份幹細胞業者先以細胞儲存獲利，再提升為細胞基因檢測或細胞治療開發公司。

幹細胞的儲存項目包括臍帶血儲存、胎盤儲存，到成人幹細胞的儲存。

細胞保存是一種保險和預防的觀念，不全是醫療需求，尤其在臍帶血保存方面，因為在血液性疾病的使用率僅 1/2500~1/10,000 的機率，使用到的機率不高，最好是不要使用到。在臍帶間質幹細胞保存方面，則是期待未來再生醫療更進步時，有自己豐富的幹細胞可替代老化的組織。

另外臍帶血保存已演變成父母給與小孩的出生禮物，看到大部份的新生兒都儲存臍帶血，對細胞儲存的支付已演變成社會階級與心理層次的滿足。

臍帶血或胎盤有數量最多的多能幹細胞，但是一生只有一次收集的機會，就是在出生的當兒，大部份的成人都已錯過這黃金時間，所以業者鼓勵在年輕時保存間質幹細胞，以免年老時可用的細胞愈來愈少。

目前幹細胞的商業應用－成人幹細胞於醫美的使用

- 成人自體脂肪幹細胞 Adipose Stem Cells (ASC)

因塑身而抽出的脂肪，含有大量的間質幹細胞，間質幹細胞具有體外增生及多重分化的潛力，可運用於組織與器官的再生與修復。一般人最常將之用於臉部的填充或除皺。脂肪幹細胞特性為：

1. 相對於骨髓，由脂肪取得幹細胞侵入性較低。
2. 對成人而言，脂肪為幹細胞來源最多量的組織。
3. 可進行體外增生培養。
4. 脂肪幹細胞可分化為其他組織，做為再生醫療使用(尚待臨床實驗)。
5. 脂肪幹細胞保有自動移至創傷部位，進行修補的特性。

1-3-3 再生醫療－器官或組織的重建

雖然提到再生醫療 (Regenerative medicine) 或幹細胞，一般人直接把它和電影情節的複製人聯想在一起，而顯得虛幻不實，不過再生醫療已有不少的實際應用。

再生醫療是指製作具有功能性的身體器官或組織，用以修復或替換老化、生病以及受損的器官組織。

可於體內生產或體外培養後植入，主要用於解決器官捐贈者不足的問題，或是自體細胞的局部修復。

一些應用舉例如下：

- 胰島素分泌細胞：修復失能的一型糖尿病，一型糖尿病大部份是天生的胰島素分泌不足
- 多發性硬化症治療
  (Healthline News "Stem Cell Transplants Offer First-Ever MS Treatment That Reverses Disability" 2015 年 1 月 22 日)
- 組織修復：例如膝蓋軟骨修復
- 心肌細胞：重建因老化或受傷導致的心肌衰弱或壞死
- 神經細胞：修復中風或車禍引起的脊椎神經受傷
- 皮膚細胞：嚴重的燒燙傷皮膚組織修復
- 毛髮再生：輔助禿髮危機

細胞來源 cell source

主要為幹細胞，因為增生能力最佳，也可使用一般體細胞。

幹細胞來源

臍帶幹細胞，或成人組織幹細胞，但數量稀少，其中脂肪間質幹細胞乃最豐富的成人幹細胞來源。

細胞提供者 cell donor

- 主要取自自體幹細胞 (autologous stem cells), 於體外培養、增量後, 再打回; 自體幹細胞無排斥性問題, 但成人之幹細胞不多, 分化成其他組織細胞的能力也差, 而且臨時要大量使用時, 會有數量不足問題, 須要花時間純化、體外培養, 故有些有錢人會先儲存和增殖自己的幹細胞, 以備不時之需。
- 異體幹細胞 (allogeneic stem cells):須要先進行 HLA Typing (組織分型), 找到合適移植者, 這需要運氣和等待時間, 所以臍帶血儲存中心成為主要異體幹細胞來源, 不過臍帶血幹細胞主要使用於遺傳性疾病的治療多於再生醫療。

之前有多家生技公司開發低排斥性的幹細胞產品, 使用於骨骼修復。

細胞增殖 cell expansion

細胞治療須使用的細胞數以人體每公斤體重計算, 例如一公斤體重須要 $1x10^6$ 的細胞, 那麼體重 60 公斤的成人就須要 $6x10^7$ 個細胞。如果數目不足, 就必須經過體外增殖。

- 一般由臍帶血來的幹細胞數目比較多, 所以一袋血或二袋血足夠供應一次治療使用, 較少增殖。
- 自體脂肪幹細胞使用於美容用途者:由抽脂來的幹細胞一般也不會去做增殖, 否則會增加美容科醫生的操作困難度和複雜度, 因為抽脂減肥為主要目的, 脂肪幹細胞豐頰不是治療用途, 有無效果不是重點, 安全簡單較重要, 所以很少進行增殖。然而競爭激烈的市場, 訴求增殖的診所也漸漸多起來。
- 成人自體週邊血, 由於幹細胞較少, 必須體外增殖, 在體外倍數培養, 增加幹細胞數目後, 再打回體內, 才能顯現療效。

細胞處理 Cell processing

至於細胞處理是指在這過程中，基於治療目的，可能導入基因，或加入特殊生長因子，或特殊蛋白質共同培養，稱之。例如遺傳疾病的治療會在這時候加入導正基因，把原來有遺傳缺陷的基因修復正常。

再生醫療一般不會導入基因，而是加入特殊生長因子誘導分化為其他組織的細胞，例如誘導血液幹細胞成為肝細胞，修復肝硬化，誘導血液細胞成為心肌細胞，修復心臟壞死細胞等等。

細胞療法案例：
2016 年美國 FDA 首次批准自體細胞治療膝關節軟骨修復

FDA approves first autologous cellularized scaffold for the repair of cartilage defects of the knee（資料來源：FDA網站，2016/12/13）Matrix-induced autologous chondrocyte implantation (MACI) is a new procedure to treat the articular cartilage defects of the knee.

2016 年 12 月，美國 FDA 批准 Maci 使用於成年患者的膝蓋修復。Maci 是第一個被 FDA 批准的組織工程學支架細胞培養產品，Maci 利用患者自身膝蓋的健康軟骨組織，體外擴增後，移植到"豬源膠原蛋白膜"上生長，這軟骨長到一定程度後，再移殖到病人膝蓋，取代磨損的組織。

膝蓋問題任何年齡層均會發生。其中膝蓋軟骨缺損起因於過度運動、過度使用、肌無力及一般磨損。不同的軟骨缺損需要不同的治療，在治療上因人而異。

"豬源膠原蛋白膜"是當支架使用，最後可被分解。每一個 Maci 植入物由一種很小的細胞薄片組成，每平方釐米（大約 0.16 平方英尺）的細胞薄片含有 50 萬到 100 萬個細胞。使用 Maci 的量取決於軟骨缺損的面積，細胞薄片需經過剪切，以確保受損部位能夠被完全覆蓋。如果有一處以上的缺損部位，可能需要使用多個植入物。

Maci 的安全性與有效性具 2 年 144 名病患的臨床試驗證明。與微創手術相比，細胞療法可減輕疼痛並改善功能，具長期的臨床效益。

1-3-4 幹細胞與基因治療

基因治療乍看之下不容易與幹細胞聯想在一起，因為基因也可以利用安全的病毒直接打入人體內，讓病毒隨機感染，而不須要細胞媒介，但這種隨機感染的方法，不容易讓基因"長久住下來"。

基因治療一般使用於修正或取代天生有缺陷的基因，例如 Factor IX 的血友病治療，目前血友病的基因治療採用病毒攜帶基因。 但是加用幹細胞可能效果更佳。

幹細胞具自我更新與增生能力，可以有效地把基因訊息傳給一下代細胞，使新基因穩定地"住下來"，取代舊有的缺陷基因，是不錯的基因治療媒介。

適合使用於基因治療的幹細胞有肌纖維母細胞 (myoblasts) 和神經幹細胞 (neural stem cells)。 研究者發現肌纖維母細胞容易和週遭已成熟的肌肉纖維融合在一起，特別適合於肌肉疾病的基因傳送。

神經幹細胞則可應用於神經膠質瘤 (glioma) 的治療，神經膠質瘤是一種難治的腦癌。科科學家目前已在老鼠實驗進行到利用基因活化一種蛋白質前驅藥物，於二週內可有效地降低腦瘤體積。

統計 http://clinicaltrials.gov 上面登錄的全球臨床試驗，至 2016/9/27 為止，幹細胞臨床實驗總計 1463 件，其中利用幹細胞進行基因治療的案件數總共 57 件，比例 3.9%。

小結

- 幹細胞也可以使用於基因治療。
- 但要使用適合的組織幹細胞。
- 幹細胞當成基因攜帶者的優點是可以於當地組織環境中"住下來"並繁衍後代，如此人工改良的基因才能長期有效地取代原先缺失的基因。
- 效果如何？目前臨床實驗中，讓我們繼續觀察之。

1-3-5 各國幹細胞治療相關廠商

參考 http://clinicaltrials.gov, 統計至2016/4 的資料為止, 全球間質幹細胞的臨床實驗數總計 595 件, 其中骨髓來源者佔將一半, 約 270 件, 臍血 120 件, 脂肪來源 86 件。骨髓和脂肪來源者, 六七成為自體細胞, 而臍帶血來源者異體使用佔 34%, 自體使用 9%, 餘不明。

至 2016 年 4 月為止, 很多幹細胞臨床實驗已到晚期階段, 骨髓來源開發最早, 走到三期的件數也最多。脂肪來源較近期才被開發, 臨床案件數也最少, 與是否有潛力無關。

幹細胞來源	PII/III	PIII	Phase 4
骨髓來源	7	7	0
臍帶血來源	1	6	1
脂肪來源	1	2	

- 幹細胞掛牌公司有：Osiris Therapeutics, Mesoblast, Neuralstem, Athersys, Advanced Cell Technology, Pluristem, Neostem等。
- 台灣幹細胞公司有：訊聯生技, 宣捷生技 (臍帶血間質幹細胞於兒童腦痲及成人中風臨床研究)。
- 韓國幹細胞公司有：Hearticellgram, Cartistme, Cupistem, 分別從事急性心梗、關節損傷、自體免疫性疾病克隆症的研究。
- 德國進展：權威幹細胞機構 TICEBA 利用 ABCB5 幹細胞技術進行糖尿病、骨骼疾病、肝臟疾病、神經性病變等疾病的治療, 至今全球已有超過 2000 名患者受益。
- 2013 年, 德國 TICEBA 幹細胞中心公布數據, 利用幹細胞治療糖尿病的患者已經超過 250 人, 大多數患者可以減少用藥量, 一部分患者可以像正常人一樣飲食生活。
- 德國的細胞 GMP 規定, 細胞須經過 15 種不同的檢測 (包括體內, 體外的致癌實驗等), 超過 100 種不同的檢測方法, 對關鍵數值的反覆校驗, 以確保 ABCB5 幹細胞應用的安全性, 杜絕致癌風險。

國際幹細胞治療公司

據 2014 年國際細胞治療研討會上專家預測, 2020 年, 全球幹細胞產業規模將達到 4000 億美元。然而幾家老牌細胞治療公司和其他以藥物為主的生技公司比較, 似乎進展不順, 主要原因可能是法規不明、細胞安全性難達法規人員要求。雖然有生技公司, 如 Celegene 申出援手表示對細胞治療有興趣, 但類似的產業合作案例不多。這反而讓大力投資生技的大陸細胞治療產業有追前趕上的機會。

以下介紹幾家國際老牌幹細胞公司:

(1) 美國 Osiris Therapeutics 公司

- 成立時間:1992年, Nasdaq 上市公司
- 產品一:Prochymal, 全球第一個上市的幹細胞藥物。
  - * Prochymal 取自健康年輕者的骨髓間質幹細胞, 2012 年陸續獲得加拿大, 紐西蘭, 美國等七國的上市批准, 應用於治療兒童的急性移植物抗宿主疾病 GVHD。GVHD 是嚴重的骨髓移植併發症, 80% 的感染兒童死亡。
  - * 公司具長達 8.5 年的獨家生產權利。
  - * 此外, Prochymal 在急性放射綜合症和克隆恩病 (Crohn's Disease) 領域已進入三期臨床試驗;在急性心肌損傷、一型糖尿病、肺部組織修復領域已進入二期臨床試驗。
  - * Prochymal 後來技轉給澳洲幹細胞公司 Mesoblast。
- 產品二:Osteocel 病灶區骨再生產品, 2008 年以 US$ 85M 賣給上市醫材公司 NuVasive。
- 2013 年 10 月, Osiris 將 Prochymal 和 Chondrogen 以 1 億美元, 出售給 Mesoblast。
- 目前幹細胞產品:Grafix、Cartiform、Bio4 等 3 種產品。Grafix 應用於慢性傷口和燒傷修復, 取自胎盤。Grafix 在治療糖尿病足方面有顯著療效, 可使治癒率提高 3 倍, 已入美國的 Medicare 醫保。OvationOS 用於修復骨間隙。Cartiform 使用於韌帶軟骨修復。

(2) 澳大利亞 Mesoblast Ltd：填補無法服藥者的需求

2015 年美國生技巨頭 Celgene 與幹細胞知名公司 Mesoblast 簽下合作計劃，擴大幹細胞和再生醫療的開發，Celgene 斥資 4500 萬美元溢價收購 Mesoblast 公司 4.72% 的股份。Celgene 獲得 Mesoblast 公司橫跨急性移植物與宿主病(GVHD)、特定腫瘤學疾病、炎症性腸病、器官移植排斥反應的一系列幹細胞項目的優先購買權。另外，Mesoblast 也與仿製藥巨頭 Teva 及 JCR 製藥公司達成幹細胞合作，後者獲得了 Prochymal 在日本的銷售權，Prochymal 購自 Osiris。

2016 年 8 月 Mesoblast 公布其 48 人，臨床二期，使用異體間質幹細胞於類風濕性關節炎 (RA) 患者的結果，36% 的患者表現 70% 的改善率。

類風濕性關節炎是一種自身免疫疾病，全球約有1%的人口受該病困擾，它導致的發炎症狀會損壞人體關節。大約三分之一的患者對 RA 暢銷藥 Humira 沒反應，而必須尋求其他治療方式。

(3) 美國上市公司 StemCells Inc.：神經幹細胞

成立於 1988 年，關注於中樞神經、肝臟疾病及胰臟疾病的幹細胞治療方法。該公司著名的幹細胞技術是從人腦組織中取得人類神經幹細胞。HuCNS-SC 是從胎兒腦部分離的神經幹細胞，對治療神經系統疾病有顯著療效，已進入神經元臘樣脂褐質症 (NeuronalCeroidLipofuscinosis, NCL) 和家族性腦中葉硬化 (Pelizaeus-Merzbacher Disease, PMD) 的一期臨床試驗，另外，老年黃斑病變和脊髓損傷處於入二期臨床階段。

(4) U.S. Stemcells 公司 (原名 Bioheart)：

成立於 1999 年，透過應用自體成肌幹細胞或脂肪幹細胞對受損的心臟損傷進行修復。MyoCell® 是 Bioheart 公司的支柱產品，能夠在病人發生嚴重心臟損傷幾個月或幾年後，改善其心臟功能，處於三期臨床試驗中。MyoCell SDF-1 為其進階版，利用基因修飾的成肌細胞修復受損心臟。AdipoCell™ 則取自病人自身的脂肪組織，用於治療慢性缺血性心肌疾病。

1-3-6 其他細胞治療

除了幹細胞和 Car-T，其他細胞治療還包括使用自體免疫細胞以增強免疫力者，美國目前有數百家診所提供自體細胞服務，中國更多，療效參曾不齊。不過使用的是自體細胞，美國 FDA 之前未做管轄，現準備納管，正舉辦聽證會中。日本則法規允許，台灣在灰色地帶。

較常被使用的免疫提升細胞包括 LAK、CIK、DC 細胞及其類似細胞，技術詳情請見下表，有些太複雜且療效普通，未被科技界重視，然而仿間仍繼續實施。

常見的細胞免疫治療技術

細胞類型	特點
NK (Natural Killer Cell)	自然殺手細胞：體內重要的免疫細胞。
DC (Dendritic Cell)	樹突狀細胞：乃抗原呈現細胞，負責傳遞外來抗原信息給其他免疫細胞，對腫瘤殺傷效果不高。
LAK (Lymphokine Activated Killer Cell)	淋巴因子激活的殺手細胞：由淋巴因子誘導產生，具有廣譜殺傷作用；使用於非特異性免疫細胞治療，由於臨床效果不明確，已停止或較少使用。
CIK (Cytokine Induced Killer cell)	細胞因子誘導的殺手細胞：主要為 NKT 細胞，和 LAK 細胞相比，CIK 細胞增殖更快，殺瘤活性更高，殺譜更廣；屬於非特異性免疫細胞治療。
DC-CIK	把 DC 和 CIK 混合培養，增強殺癌效果。
CTL (Cytotoxic Lymphocyte)	細胞毒性 T 細胞：具有抗原特異性的 T 細胞，分泌細胞因子參與免疫過程，腫瘤分辨性佳，但效果持續性較差。
TIL (Tumor Infiltrating Lymphocyte)	腫瘤浸潤淋巴細胞：從腫瘤組織中分離出來的淋巴細胞，相較於 LAK 和 CIK，TIL 具有更強的腫瘤特異性，但是細胞回輸後在體內活性持續性短，療效欠佳。
TCR-T (TCR-modified T cell)	T 細胞受體嵌合的 T 細胞 (即帶有受體的 T 細胞)：識別加工呈遞出來的抗原，在靶點選擇上 TCR-T 更廣譜，可惜臨床有效率相對較低。
CAR-T (Chimeric Antigen Receptor T cell)	嵌合抗原受體 T 細胞：不需要抗原呈遞，可靶向性克服免疫逃逸，具有多靶性，體內可以長期存活，多腫瘤表達，應用廣，為目前最具有潛力的細胞治療技術。

1-3-7 美國 FDA 對細胞醫療的管理

2016 年 7 月，Cell Stem Cell 期刊統計，美國各地至少有 350 家生技公司透過 570 家個別診所，直接銷售各種幹細胞療法給病患，FDA 開始重視灰色亂象，並於 9 月召開管制公聽會。

我們以目前美國 FDA 的法規為例，簡單描述安全性與生產管理部份；詳情則請參考 FDA 網站的 Tissue Guidance。

細胞的使用因為有來源性是否相容、來源的處理是否安全，和是否加入基因改良或其他方法改造的問題，因此 FDA 的邏輯是以"干擾性"和"同源性"為面向，進行管理，干擾最小且同源者，安全疑慮最小，屬於低危險性，依 361法規處理，其他全屬高危險性，依 351 法規規定執行，須進行臨床實驗（IND）申請。

FDA 對細胞醫療的管理：高危險性者須要臨床驗證

- ▶ Minimally Manipulated 干擾最小化：
  - 例：自體，外週邊血，只分篩 CD_{34}^{+} cells（低危）
- ▶ Homologous use 作用同源性：
  - 例：異體外週血或臍帶血在造血方面的重建（低危）
  - 轉為心肌再生（高危）

細胞與其他成份

干擾最小化（橫列：作用同源性）

期別	Yes	No
Yes	低危 361	高危 須 351 IND
No	高危 須 351 IND	高危 須 351 IND

IND：investigational new drug

FDA section 361 的法規管理原則：

- 干擾最小且同源
- 其水，或用於殺菌保存而添加的外源物也不可有干擾性
- 細胞不可產生全身性反應，不依賴細胞代謝

- 不須監管，但須在 FDA 註冊，提交細胞生產明細，不可傳播感染性物質
- 須具批號

由上圖可知，即使是低危的自體細胞使用，其處理過程中使用的水、保存條件、及其他會接觸到的品項，均有安全法規必須遵從，但只須註冊不用被監管。而 351 者，形同藥物臨床試驗，須向 FDA 申請臨床試驗，並通過上市審核後，才可執行業務。

再生醫療、基因治療、免疫細胞治療全部都屬於 351 範圍，必須經過臨床前數據、生產製造規範與臨床實驗計劃的審核，與藥物開發一樣嚴格，甚至更複雜。相關業者須先研究法規後再展開募資。

中國細胞治療法規

在中國方面，2009 年中國衛生部頒布了《醫療技術臨床應用管理辦法》以及《首批允許臨床應用的第三類醫療技術目錄》，將免疫細胞治療技術納入可以進入臨床研究和臨床應用的第三類醫療技術。然而後續的《自體免疫細胞治療技術管理規範》僅出台徵求意見稿，正式稿遲遲未公佈，處於監管空白期。

1-4 精準醫療概念 (Precision Medicine)

1-4-1 精準醫療打開全球醫療革命與商機

圖 1-4-1

精準醫療開啟全球醫療革命

- 影響疾病防治、疾病診斷、新藥研發策略、醫療與保險法規
- 各國投入大額經費建立資料庫

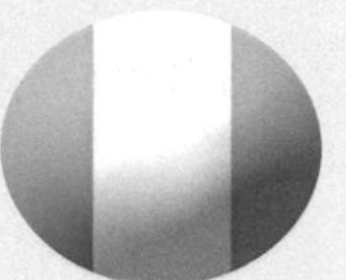

2.15 億美元 (2016 年再加 3.9 億)	93 億美元 (2015~2021 年投入金額)	600 億人民幣 (2030 年投入金額)	6.7 億歐元 (五年投入金額)
基因資料庫 100 萬人	基因資料庫 10 萬人	基因資料庫 100 萬人	基因資料庫 23 萬人/年

根據美國國家健康研究院 (National Institutes of Health, NIH) 的說明，精準治療是指將個人的基因變異、環境和生活形態納入疾病治療與預防的新概念，相對於以往粗放型的一藥治千萬人的作法，精準治療大量使用基因病異的大數據，協助研發者和醫生根據這些分子層次的細微差異，提高疾病的預防率和治癒率，故被稱為本世紀的醫藥大革命。

精準治療的構想於 2015 年 1 月底由美國總統歐巴馬在國情咨文演講中宣布啟動，美國預計投入 2.15 億美元分析 100 多萬個不同年齡、社會階層和身體狀況的男女， 研究基因變異對人體健康和疾病所造成的影響，以更深入了解疾病形成的機理，期待能更精準地開發相對應的藥物，提高疾病治癒率。

包括英國、歐盟、日本也紛紛響應，而韓國、台灣和中國也在 2016 年啟動，身為投資者的我們也該來了解一下。

> 由美國臨床腫瘤學會（ASCO）主導成立的 CancerLinQ 計畫，現已累積 75 萬個癌症病例資訊，利用數據共享，引領未來癌症的治療方向。投資者可多留意 ASCO 報告。

精準治療大量仰賴基因數據

圖 1-4-2 癌症的精準治療概念

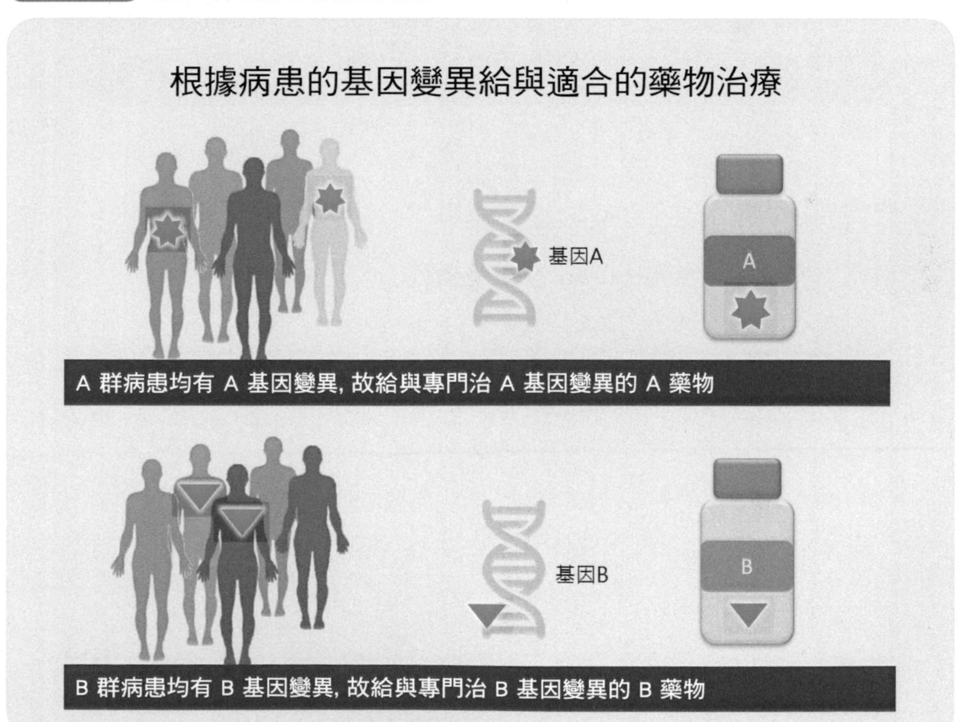

資料來源：www.cancer.gov

精準治療是根據病人的基因突變狀況先進行分類，再給與清除或擋住該基因的藥物，A 族群吃 A 藥；B 族群吃 B 藥；C 族群吃 C 藥。

但並不是所有的基因突變組都有藥醫；有些是還未有藥物開發出來，或者變異機率太小而無藥物開發價值，這時會採用一般化療藥，所以化療藥仍有其市場。

精準治療 v.s. 個人化治療

精準治療（Precision Medicine）和個人化治療（Personal Medicine）是在意義上有差別的。個人化治療是指先檢測個人狀況，再對症下藥；精準治療不是針對個人，而是對同一基因病變狀況的族群進行藥物開發。

1-4-2 精準治療的好處：提高治癒率，減少副作用

精準治療對癌症治療的展望：Best treatment at the right time

- 傳統治療方式：
  - 先試用藥物 A，無效復發，再換藥物 B……盲目試藥
  - 病人忍受藥物毒性與治療折磨
  - 癌細胞卻一再演化精進，愈來愈強盛，愈來愈難控制
  - 癌細胞遠端移轉，侵略其他器官，回天乏術
- 精準治療策略與期待：
  - 根據個別病患的基因病異，選擇最佳的標靶藥物
  - 協助醫生把握黃金治療時間，對症下藥，防止癌細胞繼續擴大
  - 期待增加治癒率，延長存活時間
  - 並減少無用藥物對病患的毒性傷害

以癌症為例，傳統上一藥使用於所有病患，有些病患療效不錯，有些無效，有些則有嚴重副作用。這可能與個別病患的基因有關，有些病人乃因基因突變造成癌化，有些病人則因基因突變，失去清除癌細胞的能力。

另外也可能和個人的生活習慣、生活環境有關，因為癌細胞的繁衍和移轉與體內腫瘤附近的微環境相關，所以同一種藥對不同病人會產生不同的治療結果。如果能先篩檢基因，則可提供醫生較多的資訊，對症下藥。舉肺癌治療為例，從 1960 年代到 2002 年所謂的第三代化療方案， 人類總共花了 40 年時間的研究，中位數生存時間卻僅僅從 4 個月提高到 8 個月。

加入精準治療的標靶療法後，晚期肺癌化療的中位數存活時間由 2002 年的一年不到，到現今的 42 個月，療效大幅增加！所以美國「肺癌突變聯盟」的 Mr. Kris 在《美國醫學會雜誌》（JAMA）總結說，晚期肺癌依據有否驅動基因和相應的治療，預後明顯不同：有者，中位生存時間 3.5 年；無者，僅 2.1 年。

精準治療商機可分為檢測和治療二大區塊

精準治療策略與期待：	商機		廠家舉例	價值
檢測個別病患的基因病異	檢測	建立大數據：收集數萬人或數百萬人的基因資訊	Myriad genetics, Illumina, 華大基因.....	高
		• 檢測工具：儀器與試劑 • 大通量的精敏分析儀器開發 • 針對基因突變點的檢驗試劑開發 companion test , multiplex	眾多，不及備載，生技公司早有基礎，但藉政策推動擴大商機	
	診斷	分析大數據並與用藥進行連結	台灣：行動基因，台灣數據分析：DNArails co.	
選擇最佳的標靶藥物，對症下藥 以基因治療取代缺陷基因	標靶治療的開發	最常應用於癌症治療、代謝異常的治療，現已擴大到心血管疾病領域；	眾多生技公司	

精準醫療必須先進行檢測與分析，才能做出診斷與最佳的預防或治療建議；而分析必須先累積許多人的基因資料庫，記錄其生活形態和病情狀況資料，才能進行歸納與治療建議，因涉及廣泛，又是超大工程，於是產生龐大商機。

有關人類基因庫的建立和分析，早於 1990 年代後期的所謂基因體時代就已形成概念，但基因分析須先定序，而定序技術和價格直自 2013 年才大幅下降，此一突破使人類這偉大的十萬基因解碼計劃得以普遍推行！

但是下個問題是解碼後，面對這龐大雜亂無章的基因訊息，我們要如何解讀？哪些是垃圾？哪些是有用的資訊？這些也許有用的基因資訊又如何幫助科學家解決先天的遺傳疾病，或後天的癌症、心血管疾病、糖尿病、代謝性肥胖的治療？

所以筆者把商機分成二大類，如前表所示，第一個商機來自於檢測與診斷，第二個商機來自於診斷之後所創造出來的解決方法，也就是標靶藥物或基因治療或細胞治療的發展。雖然治療須要冗長的臨床實驗證明，但由於可以解決問題，所以以價值而言，治療的價值最高，其次是診斷、分析，最後才是大數據收集。

但是以股市投資而言，投資者一般追逐短線營收或是風潮，尤其來自於政策推動的話題，例如美國推動的精準醫療大數據，中國的十三五精準醫療戰略，雖然都是長期計劃，但分析設備和工具要先到位，所以基因分析產業反而比藥物開發早先反應，投資熱點是基因檢測試劑公司或儀器公司。其他受惠的是比較外圍的大數據設備公司，例如工業電腦。

至於大數據公司，若能分析歸納出有意義的疾病治療脈絡，就會產生極高價值，光靠賣資料庫給大藥廠就可以賺飽飽。

2016 年 9 月，Google 旗下公司 Verily 與法國第一大藥廠合資美金五億開發糖尿病藥物，含蓋大數據收集、檢測、藥物開發與服務。Verily 原名為 Google Life Sciences，合資公司名為 Onduo。

基因檢測廠商

精準醫療的第一步要先對病患進行基因測序，然後對這龐大的基因訊息進行分析，所以精準治療必須仰賴大數據分析。

一個完全測序的人類基因組包含 100GB-1000GB 的數據量，這在解讀上有很大的困難，需要專門的資料庫進行數據信息的比對分析。

國外很多公司已建立自己的大型資料庫，並開發相關軟體進行快速數據分析，例如Myriad genetics 公司就擁有其獨門收集的資料庫以及軟硬體，可進行大數據的一體化分析，解釋遺傳檢測結果。另外 Illumina 公司也開發出 Base Space 的雲計算與儲存平台。Seven Bridges Genomics 在人類基因組排序和分析中則綜合應用了雲計算和 NoSQL 數據技術，推出 EC2、S3 和 MongoDB。

在中國 A 股掛牌公司中，華大基因具備了每秒運行 157 萬億次的超級計算能力，數據存儲量達 12.6PB，基因測序能力號稱全球第一。

台灣早就有基因檢測，並代理國外儀器進入大陸發展，如冷泉港生技。而自主開發辨視條碼並授權各國市場者則為瑞磁 (Applied BioCode Ltd)。瑞磁具有獨特創新的高通量辨識系統，於同一小槽內可以辨識 200 個以上的標的物，而後接的辨識晶片則可達 16000 項以上，可聯結到各種基因或蛋白質，相對於傳統的四種螢光檢測，瑞磁展現不同凡響的技術能量。

市場商機：無創產前測序、腫瘤基因檢測

精準醫療於 2015 年才開始大量推動，須要長期耕耘才能驗證理論。短期來看，大數據分析還無法帶來營收，但是基因篩檢已經逐漸普遍化，尤其在高危產婦的懷孕檢測上，台灣晚婚情況普遍，高齡產婦已普遍接受孕前與孕中檢查，代表公司為訊聯生技和慧智基因，未公發的後起之秀則更多，而中國也逐漸普及。

目前中國國家衛計委允許懷孕 12 周以上的高危產婦利用基因測序技術進行無創產前篩查。檢測費用 1500~3500 人民幣/人次，若市滲率 10%，市場規模約 56~60 億人民幣/年。

而在癌症檢測上，中國的市場更是成長驚人，根據《世界癌症報告》統計，2012 年中國癌症發病人數為 306.5 萬，約占全球發病數的 1/5；癌症死亡人數為 220.5 萬人，約占全球癌症死亡人數的 1/4，故引發大陸多家基因公司開始爭奪腫瘤檢測大餅。

華大醫學提供的腫瘤套餐種類是目前中國市場中最完整者。健康、高危人群適用於「遺傳性腫瘤篩查」，其中男性 15 項、女性 16 項，包含乳腺癌、卵巢癌、肺癌等常見癌症；對於已經罹患腫瘤的患者，華大則提供個體化治療套餐，定位於用藥建議，以及預後復發的監控。

在中國與精準醫療相關的掛牌公司還有：新開源、安科生物、迪安診斷、達安基因等。

為何要檢測基因突變？每位癌患的基因突變都不相同

基因突變小知識

★ 癌細胞內會產生突變的基因高達 300 個以上。

★ 這些基因調控重要生理功能。

★ 一個基因可能產生幾十個到上百個突變位點。

★ 每個癌患的基因突變位點均不相同。

★ 單點突變的機率最高，約佔 80%。

★ 大部份的基因突變是後天造成的。

我們先來看一些科學研究的發現：

- 基因突變會造成蛋白質功能異常。
- 若突變發生在重要位點，則產生癌化。致命的位點包括：

  ＊ 在抑癌基因上；

  ＊ 在 DNA 修復基因上；

＊ 在原致癌基因上;

＊ 與細胞增生相關的基因上：幾乎所有癌細胞都有這增生異常的特色。

- 癌細胞內會產生突變的位點高達300個以上。
- 一個基因可能產生數十個突變點。
- 每位癌症病患的基因突變點都不相同。
- 大部份的癌化是後來造成的！

由上可知，細胞癌化來自於很多基因點上面的突變，而這些突變很多是後天造成的。尤其在關鍵基因部位。

為什麼我們要知道這些科普知識？因為知道更深入的原理才會理解為何醫生叫我們不要吃燒烤食物、不要用保麗龍裝食物、為什麼要防 PM2.5 微塵、為何不要使用太多噴髮劑.....

這些日常生活中習以為常，甚至每天接觸的東西，都可能是是致癌物，每天在誘導我們的基因產生突變，雖然我們的身體有防衛措施，例如有自動修復異常基因的機制。

但是，萬一突變就發生在 DNA 修復基因上面呢？這或許可解釋為何全家人長期吃同樣食物，住相同環境，卻有人罹癌，有人強健。

那麼最常見的基因突變有哪些狀況呢？

- **基因重組：即基因的位置錯亂，和正常細胞不同**
- **拷貝數增加**
- **拷貝數減少**

想像一下，如果我們的手指，食指位置和中指對換，或五根變成六根，或三根，我們的手部功能是不是會亂掉？會不慣影響我們平常寫字、拿筷子、投球、打球的功能？

同樣道理，基因的小小變異，也會影響到基因下游所調控的眾多蛋白質，何況人體有數萬個基因，真是不敢想像一個小小的基因突變會引起多大的蝴蝶效應！

重點是：

- **大部份的基因突變都是後天造成的，我們是不是要更愛護自己，保養自己，定期做檢查呢？**
- **每個人的突變狀況都不同，萬一不幸罹癌，可先進行基因檢測，找出真正原因，提供醫生用藥參考。**
- **目前已有數十種標靶藥物上市，未來還有更多根據基因突變或分子傳導訊息 (signal transduction) 異常而開發出來的標靶藥物可供使用，將可提高癌症治癒率，減低副作用。**

有了以上的基本概念，先來考試一下："醫生，我沒抽煙，為何會得肺癌？"

我沒抽煙，為何會得肺癌？

圖 1-4-3 肺癌基因研究快速，從2004~2014 年短短十年已經細分出更多的變異

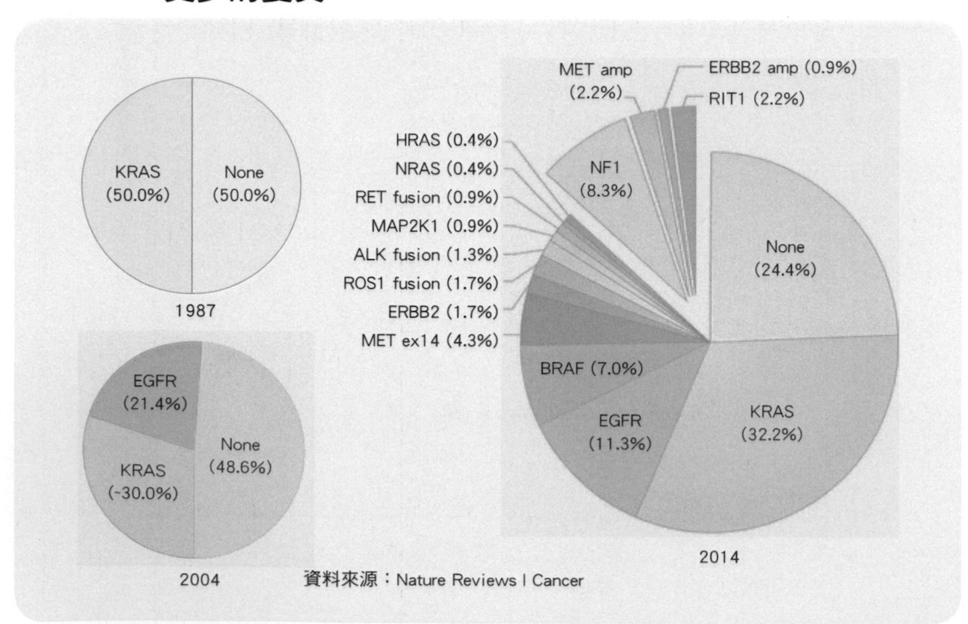

資料來源：Nature Reviews I Cancer

2016 年台灣衛福部公布台灣人最新十大死因，癌症連 34 年居首，其中又以肺癌死亡率最高，連續 6 年排名第一。不僅在台灣，肺癌也是全球癌症榜首，乃全球男性癌症死亡原因首位，每年約 95 萬名男性死於肺癌；在全球女性同胞方面，肺癌排名死因第二，每年約 43 萬女性死於肺癌。1980 年代美國肺癌病患只有 20%~30% 沒吸菸行為，現在 50%~60% 病患乃非吸煙者。在台灣，肺癌男性中，20% 不吸菸，女性 90% 不吸菸，肺腺癌比率高達 80%。

肺癌是全球在基因型態上被研究最深入的癌症。本來單純以為是抽煙過量造成，現在發現更多吸入性的致癌物可能是原兇，而不同的致癌物攻擊基因上不同的位點，造成突變的複雜性，所以在治療上須要更多的標靶藥物加入，截至 2016 年為止，至少十種肺癌標靶藥物被美國核准上市，更多靶藥，配合免疫治療或其他治療方法，也在開發中。

依據圖 1-4-3，1980 年發現 KRAS 基因變異佔肺癌人口的一半，2004 年發現另一個致病原因 EGFR，十年裡面，拜基因檢測技術的精進，又細分出更多的生物標識，發現它們都和肺癌的發生有關係，而由此開發出來的標靶藥物更是高達十多種(圖1-4-4)！

圖 1-4-4 肺癌以基因突變型態定位出更多的靶藥

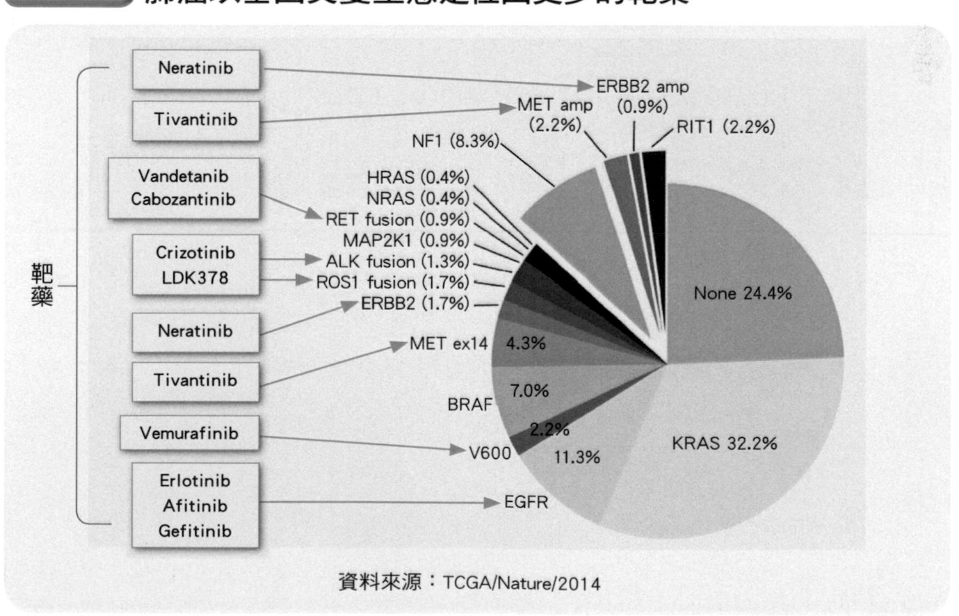

資料來源：TCGA/Nature/2014

肺癌標靶藥物：

肺癌是基因型研究最深入的癌症，而由此開發的標靶藥物開發也十分熱鬧，有些標靶藥物，例如針對 EGFR 基因的 Erlotinib, Afitinib, Gefitinib 除了用在肺癌，也可以用在其他也是由 EGFR 基因異常所引起的癌症上。

投資上的重點提示：

- 32% 的肺癌病患出現 KRAS 單點基因異常，KRAS 是肺癌篩檢的主要標的，雖然對應的藥物還在開發中。
- 11% 的肺癌其 EGFR 基因異常，但至少已有三個藥物可使用。

1-4-3 精準治療加速標靶藥物的開發與前景

標靶藥物已上市十年，並取代部份化療藥物，癌症的對症下藥觀念雖然行之多年，但精準治療計劃的推動將加速更多標靶藥物的開發；想了解癌症標靶藥物，必須先知道遺傳訊息。

引發癌症的基因大概可以包括以下五大變異：

1. 單一鹼基的突變，如 EGFR 基因突變；
2. 額外的基因拷貝（即基因擴增），如乳腺癌 HER2 基因擴增；
3. 大段基因的缺失，DNA 的缺失可能導致阻止或控制癌細胞生長的功能產生問題；
4. 基因重組，導致正常功能混亂，如 ALK 融合基因；
5. 基因突變引起的表觀遺傳學改變，如現在常被提到的甲基化、微小RNA（microRNA）等。

對應之下，更多的標靶藥物被開發出來，據悉目前全球有 100 多個標靶癌藥正在開發中，以晚期肺癌為例，新藥包括 Dabrafenib（達拉菲尼）使用於 BRAF V600E 突變、Crizotinib（克唑替尼）使用於 c-MET 擴增、Cabozantinib（卡博替尼）於 RET 的融合，真是百花齊放。

精準醫療將大病細切為許多小病，例如將原來的肺癌細分成不同基因病異的「小眾之病」甚至是「罕見疾病」，如 ROS1 陽性的肺癌，僅占肺腺癌的 1% 左右。肺癌是大病，而 ROS1 肺癌則是小眾之病。

同時，精準醫學又將許多不同的癌種串聯起來而形成新的一類疾病， 如大家熟知的「ALKoma」。ALK 基因融合可發現於肺癌、惡性淋巴瘤、某些少見的兒童腫瘤上。它們都可用 ALK 抑制劑進行治療。

常用標靶藥物

- 肺癌：Iressa 艾瑞莎, Tarceva 得舒緩, Avastin 癌思停
- 乳癌：Herceptin 賀延平, Lapatinib 泰嘉錠
- 大腸癌：Erbitux, Avastin
- 頭頸癌：Erbitux 爾必得舒
- 肝癌：Sorafinib 雷莎瓦

目前 FDA 已通過 48 個標靶藥物，作用在 24 個基因上。臨床上還有 ~300 標靶藥物進行測試，這些藥物作用在 ~100 個基因上。

第二篇　商機篇

2-1　法規商機

2-1-1　美國加速新藥上市的法規商機

2-1-2　如何善用孤兒藥法規創造商機與投資策略

2-1-3　改良型新藥漸成主力

2-1-4　美國學名藥的法規商機

2-1-5　中國生物醫藥 "十三五" 商機

2-2　生物相似藥商機

2-3　NASH 肝炎藥物商機

2-4　癌症基因檢測商機：
液態活檢、循環腫瘤細胞檢測和產前 DNA 測序

導　讀

生技醫藥發展以國際市場為首, 本篇由全球角度介紹國際商機。其中 2-1 美國法規商機可多年延用, 不管是孤兒藥或學名藥都有讀者想像不到的商機隱藏其中，值得深研。而 2-2、2-3、2-4 則屬市場商機, 具時間消長因素, 授權要趁熱, 檢測要搶快搶市佔。

讀者可以好好研究美國法規, 其中許多商戰的策略運用十分精彩, 跳脱短線的股票投資心態才能領會奧妙。例如：如何善用各種加速法規讓藥物儘快上市創造營收？大廠為何也要爭做孤兒藥？它們的策略為何？首發學名藥為何要與原廠合解？合解也可以創造營收, 和授權一樣, 都是不用建立通路的無實體獲利方法, 藥物世界是個標準的 B2B 先進產業, 值得我們好好研究它!

2-1 法規商機

法規設定遊戲規則，法案鼓勵產業投入，
於是創造出投資人想像不到的商機。

2-1-1 美國加速新藥上市的法規商機

✚ 2015 年 FDA 核藥積極

圖 2-1-1 美國新藥核准數 (含生技藥)、五年營收預估與各年明星藥品

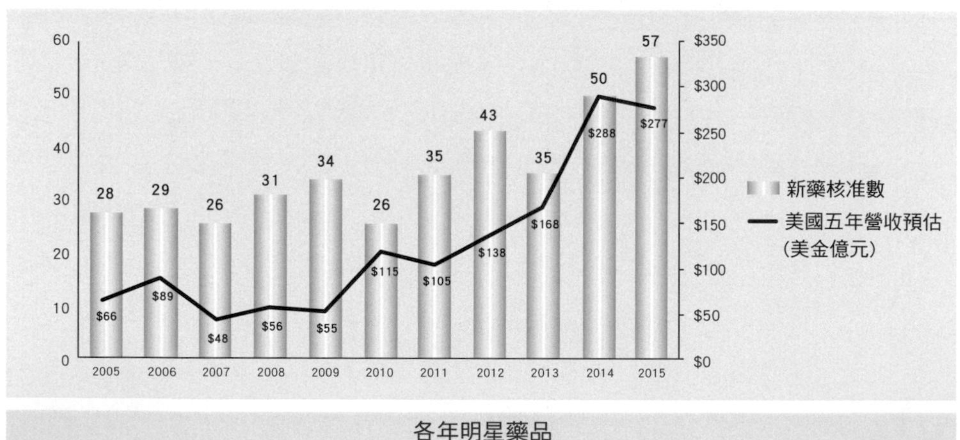

各年明星藥品

2010	2011	2012	2013	2014	2015
Prevnar (PFE) Victoza (Novo N) Prolia/Xgeva (AMGN)	Xarelto (J&J/BAY) Eylea (REGN/BAY)	Eliquis (BMS/PFE) Stribild (GILD)	Sovaldi (GILD) Tecfidera (BIIB)	Opdivo (BMY) Harvoni (GILD)	Orkambi (VRTX) Entresto (NVS)

資料來源：EvaluatePharma 2016

註：PFE, AMGN…等縮寫為各大藥廠的股票代碼

新藥開發耗時費資，臨床實驗門檻日益升高，加上愈來愈多藥物在療效上展現佳績，使得全球新藥競爭也愈來愈激烈，當然也創造出更多的市場機會！

而美國核藥主管機關 FDA 也十分積極地加速審藥速度，2015 年 FDA 核准 45 項藥物上市，若以適應症統計，並加入生技藥的話，2015 年總計核准 57 項藥品或適應症，創下 1950 年來的歷史新高！

✚ 創投大押新藥

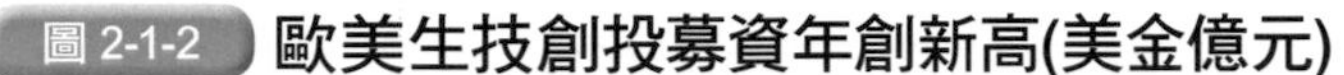
圖 2-1-2 歐美生技創投募資年創新高(美金億元)

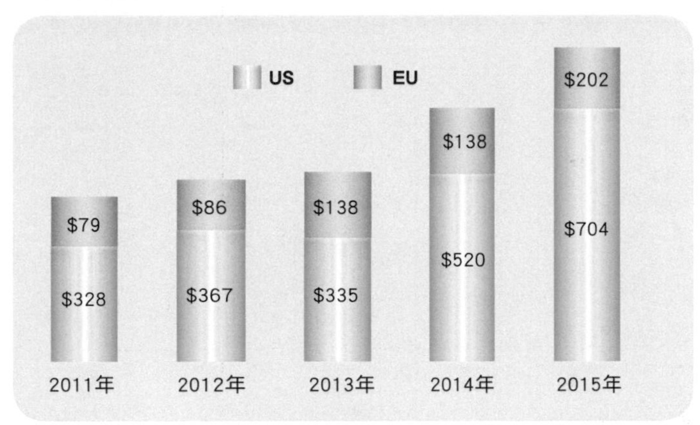

2015 年由於核藥數上升，加上多起新藥展現不錯療效，這些令人振奮的數字刺激納斯達克生技指數大漲，美國生技創投募資金額也創下歷年次高！連向來保守的歐洲，也對新藥開發投以創高激情。

很多人以為金融數字是炒作，然而沒所本也炒不起來，若不是最近幾年生技製藥界在疾病治療率上的成功，例如三個月內清除 99% C 肝病毒的快速治癒，或免疫療法在無藥可以醫的移轉性黑色瘤上取得空前勝利…等等，也無法吸引全球對新藥開發的熱情！

而美國核藥的加速與開放，也是受激於藥物治病機制明顯且有療效證明，以及醫藥市場的迫切需求，故放行速度加快，產業進展、主管機關態度和股市漲跌是環環相扣的。

那麼美國有哪些法規可加速新藥審核時間？競爭激烈的美國大廠又如何利用法規推動藥物早日上市？台灣如何以小搏大？

投資者又如何解讀這些 Fast Track、Breakthrough destination、Orphan Drug 所帶來的投資意義呢？

在這章節我們會有深入的分析。

✚ 大部份的新藥善用法規, 加速上市

圖 2-1-3 美國上市新藥物中, 60% 以各種加速管道取得藥證

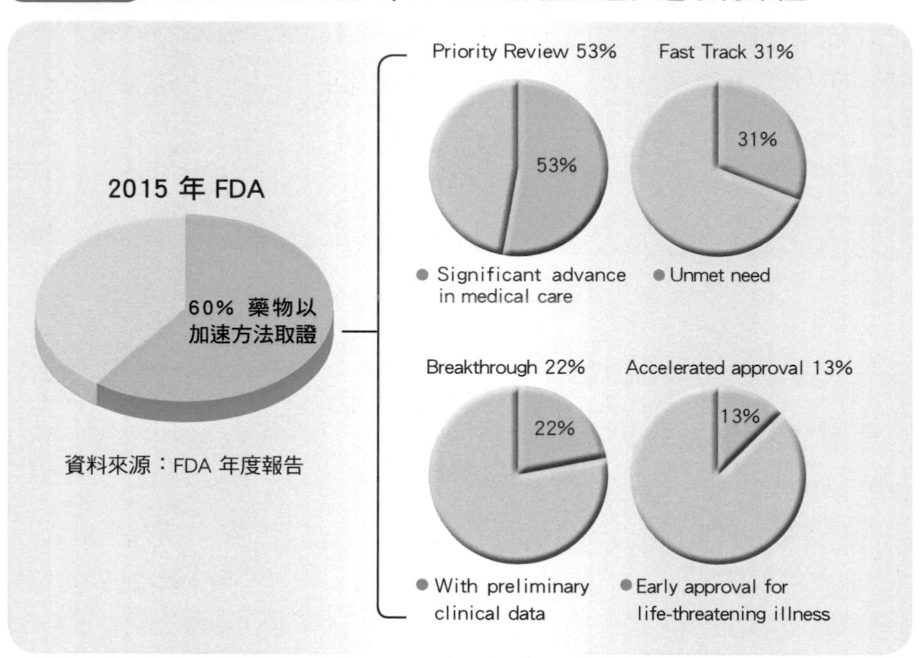

時間就是金錢, 對有暢銷藥潛力的品項而言, 早一年上市可能影響數億美元的營收, 大藥廠當然會使勁善用任何可使用的法規, 加速藥物的上市！

美國 FDA 提供 4 種加速新藥上市的管道。統計 2015 年, 六成的美國新藥採用這些加速管道上市, 其中 53% 符合 Priority Review(優先審核), 因對 "醫療照護有助益", 而取得加速上市。

Priority Review 是大藥廠最常用的加速管道，例如 Sanofi 的 Praluent® 就使用 Priority Review 而比對手 Amgen 的 Repatha® 在美國早一個月被核准，雖然 Sanofi 在歐洲的取證速度敗給 Amgen！

2015 年被美國核准的 45 個新藥中，31% 取得 Fast Track 的快審資格，用於治療未被滿足的市場 (unmet need)，22% 以顯著的初步臨床數據經由 "突破性療法路徑" (Breakthrough Therapy Designation, BTD) 由 FDA 高層直接指導而省下大部份的行政流程與時間。

BTD 於 2012 年七月經美國國會通過，對於在臨床上初步展現比現有療法有更佳療效的藥物，為使病患早點受惠，可由 FDA 最高管理與審核團隊一路協助指導，包括臨床實驗上的設計。據粗略估計，可大大減少開發時間約 2 年以上，所以特別受到大藥廠的重視，而成為一個重要的藥物爭取管道和榮耀。

至於 Accelerated Approval 主要是先使用可預測未來臨床療效的替代性指標 (surrogate marker) 做為核藥參考，先讓藥物上市，再補實際的臨床數據，由於替代性指標並不容易找到，故 2015 年只有 6 個 (13%) 新藥符合這條款。

FDA 統計 2015 年，45 個被核準上市的新藥中有 2 個藥，Darzalex® 和 Tagrisso®，符合 4 種加速管道，6 個藥運用 3 種加速管道，至於運用愈多管道是否能真正加速上市時間，可能還須要進一步的研究，因為相對的行政準備功夫也須納入考量，但是儘量使用友善的法規，尤其是 "突破性療法管道" 倒是一般的共識。

✚ 美國 FDA 加速新藥上市的四大管道

如上所述，美國 FDA 針對嚴重或有生命威脅性的疾病 (serious or life threaten diseases)，為加速讓藥物上市，以拯救生命，提供了四種加速藥物上市的方法。

小分子化學藥或生物製劑 (含蛋白質藥物、疫苗或血液製品) 均適用。

各方法的申請條件為投資者簡單整理如下表，專業從業人員請直接參考 FDA 網站。

表 2-1-1

計劃名稱	Fast Track	Accelerated Approval 註(四)	Priority Review	Breakthrough Designation (BTD)
起始年	1988年始 2012年修定	1992年	1992年	2012年
性質Nature of programs	Designation (註一) 指定	Approval Pathway 核藥管道	Designation 指定	Designation 指定
審核標準摘要 Qualifying Criteria	• 具臨床或非臨床資料均可 • 須顯示具有解決 unmet disease 的潛力 (註二)	• 須提供有意義的醫療效益 • 須有替代性 (surrogate markers) 的指標可供快速審核	• 具顯著療效或安全性者, 可申請優先審查	• 須有初步不錯的臨床數據支持療效 Significant endpoint over available therapies
申請時間 Timing of application	任何臨床實驗階段均可, 但須在新藥上市申請前 (No later than Pre NDA)	與 FDA 討論終端指標 (endpoint) 設定前	申請新藥上市前 (with BLA/ NDA)	臨床二期會議前 Phase II meeting 前
等待FDA回覆時間	約 60 天		約 60 天	約 60 天
撤銷	不符合時可隨時被撤銷			不符合時可隨時被撤銷
特色	可使用滾動式審查方式 (rolling review) (註三)		一般上市審查須時 10~12 個月, 本計劃可縮短時間至 6 個月。 特別適合於感染性急症的藥物申請, 如流感	• 可使用滾動式審查方式 (rolling review) • FDA高層單位特別指導

註一:「Designation」是指該藥符合該計劃申請條件,故指定或分類到該計劃,它不是核准的意思,但是能被分類到快速管道還是比沒有任何資格者好很多。對生技公司而言可省掉研發時間和經費,也是技術或市場潛力的肯定。

FDA 的四大加速計劃裡,只有 Accelerated Approval 是直接核藥管道,其他都是指派和分類性質 (designation)。但是不同加速計劃有不同好處,其中價值最高的是突破性療法 (BTD)。

一個藥物可根據條件,同時申請好幾個加速計劃,善用這些管道,可以比對手更早進入市場。

註二:「Unmet medical need」(尚未被滿足的醫療需求) 是指目前療法還有缺口者,可能是原來的藥物療效不佳,或副作用過強,所以 FDA 鼓勵生技公司開發此方藥物或療法,以解決缺藥問題。例如十年前的愛滋病或癌症都是 unmet medical need,隨著大家的努力,目前均有不錯的治療藥物上市,挽救很多人的生命 。

至於目前有哪些疾病是 unmet need 呢?可能要隨時追蹤了,因為藥物開發神速,人類已經把過去束手無策的疾病逐步解決了,不過仍有許多疾病須要更細緻的醫療。也就是說由大疾病分類出來的小眾疾病將是未來 unmet disease 的方向。另外新型的傳染性疾病,例如滋卡病毒,也是 new unmet disease 的例子。

註三:「Rolling Review」(滾動式審查),是指製藥公司把先完成的數據先提交給 FDA 審查,不用等全部實驗完結後才上提。這期間公司可以一邊做實驗,一邊和 FDA 討論或修正,避免走錯方向白花時間。這是拿到 Fast Track 或 BTD 的優點。

註四:「Accelerated Approval」(加速核可) 可依據過去流行病學、治療學、病理學等領域累積的科學證據,篩選出與臨床療效具有一定關連性的替代性指標,並藉由設計良好之臨床試驗證明藥品對於替代指標的影響效果,藥品就有機會取得加速核准上市。

有些疾病惡化速度緩慢，有療效相關之替代性指標可以加速藥物的開發。例如某藥物可能可以降低心肌梗塞死亡率，若以死亡率為終端療效指標時，臨床三期的擴大實驗可能要做十多年，開發者沒有意願或無法承擔長期支出，如果有替代性的指標可以進行預測，於一二年的臨床實驗可推估十多年後的死亡降低率，則可使用之，但 FDA 還是會要求廠商必須先證明替代指標與終端療效指標之間的關係。

投資 思考

能取得 FDA 這國際新藥領導機構的專業評核，等於由專家為一般投資者篩選潛力新藥公司，在美國拿到這些殊榮時，股價通常會上漲，公司市值也會比競爭者高。

✚ 突破性療法由國家教練指導

美國 FDA 於 2012 年九月推出 "突破性療法認定" (Breakthrough Designation BTD)，乃最高等級的新藥加速計劃，❶由 FDA 的資深專家指導臨床實驗的設計，以提高效率。❷由 FDA 的 Review Division 及一般最後審藥才會出現的 Medical Policy Council (MPC) 早期介入指導，增加初期互動機會，以濃縮審查時間。❸FDA 也會協助安排生產策略，以快速銜接未來藥物上市的量產需求。

一般拿到 BTD 六個月後 FDA 就會召開會議開始進行如何加速臨床實驗設計、生產事宜與法規申請 (source： FDA, 2015)。

所以拿到 BTD 有如獲得國家級頂尖教練的指導一般，授權機會大增，因為大藥廠也會非常注意其他 BTD 新藥的進展。而大藥廠對自己的 BTD 拿案數也十分在乎，截至 2016 年中期，羅氏藥廠穩拿全球第一，**大藥廠的 BTD 藥物很多是技轉進來的新娘。**

表2-1-2 BTD 拿案數

排序	公司	數量
1	Roche	12
2	BMS	8
3	Novartis	7
3	Merck	6
3	Pfizer	6
4	GSK	5

資料來源：Roche Holding, UBS Healthcare Conderence

但是要拿到 BTD 也不簡單，必須針對嚴重的病症，而且要有初步的臨床數據證明不錯的療效，才會吸引 FDA 資深專家跳下來特別指導。

有些癌藥如果不是針對嚴重無藥可醫的惡性腫瘤，而療效也沒有特別突出的話，不容易申請得到 BTD。

台灣的 BTD 公司

截至 2017 年 2 月為止，臺灣計有 2 家公司（中裕及心悅）的 3 個藥物因為之前的臨床數據不錯，而獲得突破性療法殊榮，實質的臺灣之光！

- 中裕：Ibalizumab 愛滋病單抗靜脈針劑
- 心悅：SND-12，成人精神分裂，combine therapy
- 心悅：SND-13，成人精神分裂，Add-on therapy

雖然藥證取得仍然要看三期的臨床數據結果，不過能進入資優班由名牌老師個別指導的勝算還是比其他藥物大上許多。

另外，取得 BTD 者授權給大藥廠取得高授權金的機會也大上許多。中裕已決定行銷夥伴，而心悅則有不錯授權潛力。

我們歡迎台灣生技公司多多爭取突破性療法，雖然門檻很高。

對股票族而言，每一家 BTD 公司我們都可投資看看，但是也要提防無療效根據的謠言。

2-1-2 如何善用孤兒藥法規創造商機與投資策略

✚ 美國孤兒藥法規有利台灣輕型生技公司扣關

圖 2-1-4

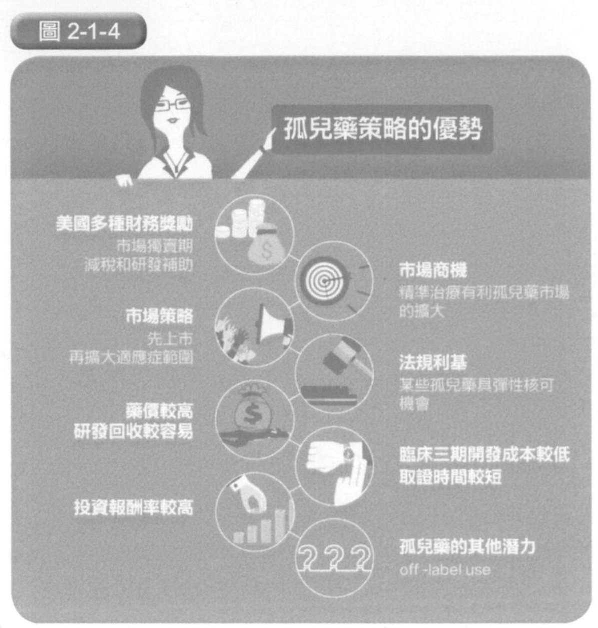

作者發表於 2016/7 股感 StockFeel 網站
圖片來源：StockFeel 股感知識庫 www.stockfeel.com.tw

孤兒藥是指開發給病患人口小於 20 萬人的藥物，第一眼大家可能很納悶，病患數那麼少，有什麼好開發的？跌破大家思維的是：2015 年全球孤兒藥營收總計 1020 億美金，佔全球專利藥營收的 15.5%！孤兒藥一點也不孤兒！

知名的市場報告 EvaluatePharma 追蹤 500 家藥物公司的產品，預測 2020 年整個國際孤兒藥市場會來到 1760 億美金的營業額，成長性是一般藥物的二倍，不容小覷！

紅透半邊天的癌症免疫治療藥物 Opdivo®(by BMS), Keytruda®(by Merck) 和治療 C 肝的 Harvoni (by Gilead) 都是用孤兒藥策略取證的，那麼孤兒藥有何利基讓大藥廠紛紛跨入搶灘？台灣又如何善用孤兒藥策略呢？其實台灣生技公司對孤兒藥並不陌生，但期待本文帶給投資界更深層的孤兒藥商機認識。

表2-1-3：2020 年孤兒藥市場預估約 1760 億美金，2015~2020 複合年成長率 11.7%。

WW Prescription Sales ($bn)															
Year	2006	2007	2008	2009	2010	2011	2012	2013	2014	2015	2016	2017	2018	2019	2020
WW Orphan Drug Sales	44	51	60	63	70	79	84	90	97	102	114	129	145	161	178
Growth per Year		+15.4%	+19.3%	+5.1%	+10.7%	+12.7%	+6.2%	+7.2%	+7.7%	+5.6%	+10.9%	+13.1%	+12.9%	+11.1%	+10.3%
Orphan Sales as a % of Rx	8.7%	9.2%	10.1%	10.4%	11.2%	11.9%	12.9%	13.8%	14.4%	15.5%	16.4%	17.6%	18.6%	19.5%	20.2%
WW Non-Orphan Drug Sales	458	502	537	549	557	584	566	564	576	559	578	602	634	666	701
Growth per Year		+9.6%	+6.9%	+2.3%	+1.5%	+4.7%	-3.0%	-0.3%	+2.0%	-2.9%	+3.5%	+4.2%	+5.4%	+4.9%	+5.4%
WW Prescription (Rx) (less Generics)	502	553	597	612	628	663	650	654	673	661	692	731	779	827	879
Growth per Year		+10.1%	+8.0%	+2.6%	+2.5%	+5.6%	-1.9%	+0.7%	+2.8%	-1.7%	+4.6%	+5.6%	+6.7%	+6.1%	+6.3%

資料來源：EvaluatePharma® 30 September 2015

各國均有孤兒藥法案

具估計美國有 3000 萬人受制於 7000 種罕見性疾病，所以美國國會於 1983 年通過孤兒藥法案，鼓勵藥廠開發病患數過少的罕見性疾病（rare disease），以照顧弱勢病患。

在孤兒藥法案成立以前只有 38 個孤兒藥上市，三十年來獎勵奏效，加上基因科技與競爭環境的推動，截至 2015 年為止，美國總共有 511 個孤兒藥被批准上市。而日本於 1993 年，歐洲於 2000 年，也陸續通過孤兒藥法案。依據罕見疾病病患於該區每十萬人口中出現機率為 4~6.5 人的比例計算（各國底標不同，日本最鬆），美國孤兒藥門檻是 20 萬人，歐盟 25 萬人，日本是 5 萬人。

美國孤兒藥具多種財務上的獎勵：市場獨賣期、稅減和研發補助

美國孤兒藥法案在開發者的財務上給予幾項優惠，其中以市場獨賣期最受重視；一般藥物開發動輒十多年，往往超過專利保護年限的 20 年，所以美國對孤兒藥上市後給予七年獨賣期（market exclusivity）的保障，歐洲和日本則保障十年。

另外在美國，孤兒藥開發商可減稅和獲得研發補助，在歐盟則各國稅務複雜對開發者而言較無稅減誘因。

註：美國孤兒藥的獨賣保障是指連同該藥的鹽類或酯類都不准競爭者進入競爭，比一般藥物的保護性更高。

市場商機：精準治療有利孤兒藥市場的擴大

早期獨霸市場的藥物，例如治療感染的抗生素，或解除症狀問題的大宗藥物，例如胃藥、止痛藥、降血壓藥…等等，已開發的差不多了，大藥廠只能往更細膩化的市場區隔尋找病源，加上基因科技的發達，目前很多生技公司乃朝標靶病患開發藥物，先找出致病原因再對症下藥，即精準治療的精神，於是市場切割更細，更容易符合病患數小於 20 萬人的孤兒藥範疇，享受孤兒藥法案優惠，這也是助長孤兒藥市場被預估二倍成長的因素之一。

孤兒藥市場策略：先上市，再擴大適應症範圍

2014 年被核准的孤兒藥中，43% 來自於國際大藥廠，另 38% 由中小型生技公司開發。

大藥廠善用孤兒藥法規不只是稅務上的減免獎勵，而是有其他策略的運用和時勢所趨的推動力。

一般創新藥物的初步臨床實驗主要用於驗證治療理論（proof of concept），由於風險極高，即便是財大氣粗的大藥廠也傾向於能省就省，故先以小眾市場驗證理論，未來再擴大到其他適應症，這在癌藥的開發上特別明顯。而這股趨勢也開始轉向心血管疾病的藥物開發，大家可以繼續觀察之。

法規利基：某些孤兒藥具彈性核可機會

而走孤兒藥路徑還有個好處是在行政上較容易過關，因為有些超級罕見的疾病，病患每天受苦，人道上 FDA 會加速使其過關。

根據 EvaluatePharma 2015 年九月的統計，七成的孤兒藥走彈性處理取證，不必像一般藥物按部就班慢慢驗證安全性與有效性，據該報告指出，孤兒藥有一半是以個案 case-by -case 過關的。

不過在癌症上，孤兒藥取證機率高於一般藥物的原因是因為治病機制清楚，對症下藥，而不是人道同情或僥倖。

孤兒藥的價格：偏高價，引發競相投入

孤兒藥並不全是高藥價，但平均比一般藥物高價。EvaluatePharma 將 2014 年孤兒藥前一百大總營收除以病患數，得到孤兒藥平均每年每位病患必須支付 111,880 美金的藥費。然而若以孤兒藥的中位數價格呈現的話，約 65,057 美金。而非孤兒藥前一百大藥物的平均藥價是 23,331 美金，藥價中位數是 4,775 美金，兩相比較，孤兒藥的確偏向高藥價 (圖 2-1-5、圖 2-1-6)。

那麼哪些孤兒藥位居高價呢？一般與生命攸關者還是較容易讓保險公司或醫保機構同意支付高價，例如因出生異常引起的代謝性疾病，因為須要特殊的酵素補充或取代 (enzyme replacement)，否則無否代謝食物中的醣類或脂肪，造成生命危險或成長遲緩。酵素療程每年約須 15 萬到 35 萬美金藥費。

圖2-1-5：前一百大藥物平均藥價比：2014 年孤兒藥平均藥價 US$111,820，非孤兒藥平均 US$23,331。

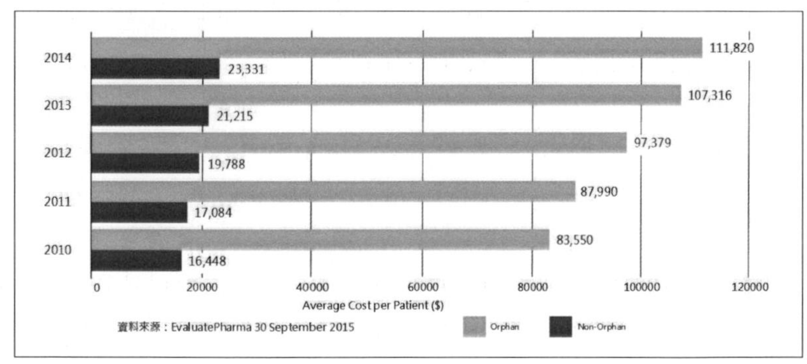

圖2-1-6：續上圖，藥價中位數比較，孤兒藥 US$65,057，非孤兒藥 US$4,775。

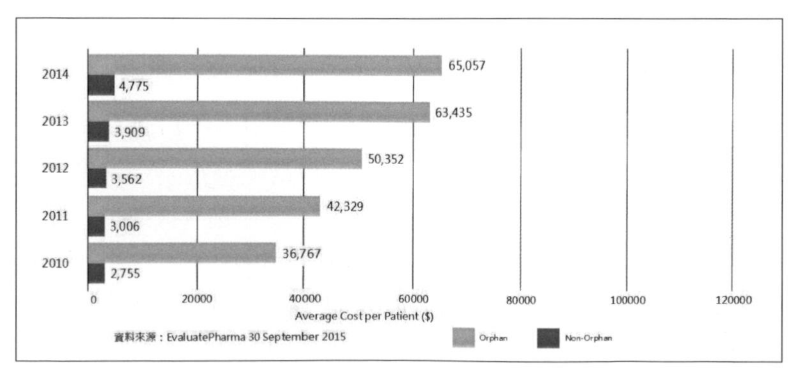

孤兒藥的臨床三期開發成本較低，取證時間較短

孤兒藥藥價偏高，那麼研發支出呢？EvaluatePharma 又統計，發現孤兒藥臨床三期平均花費 US$103M，而一般藥物約 US$193M，若加上美國稅務優惠，孤兒藥平均開發成本約 US$51M 而已，為一般藥物的四分之一。

而臨床三期實驗所須要的病患平均孤兒藥為 761 人，非孤藥為 3,549 人 (表2-1-4)，孤兒藥所須病患約一般藥的三分之一，在開發成本上孤兒藥大大節省藥廠的支出。

至於臨床試驗時間，因孤兒藥病患較難找，所以臨床三期所須花掉的時間則二者差不多，均約 2.88 年左右。

表2-1-4：孤兒藥臨床三期所需病患數與臨床試驗花費與非孤藥之比：孤兒藥所須病患數較少，平均一個藥物的臨床三期花費約 US$ 103M，非孤兒藥為 US$193M。

Average Phase III Trials Sizes
(All New Drug Products Entering Phase III from 1 Jan 2000)

	Phase III Trial Size					Phase III Cost ($m) Estimated			Potential 50% US Tax Credit	
Product Type	Median	Average	No. of Products (n=)	Total Patients	% of	Median	Average	Total	Median	Average
Orphan	538	761	466	354,705	10%	99	103	47,929	49	51
Non-Orphan	1,558	3,549	952	3,378,809	90%	150	193	183,543	150	193
All	921	2,633	1,418	3,733,514	100%	127	163	231,472		
Orphan/ Non-Orphan=	34.5%	21.4%	48.9%			65.7%	53.3%	26.1%	32.9%	26.7%

資料來源：EvaluatePharma, 30 September 2015

至於藥物從送件時間到取得藥證，一般藥物約須 12.6 個月，由於大部份的孤兒藥有獲得 Priority Review 的優先審查權，故取證僅須 10.4 個月。

表2-1-5：孤兒藥臨床三期所需時間與非孤藥差不多，均 2.9 年，但取證上，孤兒藥僅須 10.45 月，較非孤藥快二個月。

Average Phase III & FDA Approval Times

Product Type	Phase III Length (years)			FDA Filed to Approved (months)		
	Median	Average	No. of Products (n=)	Median	Average	No. of Products (n=)
Orphan	2.89	3.64	193	10.09	10.45	229
Non-Orphan	2.88	3.31	437	12.90	12.63	530
All	2.88	3.41	630	12.13	11.97	759
Orphan/Non-Orphan=	+0.5%	+9.8%		-21.8%	-17.3%	

資料來源：Provisional data from EvaluatePharma's Forthcoming Success Rates and Clinical Trial Timelines, 30 September 2015
Note：Analysis based on Lead Indication

孤兒藥投資報酬率較高，但淨現值比一般藥物低

由上面的數字比較，開發孤兒藥的 ROI (Return of Investment 投資報酬率) 或 IRR (Internal Rate of Return 年化的內部報酬率) 比一般藥物高，難怪儘管罕見疾病的病患數少，仍有不少的生技公司或大藥廠積極開發孤兒藥。不過以藥物價值扣掉研發與臨床實驗支出的淨現值計算的話，一般藥物因為病患數較多，平均淨現值約 2,340 億美金，孤兒藥則僅有 810 億美金。

註：810 億美金仍然很吸引人!

孤兒藥的其他潛力 off-label use

將藥物使用在未被核准的治療，也就是 off-label use，是法規違法而且可能危害到生命的不鼓勵行為，但是還是有市場投機案例；例如原先使用於治療原發性肉鹼缺乏症 (carnitine deficiency) 的孤兒藥竟然被使用於減脂或創造猛男肌肉用，畢竟有療效驗證的孤兒藥還是比藥妝店賣的保健食品有説服力。

另外 2015 年被核准的基因異常型脂肪代謝孤兒藥也是被影射具有去除一般人壞膽固醇的潛力，法國第一大廠 Sanofi 和美國生技大哥 Amgen 的藥證競爭從美國打到歐洲，又從歐洲再打回美國，股價也炒到沸沸揚揚，孤兒藥一點也不孤單!

至於原本是癌藥，off-label use 到另一癌症則較常見，因為治病對象類似，較無爭議。

台灣可善用孤兒藥法規，靈活變化

台灣生技公司普遍資本額小於五億台幣，其實不容易開發大藥；但以企管角度而言，以有限資源創造最大藥物價值更值得鼓勵。

罕見疾病的低病患數和低臨床人數要求，加上美歐日的高藥價醫療給付，都很適合台灣目前重研發而無廠房的 "輕生技公司" 投入。

雖然美國孤兒藥法案的減稅獎勵台灣公司享受不到，但可利用孤兒藥光環授權給美國公司享受當地稅減，這對稅重的某些公司很有誘因。

另外某些特殊的罕見疾病可利用孤兒藥的彈性取證，快速上市，像遺傳性代謝疾病，或基因異常的癌症，台灣學界著墨甚多，也都可以善用美國的孤兒藥法案，讓台灣的新藥開發實力於世界發揚光大，但重點是一定要走出台灣，跨國合作，才有實值意義。

2-1-3 改良型新藥漸成主力：

2015 年 FDA 批准數 505(b)(2) 超過 505(b)(1)。

新藥開發重點首重安全性，其次才是有效性，面對美國 FDA 要求愈來愈嚴，新藥開發成本愈來愈高，已經有安全數據可參考的 505(b)(2) 改良型新藥，也愈來愈被重視。505(b)(2) 是美國 FDA 對改良型新藥的法規章節編號。全新藥歸在 505(b)(1) 法規裡。

如果設計得宜，改良型新藥會達到 "高臨床成功率、高收益、長生命週期" 等特點，投資者可留意此方公司的潛力。

改良型新藥的優點

從全球新藥研發的成功率來看，改良型新藥較全新藥，或生物藥還高。

全新藥一般是指 NCE (new chemical entity) 或 NME (new molecule entity), 即過去未被開發過的全新分子, 包括化學性分子或生物性分子。NCE 或 NME 可能創造全新的治病機制, 美國鼓勵之, 因此給與上市後 5 年的市場獨銷期, 故一度被大藥廠或新藥公司推崇。

另一派藥物開發者卻認為老藥新適應症或劑型改良也是不錯的選擇, 優點如下:

- 已有人體安全數據可參考, 省下許多開發時間與風險。
- 老藥朝新適應症開發, 可創造另一價值。
- 劑型改良可降低病人副作用或使服藥更方便, 並可延長藥物生命週期。

505(b)2 具較高研發成功率

據統計, 相較於 NME 或生物藥, 改良型新藥在新藥研發各個階段的成功率都是最高的, 從一期臨床到獲批上市的整個過程來看:

- 改良型新藥的成功率為 NME 的 3.6 倍。
- 與生物藥相比, 改良型新藥的成功率是其 2 倍。

註:NCE 和 NME 的差別在於 NCE 乃最原始的化學有效成份, 不含其酯化物, 氫化物, 錯化物等等衍生物。NME 則含之。衍生物對藥效或穩定性是有影響的。(參考來源:FDA)

FDA 核藥數 505(b)2 逐漸出線

由於開發成功率較高, 改良型新藥已經成為全球新藥研發的趨勢。以美國為例, 從 2002 年到 2015 年 FDA 批准的新藥類別及數量來看, 在 2010 年前後發生了明顯的變化。2010 年之前, 505(b)(1) 占主導, 2010 年之後, 505(b)(2) 逐漸上升, 並趕超 505(b)(1)。2015 年 505(b)(2) 以 46:37 的比例超過 505(b)(1)。(參考來源:FDA 網站)

經典案例

利培酮與紫杉醇是利用改良型新藥不斷創造市場與藥物生命的經典案例。

● 利培酮 (Risperidone) 的開發:

J&J (Johnson & Johnson 嬌生製藥) 在利培酮的藥物生命週期上進行 6 步升級, 由原藥物分子, 經由劑型改良和代謝物的改良, 一步步地擴大與延伸藥物市場:由錠劑→速釋製劑 (口崩片、口服液)→長效注射劑 (Risperdal Consta)→代謝產物的緩釋製劑 (Invega)→代謝產物前驅藥 (prodrug) 的長效注射劑 (Invega Sustenna)→代謝產物前驅藥的超長效製劑 (Invega Trinza)。

在利培酮錠劑專利過期後, 改良型的利培酮系列產品反而突飛猛進的增長, 2015 年, Risperdal Consta, Invega, Invega Sustenna 三個產品僅在美國的市場銷售額就逼近 25 億美元。利培酮用於治療非典型精神病。

● 紫杉醇 (paclitaxel) 的開發:與利培酮

Taxol®是全球第一個上市的紫杉醇抗腫瘤製劑, 為 BMS(必治妥)公司創造了至少 144 億美元的全球銷售額。但其溶解劑聚氧乙烯蓖麻油會導致不良的副作用, 嚴重限制該藥的發展, 卻為紫杉醇的改良劑型開創了廣闊空間。Abraxane®針劑在順應性及有效性方面較 Taxol 有很大的改進, Abraxane®利用白蛋白攜帶紫杉醇, 並使用於一線胰臟癌, 而聲名大噪。

而 Cynviloq®可能是繼 Abraxane®後的另一重磅產品, 其乃第一個獲批的口服紫杉醇膠囊。2015 年, 美國華人首富, Abraxane 的發明人黃馨祥博士以 13 億美元的價格將其全球大部分權益買下。

投資 思考

台灣從事 505(b)2 的公司很多, 讀者可留意觀察。

2-1-4 美國學名藥的法規商機

了解遊戲規則, 才能找到商機!本章簡介美國的 Hatch-Waxman Act (HWA) 法案, 以享投資者。製藥或法規專業者請直接參考美國原始法案。

學名藥市場的調價由競爭者多寡決定

學名藥是指專利過期的小分子化學藥物，由於專利過期，大家都可以加入生產或銷售，所以一般藥價會下跌。至於下跌多少，視該藥的生產困難度和競爭度而定。

原料藥生產困難度高者，因為原料供應商少，學名藥競爭者也相對減少，藥價下跌有限；若原料生產困難，但供應者仍銷貨給不少藥廠，造成下游仍有降價競爭情況時，則藥價仍會下修。若原料取得容易，又有很多藥廠加入競爭，則降價幅度會更大。

所以學名藥市場的調價由競爭者多寡推估。當競爭過度激烈，造成大部份廠家無利可圖時，就會有人倒閉或退出市場，重新洗牌，重新定價，這時藥價可能又會再度上升。

而有些老藥，市場太小，當全部供應者都退出市場，只剩一家時，價格就變成賣方市場。2015 年被美國總統候選人希拉蕊克林頓大加批評的高價抗生素，其實是供應者變成稀有動物下的投機產物。藥物以救人為主，刻意抬高好幾十倍的藥價，尤其是專利早就過期無須攤銷研發成本的學名藥，難怪會被點名批評。如果因生產法規過嚴而必須提高學名藥藥價者另當別論。

鼓勵學名藥上市的 Hatch-Waxman Act

一般新藥必須攤銷研發與臨床實驗成本，所以新藥價格一般較高。美國政府一方面鼓勵新藥開發，增加對人類的貢獻，另一方面又怕新藥壟斷市場，犧牲民眾福祉，所以制定法案鼓勵學名藥藥廠即早參與，並給與第一個申請學名藥者 180 天的學名藥獨賣期，以為獎勵。這對營收動輒數十億美金的暢銷藥而言，即使只有半年獨銷期，也有上億元美金的收入機會，於是有能力的學名藥廠莫不積極爭取。例如個案篇的漢達，即拿下 2 個 180 天獨賣藥。

而這 180 天的優惠法案只發生在美國，因為它是美國獨有的法案。其他國家市場環境不同，即使有類似法案也無太大商機。以下我們簡單回顧一下 "The Hatch-Waxman ACT"。

Hatch-Waxman ACT 簡介

據稱 1962~1984 年總計 150 個學名藥無人願意生產，美國政府為鼓勵藥廠投入，於是立法讓學名藥可以不用證明安全性與有效性，只要提供生物相容性 (bioequivalence) 數據即可以簡易的新藥上市申請 (Abbreviated New Drug Application,ANDA) 拿取藥證。如此可減輕學名藥廠開發成本，也提高學名藥的市佔率，為美國民眾省下大筆醫藥負擔。這法案由 Hatch 和 Waxman 二位先生促成，故稱 Hatch-Waxman Act，而實施三十年來，已使學名藥替代率由原先的 20% 提高到 80%，成效不錯。

Hatch-Waxman 法案正式名稱為 "藥價競爭與專利回復法案" (the Drug Price Competition and Patent Term Restoration Act)，美國國會於 1984 年通過此法案，自此之後，學名藥產業蓬勃發展，美國藥價也得以平衡而不被壟斷。台灣早期留美藥學或化學專家恭逢其勝，許照惠、趙宇天、陳志明、許中強的學名藥公司最後被高價併購，媒體冠稱他們為製藥業的四大天王！

補償新藥的配套法規，造就新藥獨賣權延長的商機

為了補償新藥開發者，Hatch-Waxman Act 也開出配套措施，授與原研者 "數據專屬權 (Data exclusivity)" 以補償新藥開發者因藥物審查過程而浪費掉的時間。法規保護以下類別的藥物於藥品上市後再多延長獨銷年限：

★ 孤兒藥多七年

★ 新成份 (New Chemical Entity, NCE) 多五年

★ 老藥新適症者：視情況，最多三年

★ 兒童用藥：再多加半年

橘皮書的成立與資訊公開

該法同時規定上市藥品之專利資訊必需登載於橘皮書上 (Orange Book)，讓學名藥廠可以參考哪些藥已無專利，可以生產之，哪些藥還在專利保護中，而專利的內容為何。

Orange Book 正式名稱為 Approved Drug Products with Therapeutic Equivalence Evaluations (具相同療效之藥品核准目錄), 所有被核准的藥品專利與資料須登錄其上。

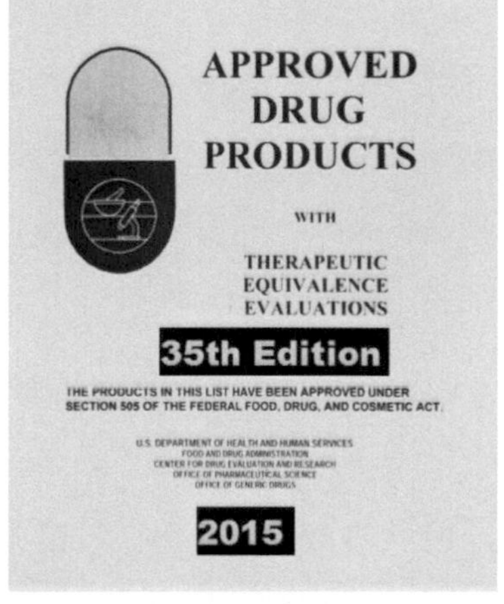

Orange Book 分四大段：

- Paragraph I：無專利者→任何藥廠均可生產
- Paragraph II：專利已到期者→任何藥廠均可生產
- Paragraph III：專利尚未到期者→須等專利到期, 學名藥廠才可進入
- Paragraph IV:原廠專利未到期, 但學名藥廠訴求未侵犯原廠專利者→FDA 可於專利未到之前核發學名藥廠暫時的藥證→真正商機 (想想看, 學名藥廠不用花金錢證明治病理論, 也不用花時間和金錢在新藥臨床實驗上, 只要花專利費用就可搭便車, 真棒啊, 但對新藥業者而言則是芒刺在背, 非得好好應戰才行)。

新藥公司當然希望它的藥無人挑戰, 才能維持獨銷和高價, 所以原廠想盡辦法利用專利擴充, 或使用前述的數據專屬權, 以延長市場獨銷期。

而學名藥廠則虎視眈眈地想利用專利漏洞攻入 Paragraph IV (P4), 尤其對有暢銷藥潛力的大藥, 幾乎原廠一拿到上市核可, 學名藥廠就開始準備攻其疏漏。

FDA 對挑戰 P III, P IV 的學名藥廠會發給暫時的藥物核准 (tentative approval), 因為原廠專利尚未到期。

PIII 須等到專利到期後, 學名藥廠才拿得到 Final approval；但 P IV 只要專利爭議解決, 不須等到專利到期, 即有機會上市賣藥。

所以商機在於 P IV 的專利無侵權挑戰，若挑戰成功者，不用等原廠的新藥專利到期，就可以搶得原廠辛苦開發出來的市場。尤其是 First-To-File 搶頭香者，HWA 給與法定的 180 天獨銷期。其他拿到 P IV，但未搶到頭香者，就得等到第 181 天之後(含)才能上市。

很多學名藥公司，尤其國外的小藥廠，號稱有申請 P IV，但不見得有拿到 FDA 的暫時藥證，最終還是無法上市（有申請 P IV 但沒拿到藥證無法賣藥）。

FTF 乃最大商機來源

HWA法規鼓勵學名藥廠開發學名藥，並給與申請跑第一的 First-to-File (FTF) 申請者 180 天的市場獨銷期，這對動輒數十億美金的暢銷藥而言，雖然只有 180 天，短短半年的獨家學名藥銷售期，也有可能衝到上億元美金的收入，所以讓有能力的學名藥廠積極爭取，甚至搶破頭，到了諜對諜的緊張程度！

而申請 FTF 必須深研原廠專利，於 Paragraph IV 提出對原廠專利未侵權的通知，所以 P IV 申請者要對 FDA 提出" 學名藥專利挑戰通知 (Generic Drug Patent Challenge Notifications)，通知原廠應戰。

目前 HWA 修法規定藥物的新成份須等四年後學名藥廠才可以對原藥廠提出 P IV 挑戰，否則新藥經過長期研發，還沒享受到獲利的成就感就馬上要面對學名藥的市場搶奪，也會讓新藥開發者氣餒。

原廠最長有 30 個月的阻擋期 30-month Stay of FDA approval

由於法規規定學名藥廠要攻原廠的未侵權專利時，要告知原廠。原廠接到戰帖要於 45 天內回應是否接受戰書，而 HWA 法案授與原廠 "最長" 能有 30 個月的緩衝期，準備答辯或採取其他防守措施，這期間 FDA 不可准許任何學名藥上市，至於可以延長多久？由法院決定。

> 很久以前，GSK 原藥廠曾經一再利用這 30 個月緩衝期阻撓學名藥廠 Apotex 的藥物上市長達 65 個月，美國於 2002 年修法，規定原廠使用這張免戰牌只能一次，以避免原廠變相阻撓學名藥上市。

學名藥廠先搶先贏

而學名藥廠怕被原藥廠以拖延戰術逃避競爭，所以學名藥廠愈早下戰帖愈有利，何況還有一堆學名藥廠競爭者也會跳下搶食。

於是原廠與學名藥廠們就在專利攻防戰中你來我往，專利律師也水漲船高成為熱門行業。

而戰到雙方或多方因官司費用將損及藥物利潤時，常會私下合解，例如原廠支付一筆金額給 P IV 學名藥廠，希望對方延後上市，或者授權學名藥廠變成其供應商（Authorized generic）…等等。有些學名藥廠就靠這合解金獲利，連生產都不用。

原廠還有個留住利潤的策略，即成立學名藥子公司與外部學名藥廠競爭。說到藥界的商戰還真的比電影更精彩呢!

小結

Hatch-Waxman 法案

鼓勵學名藥上市，並補償新藥開發者的市場專屬期

Orange Book 登錄使資料透明

Paragraph I：無專利者 → 任何藥廠均可生產

Paragraph II：專利已到期者 → 任何藥廠均可生產

Paragraph III：專利尚未到期者 → 須等專利到期，學名藥廠才可進入

Paragraph IV: 原廠專利未到期，但學名藥廠訴求未侵犯原廠專利者 → 若成案取得 First-to-File 的學名藥廠可享 180 天獨銷期（商機所在，尤其是暢銷藥時！）

對學名藥業者的鼓勵措施	對新藥業者的配套措施
• **可以簡易的 ANDA 申請上市：** 提供生物效果等同的數據即可請證，無須重做臨床實驗 • **挑戰 FTF 者則給與 180 天獨銷期以為獎勵**	• **授與 Data Exclusivity，延長市場專有年限：** ▶ 孤兒藥多七年 ▶ 新成份（New Chemical Entity NCE）多五年 ▶ 老藥新適應症者：最多三年 ▶ 兒童用藥：再多加半年 • **對 P4 的挑戰可祭出最長 30 個月的展延期**

✚ 美國學名藥法規衍生之營收來源

從上節的 HWA 法案和 Orange Book 的 Paragraph IV 挑戰原廠專利的説明，讀者應該對冷冰冰和難以閱讀的美國法規有簡單的概念了吧！

這節我們再針對美國學名藥法規所衍生出來的營收來源進行較深入的描述。

★ 戰場在美國者才能享受 HWA 衍生利益。

★ 官司訴訟是這行業爭取市場的必經過程。

★ First-to-File (FTF) 的公司價值最高，因為有 180 天獨銷潛力。

★ P IV 學名藥公司的獲利來源可能是合解金，而不是銷貨收入（逆向補償和解 (reverse payment、pay-for-delay)。

First-to-File (FTF) 180-day market exclusivity

第一個取得未侵犯原藥廠專利者有 180 天的市場獨銷期，此時市場只有原廠藥和 FTF 學名藥，也就是市場只有二個藥物供應者，如果品項是暢銷藥的話，二家分食，即使價格下降，即使僅有半年蜜月期，都仍有很好的獲利。

逆向補償和解 reverse payment、pay-for-delay

如果原廠對來自 P IV 學名藥廠的專利挑戰認為勝算不大的時候，為了鞏固原有市場獨佔優勢，原廠常常會向學名藥商提出和解協議，並支付補償金給學名藥商。雖然這違反 HWA 法案鼓勵學名藥上市以降低藥價的原意，但類似的和解協議經常發生，與其把錢浪費在打官司上，不如二方停戰。

案例分析：

2003 年歐洲藥品公司 Solvay Pharmaceuticals 取得 AndroGel 的新成份專利，專利保護至 2020 年 8 月。AndroGel 是一種含有睪固酮 (testosterone) 的軟膏，須醫師處方，使用於男性荷爾蒙提升，這是很大的預期市場，分析師預估該藥每年全美銷售金額可能超過 18 億美金。對於這樣的大藥，Actavis 和 Paddock 兩家學名藥廠以 P IV 向 FDA 申請了新化學成份 (NCE) 的上市許可。Solvay 立即對這兩家學名藥廠發動侵權訴訟，經過了三年的官司，三方在 2006 年達成了和解，Solvay 同意在未來的九年，每年支付這兩家學名藥廠 1,900 萬至 3,000 萬美金，以換取學名藥延後至 2015 年上市的協議，而且還要幫 Solvay 促銷 AndroGel。

Androgel Gel（昂斯妥凝膠）2011 年取得美國 FDA 的上市藥證。美國的 Abbvie（母公司為亞培大藥廠）於 2010 年取得 Androgel Gel 的行銷權，並大力推廣，雖然醫生警告有增加心臟病的疑慮，2012 年 Androgel Gel 營收仍高達 10 億美金。

針對逆向補償和解，美國聯邦法院、聯邦貿易委員會 (FTC) 以及反壟斷署向來抱持反對的意見，至今還沒有結論。

隨時注意法規修訂

2015 年 HWA 法案再度進行修法，對私下合解狀況表示關心，提醒投資者須隨時注意法規變動。另外各國法規不同，無法一一描述，請投資者注意。

✚ 如何挑選 P IV 學名藥標的

Orange Book 規定所有上市藥品都須要登錄，以供學名藥廠參考生產，那麼哪些是法規強制登錄？哪些不用公佈呢？

藥物的主要成份、劑型、和使用用途須強制公佈，而製程、中間體和包裝資訊不用公開，聰明的讀者看出端倪了嗎？

以挑戰 P IV 為主的學名藥廠可以攻擊的專利是 "主要成份" 和 "劑型"，所以最有潛力的學名藥廠是化學強，劑型改良強的公司！

國際幾家知名學名藥廠的自我描述如下：

- Impax：

專攻 First-to-File, First-to-market, 主選不易配方, 難生產的標的藥物。

- Innopharma：

 * 專攻利基市場 Niche Market, 包括技術困難者, 尤其是注射劑型與眼科用藥；

 * 無或極少的原料藥標的。

另外, Mylan, Perrigo, Teva, Watson, Worckhardt也都聲稱難生產或高進入門檻的原料、配方或生產製程為其主要藥物開發標的。

台灣主要的 P IV 學名藥公司包括漢達、安成、法德。

2-1-5 中國生物醫藥 "十三五" 商機

關注原因：

- ✓ 中國已是全球第二大醫藥消費市場。
- ✓ 大陸已進入老齡化社會, 醫療需求快速增長, 並帶來老化商機與新的要求。
- ✓ 大陸新藥開發雖未普遍, 但急起直追中。
- ✓ 大陸對未來的生技醫療規劃比台灣更明確, 更有企圖心, 未來競合關係左右台廠發展。

中國十三五規劃將於 2016 下半年出台, 乃大陸第十三個國家五年規劃, 含蓋面廣泛, 涉及科技、裝備製造、農業、環保、交通、能源、人才、文化和教育等領域, 大約 100 項目標, 其中照顧人民健康的醫療發展是每次中國國家政策的重頭戲, 也為國際社會帶來重大的機遇。

中國生物醫藥十三五規劃核心目標是加快專利到期藥物仿製上市，推 30 種藥品、100 家藥企打入國際市場。重點發展項目包括：重大疾病化學藥物、生物技術藥物、新疫苗、新型細胞治療製劑等多個創新藥物品類，同時發展生物 3D 列印技術等重大醫療技術。(中國經濟參考報獨家報導 (2016.7.4))

新藥發展項目

十三五重點發展的新藥品類，若以疾病來分，聚焦在抗腫瘤、抗抑鬱、糖尿病、腎病、心腦血管病等方向；若以製劑來分，優先發展 "具有巨大應用前景的蛋白及多肽藥物、新型細胞製劑等生物醫藥製劑；此外，生物 3D 列印、大分子藥物、幹細胞、基因治療等前瞻性技術也列入長足發展 (比台灣開放許多)。

仿製藥業

仿製藥就是台灣俗稱的學名藥，指的是專利過期的藥物，包括小分子的化學藥，和大分子的蛋白質藥 (英文名稱 Biosimilar)。

大陸十三五將加快專利到期藥物的仿製上市，針對重大疾病或突發疫情等用藥的需求，預計研製 20 到 30 個大型學名藥物品類，並切實解決量產規模化問題，以滿足大陸龐大病患的急迫性內需需求，期待於 2020 年以前，對重要專利到期的藥物可以達到 90% 以上的仿製生產。

這對美國原藥廠、學名藥廠、印度學名藥廠、台灣學名藥與生技相似藥廠而言，都是商機的流失，表示中國將有自製能力而無須仰賴國外進口或依賴國外專家，而這提高自製率的目標早在十年前就逐漸推行，在化學藥方面大致已可獨立，只剩整頓小廠，使其達到 GMP 要求；生技相似藥方面，也早就扶持和批准境內的生技廠；然而台灣的喜康已於大陸設廠，準備迎接中國生技藥物專利過期後的商機。

中國期待藥物與國際接軌並可外銷

根據規劃，到 2020 年中國要推動一大批生物醫藥企業完成藥品質量標準，以與國際接軌，目標至少 100 家藥品製劑企業取得美、歐、日等發達國家和 WHO 認證，並實現藥品出口；另外按照國際藥品標準、研製並推動 10 到 20 個化學藥及高端製劑、3 到 5 個新中藥、3 到 5 個新生物技術藥在歐美發達國家完成藥品註冊，並加快其進入國際市場。

而這些理想一定須要人才的提升，所以十三五將推動 3 到 5 家基礎佳的大專院校與製藥企業聯合成立高技術水平的大型醫藥研發基地，同期建立國家級轉化科學中心和協同創新中心，突破 10 到 20 項重大核心關鍵技術，初步建立國家藥物創新體系和創新團隊，使達國際先進水平，並促成部分重點醫藥企業在國際市場站穩腳跟，力爭國際銷售突破百億人民幣。

支撐與保障措施

規劃裡還提出了多項戰略支撐和保障措施，包括加強新藥臨床能力、審批能力、保障新藥審批。中國很清楚的了解除了產業要加強，官員們也更須提高審核能力，反觀台灣，人才缺乏，往往你審我，我審你，或者由名人或教授於半小時一小時的會議裡主導產業生死，期待台灣也要加強審核人員的考核，以利產業發展。

推動互聯網醫療，商機龐大

大陸大力支持健康醫療大數據的共享，並推動醫藥電商行業，欲藉大數據應用，加速移動醫療行業的發展。可能於 2017 年底形成跨部門數據共享基礎，媒體推測網售處方藥可能解禁之時機點為 2018 年。

健康醫療大數據將涵蓋一個人的全生命週期，內容包括個人健康、疾病防控、健康保障和食品安全、養生保健等多方面數據的匯聚和整合，所創造的商機從醫藥到保健食品，甚至運動養生，真是鋪天蓋地，也引發台商的高度投入。

2-2 生技相似藥商機

暢銷生技藥品專利即將到期，釋放龐大商機

2013 年生技藥品營收已超過 1,500 億美元，預期到 2020 年將可達到 2,900 億美元，占全球醫藥市場約 27%；其中 48% 的營收由 11 個暢銷生技藥品所貢獻。

而這些暢銷生技藥品即將面臨專利到期的威脅 (表2-2-1)，各路競爭者早就摩拳擦掌，想進來分一杯羹 (圖2-2-1：美國競爭狀況)。

然而有些生技暢銷藥，如紅血球生成素、白血球生成素，乃上一代的生技藥，非法規國家早就大量生產。但是各國的法規開放態度不同，歐洲已放行多款生技相似藥上市，美國遲至 2015 年才核准第一個白血球生成素上市 (Zarxio® by Sandoz)。而高單價的單抗暢銷藥才是大家主要競爭對象，身為投資者的我們如何分辨和選擇 biosimilar 公司？還是直接投資 bio-better 公司呢？本章會有簡單扼要的分析。

註：生技相似藥 (Biosimilar) 是指專利過期的生技藥品，又稱生技仿製藥。

圖 2-2-1 全球暢銷生技藥品專利到期概況

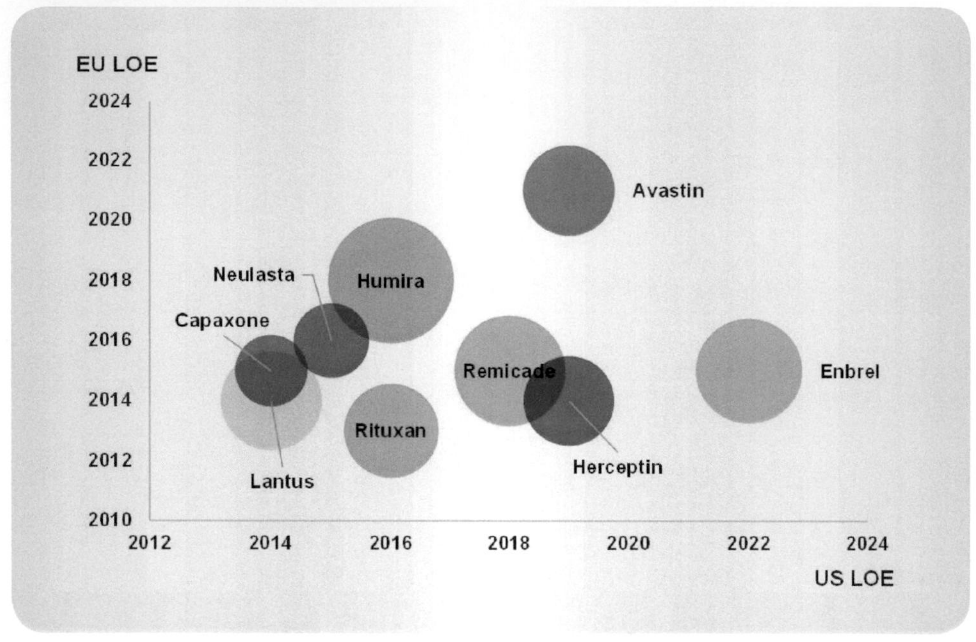

註：圓圈大小表示該藥品在 2014 年的全球營收規模

資料來源：Deloitte report, "Winning with biosimilars", Global data

表 2-2-1：美國前十名暢銷生技藥專利到期日及原廠營收 (資料來源 IMS , Frost & Sullivan 及各公司數字)

商品名	美國行銷者	活性分子	作用	主要適應症	原廠藥 2015 年美國營收 (美金億元)	美國專利到期年/月	可能之美國市場競爭者
Herceptin	Genetech	trastuzumab	Anti-Her2	乳癌等	24.83	2019/12	Amgen/Actavis, Biocad, Biocon, Pfizer, Hospira
Avastin	Genetech	bevacizumab	Anti-VEGF	固體癌	31.85	2018/2	Amgen
Humira	Abbvie	adalimumab	Anti-TNF	類風濕性關節炎	84.05	2016/12	BI, Pfizer
Erbitux	BMS	cetuximab	Anti-EGFR	轉移型結腸直腸癌和頭頸癌	2015 年移轉給 Eli Lilly 而未有統計數字	2016	Amgen
Rituxan	Genetech	rituximab	Anti-CD20	血液癌病	37.00	2016/9	Sandoz, Biocad, BI, Celltrion, Pfizer, Amgen
Remicade	J&J	infliximab	Anti-TNF	類風濕性關節炎	52.00	2018/9	Hospira
Neupogen	Amgen	filgrastim	G-CSF	白血球增生	7.95	2013	Sandoz, Hospira, Zydus
Enbrel	Amgen	etanercept	Anti-TNF	類風濕性關節炎	50.99	2028/11	Pfizer(2016), Sandoz
Epogen	Amgen	epoetin	epoetin	紅血球增生	18.56	2013	Sandoz, Hospira
Neulasta	Amgen	pegfiligrastim	G-CSF	白血球增生	38.91	2015/10	Sandoz, Hospira, Zydus
Lantus	Sanofi	insulin glargine	Insulin	長效胰島素	36.00	2015/2	Eli lily/BI, Mylan

表2-2-2：Biosimilar 與學名藥的差異

Biosimilar 指專利過期的生技藥品	學名藥 指專利過期的化學藥品
與原廠藥相似但不完全相同 (Similar, not identical)	與原廠藥的生體相等(Bioequivalent)性相同
須進行臨床實驗以證明療效	不須進行臨床實驗, 只要以生體相等性實驗或文件即可申請藥物上市

五年內將有 470 億美金的生技藥專利到期

Biosimilar, 台灣稱之為生物相似性藥, 中國稱為生物仿製藥, 簡單而言就是專利到期後的生技藥物。

在美國, 共有約 110 個生技藥品被核准上市, 其中前 30 項生技藥佔領八成的市場, 總計約 700 億美金市場, 其中有 470 億美金在五年內專利陸續到期 (2015~2020), 當這些生技藥專利到期後就是 Biosimilar 的市場機會。分析師預期到 2020 年全球 Biosimilar 市場將達到 250~350 億美元的規模。

歐盟在 2006 年准許 Biosimilar 上市之後, 全球現在共有超過 700 個 Biosimilar 獲得許可。美國則保護新藥, 遲至 2015 年才核准第一個白血球生成素上市 (Zarxio®by Sandoz)。

競爭後的 Biosimilar 前景預估：美國約 70 億美金

如果嚴苛假設一個生技藥有 4~5 個 Biosimilar 競爭者時, 藥價跌幅 65%, 則 biosimilar 市佔率將達到 40% 的前題下, 光美國一區, 2022 年的 Biosimilar 市場就有 70 億美金 (Research from Morgan Stanley, 2016/11/4 Global Insight, US Generic)。

藥價是否真的會跌到 65% 見人見智, 因為每個藥物的進入障礙不同, 各國的把關壁壘和醫生對 Biosimilar 的接受度也不同。一般而言, 歐洲對 Biosimilar 較美國開放。日本較喜歡用原廠藥。中國境內的 Biosimilar 則自給自足。

台灣最有競爭力的公司是開發 Bio-better 和生技藥的藥物傳輸公司！

Biosimilar 市場進入優先順序

美國以新藥開發為主，生技藥品，尤其是單抗藥品，是美國生技製藥產業的金雞母，美國是建築 Biosimilar 市場進入障礙最高的國家，包括法規障礙、專利訴訟、生產品質的高等法院訴訟，各種文攻武嚇手段皆有，能擋一天算一天，因為單一藥品的市場太龐大，原廠不容競爭者的瓜分。所有的市場分析報告一致同意 Biosimilar 最優先開放的市場是 "新興市場"，因為低藥價的需求，其次是歐盟，最後才是美國。

下表是 Deloitte 會計事務所在 2016 年發表的全球各國 Biosimilar 商機評比。評估面向包括各國支付能力、法規環境、醫生對 Biosimilar 的接受度及 Biosimilar 的供應者狀態。

表 2-2-3：Biosimilar 全球主要市場商機評比

變數 (依重要程度由左往右排序)		取得可負擔之生技藥品	法規環境	支付者評估及管道	醫生接受程度	患者接受程度	生物相似藥現況
		擁有實際或財務能力來取得生技藥品	簡化或明確的申請途徑現況	支付者對生物相似藥的參與和支持	開立生物相似藥或參考藥品處方籤意願程度	患者對生物相似藥的態度	市場上生物相似藥核准數量
已開發國家	美國	容易取得	制定中	低	低	低	0-5
	EU5	容易取得	制定完成	高	中	中	>10
	日本	容易取得	制定完成	中	低	低	>10
金磚國(BRICS)	巴西	不易取得	制定完成	高	中	中	0-5
	俄羅斯	零散分布	制定中	低	低	中	0-5
	印度	不易取得	制定完成	低	中	中	>10
	中國	不易取得	制定中	中	中	低	0-5
迷霧國(MIST)	南非	不易取得	制定完成	高	高	中	0-5
	墨西哥	零散分布	制定完成	高	低	中	0-5
	印尼	不易取得	無	中	中	低	0-5
	南韓	零散分布	制定完成	高	中	中	>10
	土耳其	零散分布	制定完成	低	中	中	6-10

■ 有利於生物相似藥 ■ 一般影響 ■ 不利於生物相似藥

資料來源：Deloitte global report, "Winning with biosimilars" 2016

各國 Biosimilar 上市情況

歐洲：

歐洲自 2006 年開始已核准 25 個 Biosimilar 藥品上市，包括紅血球生成素 EPO (erythropoietin), G-CSF (granulocyte-colony stimulating factors), HGH (human growth hormone) 及 Enbrel®, Lantus®, Remicade®, Neupogen®, Epogen®, Humulin®, Gonal-f®, Humatrope®, Genotropin® 等等。最熱門的是 Remicade®, Enbrel®, Rituxan®, Humira®。

美國：

美國是全球審核生技相似藥上市最嚴格的國家，主要是因為原廠利益保護問題。至 2016 年第三季為止，只有五個生技相似藥被核准，但因為官司未解或其他原因，只有 Zarxio 上市 (source: Morgan Stanley, 2016 Global Insight)。由表四可發現這些被核准的 Biosimilar 只限於早年的紅血球生成素，胰島素之類的生物製劑，而高單價的治療性單株抗體則尚未被核准上市。但看來美國原廠能阻擋的理由和時間已不多了，因為挑戰者對生技單抗藥物也都很有開發經驗。

表 2-2-4：美國生技相似藥核准情形 (至 2016 年為止)

Biosimilar 名稱	原廠	Biosimilar 開發者	FDA 核准日期
Amjevita (adalimumab)	Abbvie	Amgen	2016/9
GP2015 (etanercep)	Amgen	Sandoz	2016/8
CT P13 (infliximab)	J&J	Celltrion/Pfizer	2016/4
Zarxio (filgrastim)	Amgen	Sandoz	2015/3並於2016上市
Basaglar (Insulin glargine)	Lily	Sandoz	2014/8 (以505(b)(2)化學藥管理方法申請過關) 2016/12可望上市
申請中的Biosimilar	**原廠**	**Biosimilar開發者**	**申請日**
LA-EP2006 (pegfligrastim)	Amgen	Sandoz	2015/11
Grastofil (filgrastim)	Amgen	Apotec	2015/2
Epoetin alfa	Amgen	Hospira	2015/1
Pegfligrastim	Amgen	Apotex	2014/12

表 2-2-5：排隊中的美國 Biosimilar

Proprietary Name	Product Name	IMS Sales (US bn)	Tentative Launch (US)	Tentative Launch (EU)	US Patent Expiry	EU Patent Expiry	Comment
Neupogen	filgrastim	0.7	Launched	Launched	Dec-13	Expired	Sandoz Launched in US
Lantus	Insulin Glargine	3.6	Jan-17	Launched	Feb-15	May-15	Lilly Settled for US launch
Humalog	Insulin lispro rec	2.2	2017	2017	Expired	Expired	Ph 3 trials in US already completed in Mid 2016 by Lilly
Neulasta	pegfilgrastim	4.2	2018	2017	Oct-15	Aug-17	Apotex submitted application in Dec 2014, still no panel or advisory committee has been assmbled to review the application, litigation under way
Remicade	infliximab	5.2	2018	Launched	Sep-18	Feb-15	Celltrion got FDA approval in Apr-2016, currently under 180 days notice of commercialization; Litigation with innovator under process
Novolog	Insulin Aspart rec	2.1	2019	2018	Expired	Expired	Sanofi and Biocon in pre-clinical stage
Rituxan	rituximab	3.7	2020	2017	Sep-16	Nov-13	Korea Analyst assumed 2020 launched in US and 2017 launched in EU for RA indication
Avastin	bevacizumab	3.1	2021	2022	Jul-19	Jan-22	Amgen filing in US in 2016
Herceptin	trastuzumab	2.6	2020-21	2018	Jun-19	Jul-14	Teva/Celltrion guided 2020 US launch and Roche Management guided 2018 launch in Europe
Humira	adalimumab	11.7	2022	2018	Dec-16	Apr-18	Complex Patent Estate in US
Enbrel	etanercept	7.1	2028	2016	Nov-28	Expired	Samsung Bioepis/Biogen

資料來源：IMS, Company Data, Morgan Stanley Research

國際學名藥大廠與其 Biosimilar 佈局

Teva 是全球排名第一大的學名藥廠，美國市佔率 18%，全球市佔率 8%，具有 600 多個產品，價值超過 2000 億美金。Teva 以小分子學名藥為主，在 Biosimilar 方面則與韓國的 Celltrion 合作，取得 Rituxan®和 Herceptin®美歐市場權。2016 年處在臨床三期的晚期。

Mylan 在美國是排名第二大的學名藥廠，美國市佔率 10%。Mylan 手上有六個超過 10 億美金的學名藥金雞母。在 Biosimilar 方面，Mylan 與印度 Biocon 和美國 Momenta 合作。與 Biocon 合作項目包括 3 種胰島素學名藥（Glargine, Lispro, Aspart）和六個 Biosimilar（Herceptin®, Humira®, Avastin®, Enbrel®, Neulasta®, Neuprogen®）。與 Momenta 合作另外六個 Biosimilar，包括 Orencia®。

表 2-2-6：國際學名藥大廠

公司名	美國市佔率	全球市佔率	2016~2022 年複合長率 (CAGR%)	Biosimilar 佈局
Teva	18%	8%	4~6%	與韓國Celltrion合作取得Rituxan和Herceptin美歐市場權
Mylan	10%	無資料	無資料	與印度Biocon和美國Momenta各合作數個Biosimilar

然而 Biosimilar 不是只有學名藥廠想進來分食，以新藥開發為主的大廠，如 Amgen, Pfizer 也不客氣地搶佔地盤。有錢大家搶，新藥與學名藥的產業界線愈來愈模糊。

台灣 Biosimilar 公司

Biosimilar 由於須要經過人體臨床實驗的療效和安全性證明，故每一家公司均會尋找合作夥伴進行藥物的共同開發。在市場進入方面，普遍以審核較友善的歐洲為起點，中國為次，但中國境內已有多家大型 Biosimilar 公司，台灣除了喜康已在大陸建廠外，其他 Biosimilar 公司較難進入中國。而競爭激烈的美國乃一級戰區，須要有堅強的實力和財力支撐。

在 Biosimilar 公司的投資選擇上，國際佈局策略和產品潛力乃主要評估重點。產能規模只要跟上佈局即可，無須拼大，以避免養蚊子。

永昕是台灣第一個 Biosimilar 公司，藥物臨床實驗和藥證申請委任東生華進行。近年永昕已改型新藥開發。喜康在大陸武漢和台灣均有生產基地，並與法國 Sanofi 簽下合作開發協義，共營中國市場。台康則以 CDMO, Biosimilar 及 Bio-better 多角化佈局。而有富爸爸支持的泰福挑戰美國競爭十分激烈的前一代生技藥白血球生成素，在取得藥證上已落後其他競爭者，第二項產品 Herceptin 則預計 2017 年進入美國臨床三期，未來能否創造可與其市值相配的營收則是觀察重點。

表 2-2-7

Biosimilar公司	營運模式	主要產品與臨床進度	未來行銷夥伴
喜康(6540 TT)	Biosimilar+ CMO	Rituxan/2017年入歐洲臨床三期	Sanofi
台康(6589 TT)	Biosimilar+ bio-better+ CDMO	• Herceptin/2017年歐洲臨床三期 • 新藥開發中	歐洲公司
泰福(6541 TT)	Biosimilar	• Neupogen/2016十月入美國臨床三期 • Herceptin/2017年入美國臨床三期	Watson
永昕(4726 TT)	CMO+ Biosimilar	• Enbrel/2016年台灣藥證申請中 • 另轉型開發新藥	東生華

註：CMO=Contract Manufacture Organization 代工生產
CDMO= Contract Design and Manufacture Organization 生產設計與代工

喜康 (6540 TT)

喜康主要的 Biosimilar 為 Rituxan，2016 年完成臨床一期。2016 年 12 月喜康授權四個 Biosimilar 的中國市場權給全球前十大藥廠 Sanofi，並取得 8000 萬美金的投資挹注。該次授權簽約金美金 2,100 萬，總里程金 2.36 億美元，分五階段陸續取得。產品上市銷售後，喜康可依銷售金額抽取 25% 以上的銷售權利金。JHL1101 (Rituxan®) 為喜康進度最快之產品，預期 2021/2022 年陸續於歐洲/中國上市。(資料來源：公司公開資訊)

表 2-2-8：喜康產品線

產品線	原廠藥名/開發者	分子	適應症	原廠藥 2014年全球營收(美金億元)	美國專利到期年	喜康2016年進度
JHL 1101	Rituxan/Genetech	Anti-CD20	血液癌病	65	2018 Dec	2016年五月進歐洲臨床一期，2017H2入臨床三期
JHL 1922	Plumozyme/Genetech	Enzyme	Cystic fibrosis	0.64	2013	
JHL 1149	Avastin/Genetech	Anti-VEGF	固體癌	61	2018 Feb	臨床前
JHL 105	Herceptin/Genetech	Anti-Her2	乳癌等	56	2019 Dec	臨床前
JHL 106	Humira	Anti-TNF	類風濕性關節炎	118	2016 Dec	臨床前
JHL 104	Lucentis	Anti-VEGF	黃斑病變			

註：▒ 中國市場授權給Sanofi

台康 (6589 TT)：兼具 Biosimilar, Bio-Better 及新藥開發的公司

台康雖然以生技相似藥起家，但公司具長期規劃，除了幫客戶設計生產 (CDMO) 生技藥品之外，台康也開發以 Her2 family 為主的一系列產品。註 CDMO 為 Contract Design and Manufacturing Organization 縮寫。

Her2 過度增生會引發乳癌和其他癌症，羅氏藥廠專治乳癌的單株抗體靶藥 Herceptin®，正式名稱 Trastuzumab，簡稱 TRZ，乃針對 Her 2 陽性的病患，以 TRZ 減低 Her 2 的過度表現，使病患乳房細胞恢復正常。2015 年全球營收 65 億美金，美國專利 2019 年到期。所以台康鎖定 TRZ 進行 Biosimilar 開發，已進入臨床三期。

而為長線佈局，台康又再開發 TRZ 的皮下注射針劑，和帶藥抗體新藥。皮下注射比靜脈注射省時且方便，而帶藥抗體 (ADC-Antibody- Drug Conjugates) 可鍵結另一化療藥，加強癌症殺傷力，但不傷害正常細胞，乃目前流行的癌藥開發方式，請詳第 79 頁。

不僅如此，台康已在開發新一代的 Her 2 乳癌靶藥 Perjeta® (Pertuzumab)。Perjeta® 2012 年才上市，2015 年全球營收即衝到 14 億美金。根據原廠 Roche 的臨床報告，Perjeta® 和 Herceptin及 Docetaxel 三者合併治療，可增加乳癌療效至 39.3%，若只使用 Herceptin+Docetaxel 則只有 21.5% 療效，可見 Perjeta® 的加乘效果！

台康的 Herceptin (TRZ) 生技相似藥預計 2017 年進入全球臨床三期，僅次於 Amgen, Celltrion, Samsung Bioepis, Pfizer, Biocon/Mylan。預計 2020 年上市。另三項產品進度則可望進入全球前三名。

所以台康已建立比其他 Biosimilar 公司更有前景的營運佈局，平時以 CDMO 設計型代工做為短期獲利基礎，進軍歐美和日本，取得國際知名度，並協助台灣多家知名生技公司生產新藥，貢獻台灣生技產業發展，目前以改良生技藥的劑型及 ADC 佈局中期，並挑戰才剛上市的下代 Her 2 藥品。

表 2-2-9：台康產品線

類別	台康產品線	原廠藥名/開發者	分子/適應症	全球市場預估(美金)	2016年 開發進度	市場潛力
Biosimilar	EG 12014	Herceptin(Trastuzumab)/Genetech-Roche	Anti-Her2/乳癌；	2020年> 70億	2017年入全球人體臨床三期；預計2020年上市	2015年原廠營收65億美金，全球排名第七大藥；2019年底美國專利到期；台康進度全球排名第六名
Biosimilar	EG1206X	Pertuzumab/Roche	Anti-Her2/乳癌	2024年>50億	臨床前	為新一代乳癌靶藥，可加強Herceptin療效，並使用於末期與早期Her+病患。
Bio Better	EG1307x	Trastuzumab皮下注射	Anti-Her2/乳癌	2024年>10億	臨床前	皮下較靜脈使用方便
ADC 新藥	EG1104x	Trastuzumab ADC	尚未公佈	2024年>10億	臨床前	帶藥抗體可加強療效，但減少對正常細胞的誤殺
Biosimilar	EG 12021	Avastin/Genetech	Anti-VEGF/固體癌		2017H2入歐洲臨床一期	2015年原廠營收69億美金，全球排名第六大藥
Adjuvant	EG74032	免疫輔助劑			2017年上市	加強療效

Perjeta 機轉與 Herceptin 不同，具加乘作用

Perjeta (Pertuzumab) 針對的是會產生高量 Her 2 蛋白質的乳癌, 這類乳癌雖然只佔全部乳癌的 20~25%, 但是 Her 2 蛋白質會大為加強癌細胞的生長速度與存活能力, 因此表現 Her 2 基因者往往是最惡性, 擴散最快, 最難治療, 也最致命的病患。目前用來治療 Her 2 基因陽性的乳癌藥物是 Herceptin，Perjeta 與它雖然目標相同, 但是機轉不同, 因此共同使用有加乘作用。Perjeta被獲准使用於末期及早期乳癌患者。

中國 Biosimilar 公司

信達 (Innovent, 未上市) 2015 年與 Eli Lily 簽下合作協定, 簽約金 5600 萬美元, 總里程金 4 億美金。信達具有熱門生技藥 Anti PD-1 抑制劑。

三生：併購中信國健取得生產線及產品。中信國健主要 Biosimilar 為原廠名稱 Enbrel 的 Anti-TNF 產品, 主治類風濕性關節炎。目前有六條 5000 公升及二條 2000 公升的反應槽生產線。

2-3 NASH 肝炎藥物商機

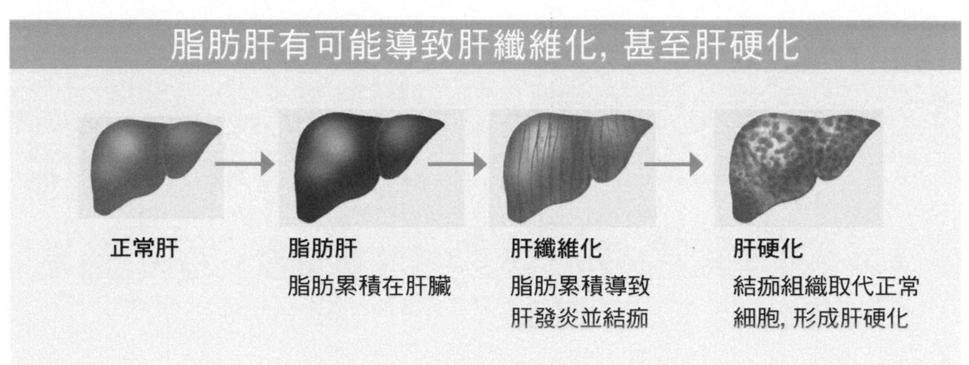

近二年大藥廠拼命爭取肝炎新藥，
我們遺漏了什麼大好商機？

非酒精性肝炎 (NASH) 大商機

我們經常聽到肝病是中國人的國病，也經常聽到酗酒會引發肝病，更對台灣在肝癌和肝病的防治上十分自豪，然而近年美國也在流行肝病藥物的開發，例如貴如天價的 C 肝藥物 Sovaldi 的上市。更令人摔破眼鏡的是近二年大藥廠拼命爭取非酒精性肝炎（NASH）的新藥品項，光 2016 年就五家合作案，其中四家全擠在第四季趕進度，連在臨床一期的藥物也喊到 12 億美金的天價，我們是不是遺漏了什麼大好商機？

表 2-3-1：2014~2016 年非酒精性肝炎的國際授權案例

交易日期	授權買方	授權賣方	藥物機制	前金與總授權金額 (美金)	臨床試驗階段
2016/12	Novartis	Conatus	oral, pan-caspase inhibitor	50M/unknow	Ph IIb
2016/11	BMS	Nitto	HSP47	100M/ unknow	Ph1b
2016/9	Allergan	Akaran	FXR-sl	50M/unknow	pre-clinical
2016/9	Allergan	Tobira	CCR2/CCR5	700M/1.69B	Ph2b
2016/4	Gilead	Nimbus	ACC1/2	400M/1.2B	Ph1
2015/5	Boehringer Ingelheim	Pharmaxis	SSAO/VAP-1	39M/600M	Ph2
2015/4	AstraZeneca	Regulus	miR-103/107	28M/498M	pre-clinical
2015/2	Merck	NGM Biopharma	FGF19	450M	Ph2
2015/1	Gilead	Phenex	FXR agonist	470M	Ph2
2014/1	Shire	Lumena	ASBT inhibitor	260M/ Milestones	Ph1

註：BMS：Bristol-Myers Squibb

認識非酒精性肝炎

長久以來非酒精性脂肪肝病（以下簡稱 NAFLD）被視為是一種良性疾病，而非急症，但全球飲食西化、美食過度推銷後，相較於 1990 年代，NAFLD 人口快速增長約兩倍，NAFLD 已是當今全球主要肝臟疾病。由於症狀不明顯，病人不知得病，久而久之累積成肝硬化，而成為 21 世紀公共衛生的重要挑戰。

NAFLD 是指肝臟脂肪堆積過多所導致的病理狀態統稱，但排除酒精因子。NAFLD 依肝臟受傷過程又可再分為非酒精性脂肪肝（NAFL）、非酒精性脂肪肝炎（NASH）、纖維化和肝硬化。其中 NASH 已成為美國第三大肝移植起因。由於正式名稱過長，影響閱讀，以下省略 "非酒精性" 字眼，請讀者明辨。

表 2-3-2：各種非酒精性肝炎名稱對照

<table>
<tr><th>縮寫</th><th>全名</th><th>註</th></tr>
<tr><td>NAFLD</td><td>Non-Alcoholic
Fatty Liver Disease</td><td>過食，脂肪累積在肝臟</td></tr>
<tr><td>NAFL</td><td>Non-Alcoholic
Fatty Liver
脂肪肝</td><td>在無發炎狀況下，大於 5% 的肝細胞有大囊泡性脂肪病。</td></tr>
<tr><td rowspan="4">NASH</td><td>Nonalcoholic
Steatohepatitis
脂肪肝炎
(美國第三大肝移植起因)</td><td>• 肝臟有大量脂肪，且有發炎現象。肝細胞有損傷。
• NASH 的確診仍須仰賴侵入式的肝臟切片。
• NASH 在美國已成為繼 C 肝後的重要肝臟疾病。</td></tr>
<tr><td>Fibrosis 纖維化</td><td>因損傷，肝細胞進行修復，修復過程產生纖維化，逐漸變硬 (硬化後的細胞無法行使正常功能)</td></tr>
<tr><td>Cirrhosis 肝硬化</td><td>• 肝臟到處可見瘢痕，瘢痕收縮使肝臟質地變硬，影響肝功能與結構。
• 不易發現，故影響治療黃金時機</td></tr>
<tr><td>Liver Cancer 肝癌</td><td>不易發現，故影響治療黃金時機</td></tr>
</table>

脂肪肝：每四個人即有一人肝臟脂肪過多

NAFLD 脂肪肝疾病全球盛行率約為 25%，幾乎每四個人就有一人肝臟存有過多肥脂而成為未來的肝炎潛在病患。

脂肪肝與肝病的關聯性

NAFLD 與肥胖、II 型糖尿病、高血脂症、高血壓、代謝症候群等，有很強的關聯性。

表 2-3-3

代謝疾病	NAFLD代謝合併症盛行率	NASH代謝合併症盛行率
肥胖	51%	82%
II 型糖尿病	23%	47%
高血脂症	69%	72%
高血壓	39%	68%
代謝症候群	43%	71%

資料來源：Hepatology (2016/02)；工研院 IEK (2016/04)

根據統計，NAFLD 病患約有 40% 的機率會演變為 NASH 脂肪肝炎，此時肝組織切片呈現脂肪過度堆積、肝發炎、損傷，並出現纖維化瘢痕。約有 20% 的 NASH 病患在 20-30 年內會逐漸發展為肝硬化，屆時不易醫治，手術？換肝？都是大醫療支出和痛苦。

這是醫生一直叮嚀大家必須控制體重，也是 NASH 近年被高度重視的原因之一。

- 脂肪肝病患 (NAFLD) 有 40% 機率會發展成脂肪肝炎 (NASH)
- 而 NASH 病患中約 30-40% 會進展為肝纖維化
- 肝纖維化病患中有 20% 會發展成肝硬化
- NASH 會增加肝癌風險
- NASH 已是導致美國肝臟病患需進行肝臟移植的第三大原因

NASH is a common, often silent liver disease; the major feature of which is fat in the liver, along with inflammation and scarring. Around 3%-5% of the US population is affected with NASH, which is set to become the leading cause of liver transplants in the US by 2020。(2016/12/20 Novartis 諾華製藥公司 Novartis 新聞稿)

藥物治療情況

目前並無針對 NAFLD/NASH 疾病所核准的治療藥物, 多數 NAFLD 的控制取決於疾病的嚴重度, 主要經由飲食控制與運動改善, 或以糖尿病藥物跨界使用, 可是效果不明顯且副作用過大。

NASH 已成為繼 C 肝後的重要肝臟疾病

NASH 在美國已是第三大導致肝臟移植的常見因素, 據估計約有 2-5% 的美國人是 NASH 患者。研究報告指出 NASH 已成為繼 C 肝後的重要肝臟疾病 (資料來源:The Dash to Treat NASH, The Next Big Global Epidemic, Defined Health Insight Series Webinar; March 6, 2015)。

NASH 的市場驅動因素

＊ 肥胖、三高族群、不當飲食與不良生活習慣 (如運動量少) 等文明病盛行。

* 研究發現上的警戒：過去脂肪肝被認為是良性的可逆疾病，不被重視，現發現脂肪肝可能演變成肝炎、肝纖維化、肝硬化甚至肝癌，隨著 NASH/NAFLD 逐漸演變為發達國家主要的肝病頭號原因，在開發中國家盛行率也逐漸增加下，而有 "下一個世界大流行性疾病" 的稱號，故吸引愈來愈多藥廠的投入。

NASH 市場預估

根據市場報告，工研院預估全球 NASH/NAFLD 藥物市場總值 2020 年將達到 39 億美元，2020~2030 年若每年複合成率 (CAGR) 為 23%，2030 年市場將到 382 億美元。

NASH 的市場空間

* 新藥開發方面：對 NASH/NAFLD 的病理機轉仍不清楚，病程發展異質且多樣，藥物開發速度緩慢，故目前尚在臨床階段的藥品均有機會。若驗證發炎為共通現象時，以抗發炎為主的藥物可能成為主流。
* 檢測方面：NASH/NAFLD 目前仍缺乏有效的非侵入式診斷檢測方法，血液檢測中的 AST/ALT 專一度和敏感度仍不足，而影像學診斷（如超音波、電腦斷層及核磁共振等）只能偵測到肝臟的脂肪變性，無法區別肝臟發炎與纖維化程度，確診仍需仰賴肝臟切片。不過各新藥開發公司已在發展其特有的體外檢測產品 (companion test)。

NASH 新藥競爭

由表 2-3-1 已經知道全球卡位 NASH 火熱，那麼各藥競爭力如何呢？

從 NASH 病程的發展緩慢而時間長，NASH 可以歸類為一種慢性病，藥物的治療期程也會拉長，因此對於治療藥物的安全性和低副作用有較高的要求。台灣的景凱使用 FDA 於 1984 年上市的老藥，安全數據多，另外在動物實驗中顯示不錯的肝臟抗發炎解剖數據，可觀察之。

2-4 癌症基因檢測商機

液態活檢 (Liquid Biopsy) 潛力230 億美元，商機逐日升高。

✚ 各種癌症檢測工具各有定位和針對性的癌症

癌症排名全球疾病死因的第二位，早期偵測早期治療，有助於死亡率的下降。

部份腫瘤檢測仰賴影像檢查，例如使用 X-光 (X-ray)、核磁共震 (MRI)、電腦斷層 (CT)、正子攝影 (PET)、超音波 (US) 等，但影像檢測費用高昂，而且要等到腫瘤成塊後才檢測得到，無法使用於早期預防需求。

基因檢測靈敏度高且檢測方便、快速，抽一些些血就可抓到為數極少的癌細胞，並分析出不同癌細胞的基因病異，可提供醫生治療資訊，因此以癌症早期檢測為主的液態活檢 (Liquid Biopsy) 在 2015 年被權威科技媒體《麻省理工評論》評定為十大科技突破，JP Morgan 更預估液態活檢的全球市場潛力高達為 230 億美元，商機將逐日升高。

本章將介紹液態活檢、循環腫瘤細胞檢測和產前 DNA 測序等基因檢測商機。但首先介紹癌症相關檢測方法。

資料來源：Wicha MS, Hayes DF. Circulating tumor cells: not all detected cells are bad and not all bad cells are detected. J Clin Oncol.2011;29(12):1508-1511。

癌症相關檢測方法

癌症是細胞生長不正常以及全身調控系統出現問題的疾病統稱，無法以一蓋全，必須針對不同器官部位和不同階段的腫瘤生長情形來做檢查。各種檢查各有定位，沒有萬能的檢查工具。液態活檢雖熱門，仍有局限，請待後述。

表 2-4-1

癌症檢測方法		說明
影像檢查	X光攝影	主要使用於肺癌和乳房檢測，腫瘤＞0.2公分才可偵測得到
	超音波	主要使用於乳房纖維化和乳癌檢測，腫瘤＞0.2公分才可偵測得到
	電腦斷層掃描 (CT scan)	一般體腔內的腫瘤檢測，價格昂貴，費時，大部份用於再確認而非一般篩檢，使用於腫瘤＞0.5公分，具輻射。
	核磁共振 (MRI)	價格昂貴，費時，無法應用於一般篩檢，使用於腫瘤>0.6公分，對於空腔器官癌症的檢查效果欠佳，如肺癌、乳癌、消化道-大腸、直腸癌
	正子攝影 (PET scan)	價格昂貴，輻射量大，腫瘤約要0.5公分左右才偵測的到，偽陽性高達26%。
傳統生化或免疫檢測	病理切片	直接從病灶部位採樣，染色後在顯微鏡下做病理組織學檢查，步驟繁雜，無法成為一線篩檢工具
	剝落細胞診斷	抹片採取剝落的細胞進行診斷，廣泛用於子宮頸癌的大量篩檢及早期防治。
	生物標記檢測 (biomarkers)	抽血檢測是否有腫瘤特殊蛋白質標記，如PSA, CEA，可為粗篩用，但特異性普普，須對不同癌症進行更細緻的檢查。
近年癌症的液態活檢	腫瘤基因或其產物	適合於早期檢測，抽血檢查，便宜，方便，無副作用，但不同癌症的準確度不同，各廠家提供的技術特異性和靈敏度均不同，不易比較。若檢測呈陽性時，須於醫院再詳細以其他工具進行確診。
	循環腫瘤細胞 (CTC)	分析由腫瘤游離出來的癌細胞破碎基因，靈敏度高，技術在快速發展中 主要使用於癌症的復發追蹤，但市場朝癌症早期偵測前進

中英對照：X-光 radiography (X-ray)，核磁共震 magnetic resonance imaging (MRI)，電腦斷層 computed tomography (CT)，正子攝影 positron emission tomography (PET)，or 超音波 ultrasound；腫瘤循環細胞 Circulating tumor cells (CTC)。

癌症檢測市場的要求原則：

* 欲定位為一線篩選工具者，必須費用便宜、非侵入式、採樣方便簡單，才能鼓勵民眾和醫護人員進行篩檢。
* 定位為高價偵測工具者，應該提供與疾病發生率更有直接關係的數據，否則難以說服醫療專業人士或民眾使用。
* 想以早期發現早期防癌為出發點者，檢測技術必須精敏，才能大海撈針，抓到為數稀少的循環腫瘤細胞。

大部份的癌症無快速便宜的早期檢測方法

大腸直腸癌一線篩檢方式為糞便檢查，子宮頸癌為陰道抹片檢測，乳癌為自我檢查或超音波檢查，而其他癌症，如肺癌、肝癌、卵巢癌、淋巴癌，都沒有便宜又方便的早期篩檢方式，等到病人發現有狀況時，都已經是難治的腫瘤三四期了，因此各種能提早預防或檢測癌症的方法紛紛加入市場。

癌症早期檢測，尤其是高敏度的基因檢測，目的在於警示功能，寧可大驚小怪，也不可掉以輕心，檢測呈陽性時須於醫院以其他檢測工具進行確認。高假陽性可接受，但高假陰性則失去檢測目的，尤其是收費高昂的檢測服務。(註："假陽性" 以白話文表達是指沒病卻被誤測為有病的比例，假陰性則相反，有病卻被誤測為沒病)。

✚ 液態活檢將愈驅普遍

圖 2-4-1 液態活檢全球市場預估 (JP Morgan)

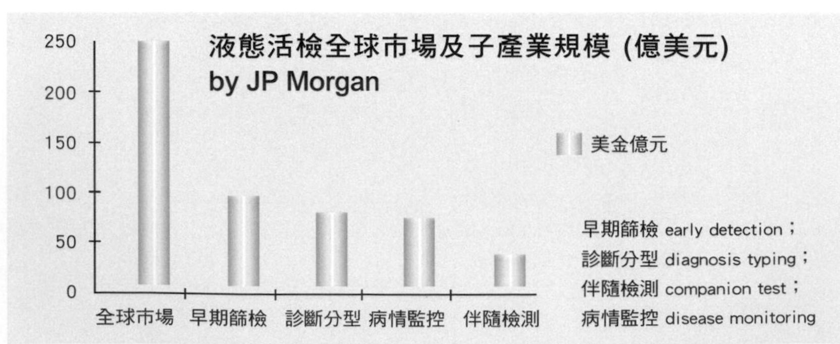

液態活檢是一種先進的癌症診斷技術，以循環核酸、循環腫瘤細胞（CTC）及外泌體作為癌症診斷對象。被檢物來源包括血液、腦脊髓液、血漿以及尿液等液體。

科學家發現癌細胞會將生物標誌物釋放到不同的體液中，故可以進行液態檢測，而不須侵入組織進行採樣。

血液採樣是應用最為廣泛的液體檢測，使用於肺癌、乳腺癌和白血病的診斷等，尿液和腦脊液抽樣則被使用於前列腺癌和腦癌的診斷中。

若以市場區分，早期癌症篩檢為其最大應用市場，其次為診斷分型、病情監測。然而以醫療應用度而言，病情監測已實際執行，早期檢測則在加速推廣中。

「液體活檢技術」（Liquid Biopsy）主要從血液或尿中捕捉游離的腫瘤細胞 DNA，以早期發現腫瘤，或追蹤癌症患者是否有復發徵兆。由於靈敏便宜，不須掛號排隊照影像或切片，而可推廣於健康人的癌症早期檢測市場。

液態活檢被譽為十大科技突破

本質上，液態活檢是分子診斷的延伸。由於檢測技術必須十分靈敏，2015 年「液態活檢」被權威科技媒體《麻省理工評論》評為十大科技突破。

2016 年美國腫瘤學會 ASCO 大會上，研究人員通過一萬五千多個樣本的研究表明，癌症血液基因檢測的臨床靈敏度可達 90% 左右，這也是迄今為止規模最大的液態活檢研究。

各家看好液態活檢

JP Morgan 的研究報告將液態活檢分為早期篩檢、診斷分型、藥物伴隨檢測、患者病情檢測等四個領域，預估全球市場潛力為 230 億美元；高盛預估美國市場潛力 140 億美元，並預測該市場需要 5-15 年才能完全成熟。DNA 測序巨頭 Illumina 的 CEO Jay Flatley 表示，液體活檢的市場規模至少達 400 億美元。

液態活檢的瓶頸

但各種檢測都有盲點，抹片若採取的組織正好是未癌變的部份，容易誤診為無病；液態活檢若精準度不足或使用的生物探針不對，也會因抓不到為數稀少的癌細胞，或無法分辨出它是癌細胞，而造成假陰性缺點，故選擇優良廠家關係重大。

液態活檢廠家

大陸在追趕尖端科技上非常積極，不少廠商或學界加入癌症基因研究，也提供液態活檢；部份公司號稱已有數千甚至上萬人的基因比對可證明其檢測試劑的準確性，例如格諾思博宣稱其肺癌循環腫瘤試劑可達到靈敏度 80.2%，特異性 88%，肺癌一期檢測率 67.2% 的高標準。

國際上從事液態活檢的企業有 BIOCEPT INC.、Qiagen N.V.、Illumina, Trovagene Inc.、Janssen Global Services LLC、MDxHealth SA、Natera Inc.、Roche、Silicon Biosystems、Pathway Genomics、Sysmex 等。

法規

使用於醫療判斷的基因檢測產品在美國，中國和台灣都必須經過臨床驗證。在台灣屬於第三類醫材。

【液態活檢案例】：Interpace Diagnostics Group, Inc.（美國股票代碼IDXG）。

醫療診斷公司 Interpace 於 2016/12/8 公佈其液態活檢產品被美國第三大醫療保險公司安泰保險（Aetna Inc）納入醫保範圍，一週內股價漲幅達 631.09%，由每股美金 0.12 漲至 0.97。

Interpace 主要經營臨床分子診斷測試，旗下擁有檢測甲狀腺的 ThyGenX® 和 ThyraMir® 分子測試產品，此項檢測無需進行手術活檢，只要檢測血液中的 RNA，即可判斷甲狀腺結節為良性或是惡性。

Aetna Inc 是美國重量級醫療保險公司, 約有 4600 萬會員, 能獲得大型醫保的給付含蓋, 對小公司的 Interpace 而言是重要的里程碑, 故股價直接應聲大漲。

液體活檢技術

是一種利用高通量測序技術來檢測血液中 DNA 碎片的新技術；血液中這些碎片可能來自於死亡的細胞，因此只要血液中存在「非血液來源的 DNA」, 例如來自胎盤、腫瘤或者移植器官的 DNA 碎片, 都能利用液態活檢進行檢測。

液態活檢優點：

✓ 非侵入式：採樣方便, 便宜。

✓ 具時效：只要抽血, 不用於醫院排診, 分析結果較切片快。

✓ 全面性：液體活檢樣本代表多種目標細胞信息的總和, 克服了腫瘤組織切片缺乏異質性的缺點。

- 市場應用：腫瘤早期檢測、診斷、治療、手術前後、用藥前後等整個過程的監測。
- 挑戰：癌細胞由組織釋放到血液中，數量極少，因此液態活檢雖然備受矚目，但是存有技術難度和挑戰。
- 產品法規條件：使用於臨床檢測時，大部份國家要求臨床證明。

✚ CTC 循環腫瘤細胞檢測

循環腫瘤細胞 (Circulating tumor cells , 簡稱 CTC), 屬於液態活檢的一種, 乃全球火紅的癌症檢測話題。主要是因為科學上有愈來愈多的證據顯示癌細胞在原來繁殖的地方 (原位點), 會隨血管旅行到遠端的器官定居下來, 即所謂的癌症移轉。藉由分析血液中的游離癌細胞數目或其破碎的 DNA 可以預測癌症是否轉移, 因為癌症一旦移轉, 八成的病人存活率不樂觀。

即使未移轉，癌細胞也可能在細胞死亡之後釋放 DNA 到血液中而被偵測到，所以CTC/cfDNA 檢測技術被應用於癌症追蹤與癌症的早期發現。

何謂 CTC 和 Cf DNA

癌細胞由原來發生癌症的地方（原位癌 Primary Tumor），經由血管流到遠端定居，產生腫瘤移轉（Metastasis），這些從原位癌流進血管的癌細胞，稱為循環腫瘤細胞，簡稱 CTC（Circulating Tumor Cell）；CTC 可以被抽血檢測到而不須切片，血中有 CTC 表示癌細胞已產生轉移。

事實上科學家檢測的是 CTC 破碎之後產生的 cell free DNA（cfDNA）或 ctDNA（circulating tumor DNA），經由 DNA 的放大檢測可以找到為數少量的 CTC，以達到早期發現早期治療的目的。

CTC 在臨床上的價值

- ✓ 主要用於癌症是否移轉的偵測
- ✓ 癌症預後(prognosis)評估的工具之一
- ✓ 藥物動力學（pharmacodynamics）研究
- ✓ 也可應用於癌症早期檢測

cf DNA 優缺點

優點：

- 半衰期短，反應當下身體狀況
- 非侵入式檢測
- 無輻射線，不用打顯影劑

缺點：

- 檢測價格不便宜
- 假陰性高
- 若為高危群，須再到專科醫院進行更詳細的檢查

CTC 的假陰性

腫瘤會釋放分身跑到血液中的想法起源於 140 年前，直到 2004 年才有儀器被 FDA 核准於 CTC 的偵測。但是 CTC 數量很少，癌症病患血液中每 100 萬到 1000 萬顆白血球中才會找到一個游離的癌細胞（one CTC in 10^6-10^7leukocytes），而未發病的人當然 CTC 就更稀少了，所以應用於癌症的移轉偵測尚可做到，使用於健康人的癌症篩檢可能會出現假陰性，也就是說可能有癌，但未被偵測到的現象。

怎麼測 CTC

1. 抽血
2. 分離出血球細胞與腫瘤細胞
3. 利用單抗染色或以 DNA 探針檢測（問題在於很多癌症的生物標記尚在開發中，目前以大數法則，以最常見的腫瘤標記儘量抓癌）
4. CTC 分析（可定量與定性，但靈敏度是挑戰）

一般抽血 5~15C.C. 就可以偵測 CTC，但有學者認為檢測 CTC 數量來推估癌症進展是無意義的，因為有採樣和技術問題，由於血中的 CTC 數量極少，抽 15C.C 的血液萬一恰巧沒抽到 CTC，不代表沒 CTC。而測到一顆，也不代表就比二顆者健康。學者認為檢測 CTC 破碎出來的 "DNA變異" 反而比檢測 CTC 數量有意義，因為可提供更多基因變化的訊息（Theranostics 2013；3(6):377-394.）

有些凋亡的腫瘤細胞會滲入血管中，破碎的癌細胞其 DNA 會在血中流竄，若可被檢測到，將可協助早期發現癌細胞。

cf DNA 應用案例

- 食道癌檢測

Cell-free DNA may Help to Predict Esophageal Squamous Cell Carcinoma Recurrence with Greater Accuracy than Standard Tumor Markers or Imaging Methods

（血液中游離 DNA 檢測技術相對於影像與分子標記等傳統評估食道癌患者復發風險的方式，可提供更準確的評估結果）

為確認血液中游離 DNA 於食道癌患者的臨床應用，該研究以 53 個基因的定序，分析 13 位病患（12 位原發癌病患以及一位復發病患）的腫瘤組織以及血液中游離 DNA 的基因突變資訊。定序結果發現，血液中游離 DNA 可反應腫瘤 DNA 的基因狀況，且比影像檢測還要早 6 個月發現癌症復發。

進一步與食道癌傳統生物標記比較，監控血液中游離 DNA 的突變頻率比 SCC 抗原或 p53 抗體更能反應腫瘤的情況。 Publication: http://www.impactjournals.com/oncotarget/index.php?journal=oncotarget&page=article&op=view&path[]=11409&pubmed-linkout=1

● ctDNA可使用於免疫療法成效的早期評估

透過固體腫瘤反應評估標準（RECIST）評估腫瘤浸潤淋巴細胞（TIL）免疫療法臨床成效，恐需耗時長達 60 天之久，並錯失正確評估與改變治療策略的黃金時期。研究人員表示，對於 TIL 治療有所反應的黑色素瘤患者，其循環腫瘤 DNA（ctDNA）BRAF 及 V600E 在治療初期有快速竄升並降低的劇烈變化。研究結果表示 ctDNA 可以做為早評估 TIL 治療反應的重要檢測之一。

台灣癌症基因檢測服務公司

行動基因、賽亞基因、慧智基因、弘晉生技、中華基因、基龍米克斯…

✚ 癌症基因檢測商機：在於早期發現，早期防治

液態活檢可對蛋白質或基因進行檢測，以下針對癌症基因進行分析：

民眾癌症基檢原因

- 可及早做好健康保健，高風險者宜特別注意致癌因子的防範
- 預先做好保險規劃
- 高風險者可自費定期追蹤基因突變情形
- 不幸罹癌後，基檢可做適藥性評估，提高療效，減少不良反應

表 2-4-2：癌症基因檢測的應用

	於民眾	於醫療單位	於國家
	✓及早做好健康保健計劃 ✓ 如有必要，做好保險規劃 ✓ 最需檢查者：長期暴露在高污染環境下或有不良生活習慣的人	推動民眾早期篩檢，可建立健康長期追蹤與經驗，提高醫療成效	推動民眾早期篩檢，可減少重症醫療的醫保或健保負單
應用舉例	• 遺傳性癌症基因檢測：針對有家族史者，若發現具有易感性風險基因，可加強致癌物防範或定期追蹤 • 定期癌細胞變異追蹤：人體每天都有癌細胞產生，大部份會被免疫系統自動消滅，但年長或長期工作壓力大者，可定期追蹤是否有免疫系統漏網未清的癌細胞累積	• 適藥性選擇 • 療效追蹤	在用藥篩檢方面，因每個病患的基因不同，對藥物的療效或副作用反應不同，若能事前篩檢，可降低不良反應的醫療後續處理支出，為國家省錢不少
投資標的	• 基因檢測公司：服務提供者，設備提供者 • 提供民眾粗篩功能者無須認證，但有實驗室認證和提供充份醫療關聯性資料者更佳	• 供應商用試劑給醫院者(無須認證)，或幫醫院代檢者(須國際實驗室認證) • 在歐美很多醫院委託外面更有經驗的公司檢測和分析，台灣也有多家專業生技公司進行用藥前檢測和追蹤	專業藥物基因檢測公司

癌症基檢準確率

基檢準確率各家不同，以上海復旦大學為例，其分子醫學中心認為不僅癌症，包括心血管疾病，都應進行基因檢測。通過癌症基因檢查可以確定患者是否攜帶遺傳性腫瘤發病基因的突變，還可對家人進行基因檢查，找出突變基因攜帶者，在他們未發病前先提供癌症防治的咨詢和有效的措施。復旦大學在遺傳性乳腺癌方面，準確率已經達到 50%~80%，另外肺癌，胃癌也有預測作用。

大多數癌症是由遺傳易感和環境因素誘發所致，即人們接觸了環境中的致癌物質，這些物質對於有遺傳易感性的人群來説，容易誘發基因突變，最終導致癌症的發生。對此類癌症的基因檢測，準確率約 30%~40%。

2012 年，好萊塢著名安吉麗娜· 裘莉得知自己攜帶一種會增加乳腺癌和卵巢癌風險的 BRCA1 基因突變後，她採取預防性措施，即切除雙側乳房。這案例處理方法較強烈，故引起注意和討論；由於每個人都有不同的家庭責任或人生目標，處理方法見人見智，不過凡有疾病家族史者，不管是癌症或是心血管疾病，都建議先檢查一下，以早做人生安排。

癌症基檢可幫忙醫生決定最佳藥物

在適藥性方面，以癌症為例，癌症具有複雜的起因，和相對應的標靶藥物，由於這些藥物治療費用昂貴，建議先接受基因檢測，讓醫生有更好的用藥參考，再決定適合的藥物治療，這稱為適藥性基因檢測。

表 2-4-3：癌症標靶治療藥物的自費項目

標靶藥物名稱	治療項目	費用(台幣)
Herceptin (賀癌平)	乳癌	6.5萬元/月
Nexavar (蕾莎瓦	肝癌, 腎細胞癌	18-20萬元/月
MabThera (莫須癌)	非何杰金氏淋巴瘤	1劑48,400元 6個療程約29萬元
Avastin (癌思停)	結腸癌, 大腸直腸癌, 乳癌, 肺癌	18萬元/月
Erbitux (爾必得舒)	肺癌, 大腸直腸癌, 口咽癌, 下咽癌, 喉癌, 食道癌	13萬元/月
Iressa (艾瑞莎)	肺腺癌	1,600元/顆
Tarceva (得舒緩)	肺癌, 肺腺癌	1,860元/顆
Sutent (紓癌特)	晚期腎細胞癌：惡性腸胃道基質瘤	1個療程約28萬元
Taxotere (剋癌易)	肺癌, 乳癌, 前列腺癌	4.1萬元/月
Tykerb (泰嘉錠)	乳癌	8.9萬元/月

資料來源：台灣各醫院網站/台灣國家衛生研究院

癌症基檢主要市場來源

歐美、中國、台灣等人口老化、癌症普遍、環境危險因子高的國家；環境因子包括空污、過度使用化學藥劑, 農藥、過度電器化產生輻射常態污染的社會。

癌症基因檢測的應用

癌症基因檢測可區分為四大應用：

1. 未病前→癌前檢測：早期發現, 早期因應。
2. 病中→癌中用藥效果追蹤, 癌後復發追蹤。
3. 研究用途：找出基因與疾病關係, 並開發藥物治療之；這也是各國推動精準治療計劃的重心。

黃帝內經說 "上工治未病，中工治已病"，在以前未有儀器，只能靠把脈觀色判病，現今則有更好的檢測工具。

癌症基因的檢測由疾病最根源的基因開始進行變異檢測與分析，則是更精緻地發揚中醫治未病的想法，所以愈來愈多的醫生支持基因檢測，並加入研究，把臨床上病人的治療過程，搭配基因突變的追蹤，累積和整理更多有用的資訊，以供未來治療和藥物開發的參考。

另外癌症基因檢測可以協助新藥開發，不過須要不少時間與資金的臨床驗證；但是在病中用藥的追蹤上，早就創造市場，即所謂的伴隨檢測（companion test）。有些癌症新藥有專屬搭配的伴隨試劑，就像 iPhone 7 有專屬的藍牙耳機，但也有所謂的通用耳機。標靶藥物是手機，基因檢測套組是耳機。"專用版"和 "通用版" 何者比較賺錢？用耳機產業比擬就可貫通，與原廠是否強勢、定價和藥物搭配有關。

目前癌症基因檢測的熱門項目是 Kras 基因，Kras 突變導致很多癌症的發生（65% 的大腸癌，20% 肺癌等），所以很多生技試劑公司提供 Kras 試劑和檢測服務。

Kras 案例研究

歐美已將 KRAS 基因納入常規檢測，因為與癌細胞增殖的相關性明確。

Kras 是一個重要基因，在腫瘤細胞生長、增殖及血管生成過程的信號傳導中擔任 "開關" 角色，和腫瘤的生長和擴散有關。

Kras 基因分為正常狀態（稱為原生型）和異常狀態（突變型）兩種類型。正常的 Kras 基因可抑制腫瘤細胞生長，一旦發生突變，它反而會刺激細胞生長，打亂生長規律，導致腫瘤的產生。

Kras 基因突變見於 30~65% 轉移性大腸癌患者、20% 的非小細胞肺癌（NSCLC），其中肺腺癌占 NSCLC 的 30%~50%。

Kras 基因突變發生在腫瘤惡變的早期, 原發灶和轉移灶的 K-ras 基因高度保持一致, 所以是不錯的追蹤標的。

大腸癌一線治療用藥中的 Cetuximab 是一種可以抑制 EGFR (上皮生長因子接受器 Epidermal Growth Factor Receptor) 的藥物, 故可抑制大腸癌的生長, 一年內無病存活率為化療藥的二倍, 在治療中醫生搭配 Kras 基因的檢測可以追蹤病人的療效反應。目前在歐美, K-ras 檢測已成為大腸癌患者內科治療前必做的常規檢查。

投資 思考

✓ Kras 的重要性在於與很多癌症的起因相關。

✓ 類似 Kras 的大海口基因還有哪些呢 ? 還有 BRAF, EGFR (台大研究發現 50% 女性肺腺癌與 EGFR 有關)⋯

✓ 如何挑選基因試劑投資標的 ? 很多試劑公司都有基因試劑, 大部份大同小異, 精準度高, 雜訊小, 誤判率低者為首選。

深入 閱讀

- 細胞裡有超過 100 個重要的基因, 嚴格地調控細胞的增生與分裂。
- 這些基因必須受到細胞外面訊息的刺激, 才會被活化。
- 基因之間有上下游訊息傳遞路徑, 有如城市裡的道路, 一段二段往下延伸, 而控制交通樞紐的基因特別重要, 所以控制樞紐基因的藥物價值比非樞紐者高 (可供價值比較參考)。
- 癌藥如想走 FDA 快速審核路線, 必須佐以這些細胞內外的分子基因訊息, 並提出合理假說, 比較容易說服評審者。很多中草藥廠商也有類似的基因層次研究。

✚ 癌症血液基因檢測靠譜嗎？

講了那麼多, 癌症基因檢測到底有無依據？

前述 2016 年的 ASCO 大會上, 研究人員通過一萬五千多個樣本的比對, 顯示癌症血液基因檢測的臨床靈敏度達 90% 左右, 這是相當不錯的進展。

研究人員利用高精度及深度 ctDNA 測序技術對 15,191 名 50 種不同腫瘤的晚期患者進行體細胞基因組分析, 共靶焦 70 種基因。檢測結果發現, 對於肺癌、乳腺癌、大腸癌及其他癌症, ctDNA 的臨床靈敏度分別為 86%、83%、85% 和 78%, ctDNA 測序精準度為 87%。

研究人員通過比較發現, ctDNA 檢測到的基因突變率與癌症基因圖譜中的結果吻合度在 92% 和 99% 之間。例如, 與癌症基因圖譜中的數據相比, EGFR 基因的 ctDNA 檢測結果吻合度為 92%；對於腫瘤樣本, EGFR、BRAF、KRAS、ALK、RET 和 ROS1 的突變率吻合度在 94% 到 100% 之間。

此外, 該研究中血液基因檢測在低 ctDNA 水平中也能檢測到突變, 大約一半的突變在 ctDNA 比例小於 0.4% 的情況下仍然可以被檢測到, 總體來說, 血液樣本中 ctDNA 突變的檢測率為 83%。

資料參考來源 https://kknews.cc/science/lxkyk2.html

但是再度提醒, ASCO 的報告雖然證明基因檢測可以達到不錯的疾病預測目標, 但不同廠家的檢測技術和水平是不同的, 請謹慎評估。

✚ DNA 測序商機－產前測序

《麻省理工科技評論》公佈 2012 年~2016 年近五年的醫學領域 14 項科技突破中，產前 DNA 測序應用被列為第四名。

- 市場成熟度：已成熟
- 科技突破點：通過一小管母親血液，即可分析胎兒 DNA
- 重要性：在胎兒出生前進行基因檢測，可排除多種基因缺陷病
- 市場主要參與者：Illumina、Verinata、Sequenom、Natera、Ariosa、LifeCodexx
- 台灣上櫃公司：創源生技 (4160.TT)、慧智基因 (6615.TT 2017 年興櫃中)

2013 年 1 月，Illumina—這家世界最知名的 DNA 測序儀公司，以 3.5 億美元收購了 Verinata 公司。而 Verinata 還在虧損無收入的創業階段。吸引 Illumina 的是 Verinata 的先進技術：對未出生胎兒進行 DNA 測序。這項技術可以通過一小管母親血液中的胎兒 DNA 檢測唐氏綜合症、囊性纖維化 (cystic fibrosis)、β-地中海貧血症、自閉症等等基因缺陷疾病。

傳統產前檢測須從胎盤或羊水中獲取胎兒的細胞，有流產風險，目前的母親血液檢測則無此風險。

根據香港科學家的研究，母親血液中的游離 DNA 有 15% 來自胎兒，技術精綻者才有辦法進行具有分辨能力的商業服務。

✚ 中國的體外診斷商機：分子診斷年成長 30%

體外診斷 (簡稱 IVD：In-Vitro Diagnostic) 是指將血液、體液、組織等樣本從人體中取出，使用體外檢測試劑進行檢測，以對疾病進行預防、診斷、治療檢測、後期觀察、健康評價及遺傳疾病進行預測的過程。目前臨床上 80% 以上的疾病診斷依靠 IVD，被譽為醫生的 "眼睛"。

體外診斷分類

主要分為生化診斷、免疫診斷、分子診斷、微生物診斷、尿液診斷、凝血類診斷、血液和流式細胞診斷等診斷方法，其中生化、免疫、分子診斷為主要方法。

若按檢測環境分類，可分為：

- 臨床實驗室內的專業診斷：具高階精密儀器與專業操作人員。
- 現場即時診斷（Point Of Care Testing，簡稱 POCT）：以簡易快速為目標，可由非儀器專業人員操作，主要集中在血糖、血氣和電解質分析、快速血凝檢測、心臟標誌物快速診斷、藥物濫用篩檢、尿液分析、懷孕測試、糞便潛血分析、食品病原體篩查、血紅蛋白檢測、傳染病檢測、三酸甘油酯和膽固醇檢測等。

全球市場主控者

全球體外診斷（IVD）產業發展成熟，市場集中度高，羅氏、丹納赫、亞培、西門子等幾大巨頭壟斷了 50% 以上的市場。

全球市場規模

據 AMR 報告分析，2013 年全球 IVD 市場為 533 億美元，2020 年可達 747 億美元。但在發達國家，IVD 行業增速已經放緩，CAGR（複合年增長率）只有 5% 左右。但中國方興未艾，受惠台商：冷泉港生技。

中國 IVD 增長驅動來源

* 人口老齡化，檢測需求高，從全球占比和人均支出來看，中國 IVD 未來仍有很大成長空間。
* 醫改政策和國家相關政策利好 IVD 市場：在取消藥品加成、降藥價及醫保控費的大趨勢下，IVD 暢享多項政策紅利。

* 二代測序等新技術加入互聯網、大資料和健康管理等新模式，以及精准醫療新目標給產業整體發展打開新的空間。

* 分級診療將打開一片新藍海：分級診療的推行將直接打開民營醫院和基層醫院對體外診斷儀器和試劑的額度需求，不過低價檢測產品較吃香，即國外進口者較無法進入民營和基層醫院。

中國狀況：分子診斷處於成長期，年增長率高達 30%

據《中國醫藥健康藍皮書》統計分析：2014 年，中國體外診斷產品市場規模達到 306 億人民幣；預計 2019 年該市場規模將達到 723 億人民幣，年均複合增長率高達 18.7%。

其中 POCT 因其方便快捷經濟的優點，增長率達到 24% 左右。

而分子診斷處於成長期，年增長率高達 30%，主要受到政策、技術升級和市場需求驅動。

* 政策方面：基因測序應用批准試點、二胎政策開放等。

* 技術升級：基因晶片，二代高通量測序，DDPCR 等技術升級。

* 市場需求：腫瘤患病率提升。

中國廠家狀況

國外公司佔據 60% 的市場，尤其在高端的三級醫院。

中國本土體外診斷公司約 300~400 家，以中小型企業、單一中低端產品為主，主要銷往市級醫院和基層醫院。大陸分析師自評未來本地產品使用率可能會再增加。

營利模式

儀器敲開門，試劑賺利潤。體外診斷是高毛利行業，平均毛利 70% 以上。樣本量較大的醫院約一年內可以試劑獲利攤完儀器成本。中低端醫院，其樣本量無法支援儀器免費的成本，儀器和試劑通常以直接銷售進行買賣。

廠商

* 上游原料提供者：

包括診斷酶、抗原、抗體原料等，基本被跨國巨頭壟斷。中國上市公司中有利德曼、美康生物、科華生物等。

* 中游診斷試劑提供者：分子診斷強強合作

1. 生化診斷方面國產化率已超過 80%，但高端的全自動生化分析儀仍由外企主導。境內中生北控、科華生物、利德曼對市場的壟斷力強勁。

2. 免疫診斷方面，外企，如羅氏、西門子等佔據三級醫院高端的儀器和試劑市場。

3. 分子診斷方面：由於中國起步晚，大部份以中美合作方式共營儀器和試劑，以快速擴展分子診斷市場，例如貝瑞和康與 Illumina 合作；達安基因與 LifeTech 合作；華大基因收購 Complete Genomics 等。分子診斷近年來發展迅速，特別是第二代、三代測序新技術以及精准醫療新模式都大大刺激了分子診斷行業的快速增長。大陸目前基因檢測技術主要運用於個體化用藥基因檢測與無創產前 DNA 檢測 (NIPT)，兩者均是未來個體化醫療的重要前提，NIPT 以華大基因和貝瑞和康為代表。

4. POCT：POCT 由於有操作方便、使用簡單、檢測時間短等優點而廣泛應用於加護病房、急診室、救護車、家庭護理等領域，使用範圍覆蓋血糖、心臟標誌物、傳染病檢測等。其中血糖監測占 47%，膽固醇監測佔 12%、傳染病檢測 10%、血氣分析 9%、心臟標誌物檢測 9% 和妊娠檢測 7%。常規 POCT 企業包括萬孚生物、南京基蛋、北京熱景、邁克生物等。高端 POCT 廠商上市公司有理邦儀器和利德曼。參考來源：鼎鈞資本

＊ 下游外包檢測公司：

獨立檢測實驗室佔整個市場的 1.5%，其中廣州金域、艾迪康、迪安診斷等龍頭瓜分 70% 的市場份額。

第三篇 投資思維篇

3-1 美國生技股市觀察

3-2 新藥開發乃接力賽, 把握節奏, 就能投資順利

3-3 由台灣授權成功案例思考未來投資

3-4 新藥研發失敗原因

3-5 為什麼好公司沒有好股價

導讀

股票投資是個複雜的組合，很難科學化，不講理性，更多是心理面影響，尤其在台灣這個淺碟民粹的市場。本篇先以美國為例，帶入資金為何湧入生技股市的原因，再點出新藥開發的實際運作，最後分析台灣新藥股市狀況，期待台灣還是要以大層面看待生技產業發展，沒有股市的支持很難發展新藥，在美國也是一樣。另一方面生技公司必須負起社會期待的責任，莫以資訊不對稱埋葬大家的信心。而投資者自己也要做功課，不投機炒作，把公司未來的價值在同一年度追到不合理的高點。任何好公司過度追捧都會產生投資上的風險，相反的，被誤殺的低價好公司則買點浮現。

國際對新藥公司的價值評估有一套大家通用的方法，因較專業，本書未表，僅於附錄簡單描述，但歡迎討論，一起成長。

3-1 美國生技股市觀察

近幾年美國生技指數上漲是因療效的展現、藥價高漲和併購話題的刺激，加上資金寬鬆因素，大量金錢流入生技股市和創投部位。未來幾年雖有藥價變動因素，但在療效上專業分析機構仍樂觀期待新療法的誕生，因為更佳的基因編輯技術將大量縮短臨床前的治療設計，加速藥物的開發。

近年美國 NBI 生技指數衝高乃實質療效促成

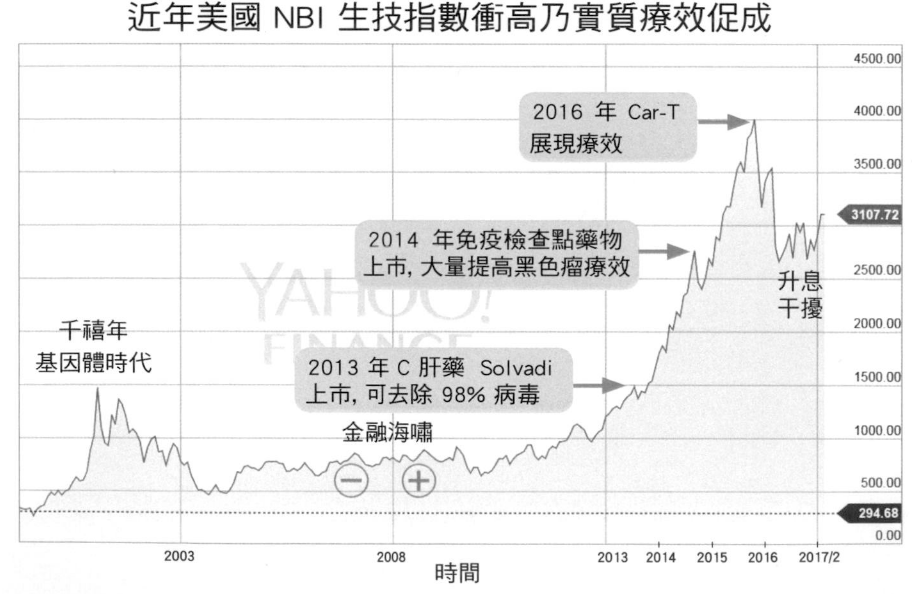

美國納斯達克的生技指數網羅全球創新生技上市公司數百家，NBI（Nasdaq Biotech Index）生技指數最能代表全球生技的風向。

回顧西元 2000 年前後的千禧年時代，當時美國正在瘋基因體解碼，媒體聲稱只要解開人類基因，就可開發無數救人的藥物，在這美好未來的刺激之下，NBI 指數衝到天頂！基因搞不懂沒關係，反正買股票就對了，這就是金融市場！是生技公司在騙人嗎？還是金融市場推波助瀾的結果？

如果大家有興趣研究股市心理學的話，就會知道追逐風潮是人類的本性，例如十八世紀的荷蘭鬱金香事件，只是現今換成高科技而已。

生物科技就是高科技的一環，卻是真正能夠解救生命的重要鑰匙！看看地球老年化人口一直累積，就不難理解醫護產業的功勞，因為醫護產業把不治之症變成慢性病，延長了人類的壽命。

所以看看 NBI 指數，即使在金融海嘯，全球股市一片悽慘時，NBI 指數還是挺得住。金融危機之後，生技指數更是大躍進，一路猛攻到 2015 年，才在美國升息聲浪和總統大選紛擾中向下修正。

相較於 2000 年那次的基因體泡沫，這次美國生技股的長線多頭除了資金寬鬆因素之外，其實是有實質療效的驗證，才有辦法支持指數大漲四倍，長達五年的生技長紅局面。

其中有幾個指標性的藥物突破現有治療瓶頸，而吸引各界。例如 2013 年 12 月 6 日被核准上市的 C 肝藥物 Sovaldi，乃第一個不須要搭配干擾素就可壓制 98% C 肝病毒的口服藥，由 Gilead 開發，藥價更是訂到單顆售價美金一千元，整個 12 周療程美金 8.4 萬元的天價，造成保險單位拒絕給付，而新聞愈吵，股價愈旺，也帶動指數衝高。雖然隔年二合一、三合一的 C 肝藥物紛紛上市，療效愈來愈高，療程愈來愈短，競爭十分的火熱。但是冷靜想一想，相較於愛滋病或 B 型肝炎，C 型肝炎的病程演進不是那麼急迫，Gilead 竟然有辦法把 C 肝藥價訂到比癌症標靶藥還貴，真是” 好東西就敢賣高價 “，也許它知道競爭者一路猛追，先賺先贏吧！商場競爭，我們也沒辦法說它錯，各方角度不同。

2014 年更不得了，免疫檢查點藥物 CTLA4, PD-1（請詳1-2-5-1）在無法治療的黑色素瘤上展現佳績，延長病人生命，除了最早取證的 Merck 和 BMS 以外，一下子所有大藥廠，包括 Roche, Novartis, Pfizer, Amgen, Sanofi… 全都積極開發免疫檢查點癌藥，深怕落人之後！

而一些中小型的生技公司，也紛紛把原先臨床中普普藥物，加上 PD-1 抑制劑，合併治療，只要 CEO 嘴巴說說，股價馬上大漲。而十幾個人的小臨床證明有效時，股價更是連翻滾了好幾圈，突漲十倍者不在話下！

所以 2014~2015 年美國股市主要在瘋免疫檢查點藥物 Anti-PD-1。而 NBI 指數也達到前所未有的樂觀，好像癌症從此要消聲絕跡一般。

當然不會！因為免疫檢查點藥物還是有所限制，例如有些病人沒反應，或有些病人有很激烈的副作用，而使用後的長期後遺症也還要觀察，不過，這是生技史上的大勝利，股市熱鬧慶祝也是應該的。

2015 年，NBI 指數開始有些動搖，因為美國聯準會的升息雜音不斷。但是一個 Car-T 細胞治療在血癌上的成功，又再度刺激 NBI 指數衝向高峰。

其實癌症的細胞治療研發一直都沒有間斷過，基因改良 T 細胞的想法也一直存在，雖然藥廠對細胞治療的規模化一直存疑，但投資銀行大力吹捧，加上媒體的用力報導，原先無望的病患女童 Emily Whitehead 又度過她人生另一個生日，摧人熱淚的故事也把 Kite, Juno 二家從研發界技轉 Car-T 技術出來上市的生技公司股價推向巔峰，羨煞一堆人。

這就是美國生技股市。這二家公司有獲利嗎？ 還沒有，其臨床實驗還在二期。所以生技股的特性是先看技術、療效，最後才是獲利。

更何況生技產業的分工合作已很清楚，生技公司專注研發，大藥廠專注行銷和臨床三期實驗，所以台灣投資者應該改變觀念，莫以電子股方式評估新藥公司！否則台灣很難發展醫藥。

事實上，台灣在某事件發生之前，台灣股市已和美國生技股市接軌，成為全球僅次於美國的新藥認同市場，吸引亞洲很多生技公司想來台灣掛牌。金融市場的支持是生技產業的最後一里路，由美國生技發展的軌跡就可驗證。上市是為募資，而股票市場的活絡會吸引更多資金投入台灣的生技發展，形成良性循環。可惜一二件單一事件使台灣生技產業受傷慘重。

台灣人口只有 2300 萬，人才有限，台灣新藥公司不可能遍地開花，只要幾個藥物進入國際，就是台灣的光榮。

期待大家以比例原則和正面發展看待台灣生技。新藥開發是艱苦的過程，我們相信台灣還有不少公司具有國際潛力，假以時日，台灣公司仍然會有不錯的表現。

投資者可以多增加自己的產業知識，多看看國際發展，以減少投資偏差的發生。

3-2 新藥開發乃接力賽，把握節奏，就能投資順利

新藥開發耗時十多年，很少有人可以從實驗室的研發陪伴到藥物上市，所以全球早已演化出最有效率的合作方式，即接棒開發。生技公司負責早期的藥物臨床驗證，後授權給國際藥廠以更大的資源完成更多臨床實驗，最後上市行銷。也就是臨床實驗各階段都有機會授權，而股價也會隨著臨床進展而有所上漲，建案的完工計價法不也是如此嗎？

而國際法人投資者也衍生出早期卡位潛力技術的投資策略，享受階段性成長的滿足感。

新藥開發乃接力賽

下圖是新藥開發在產業運作上的接力圖，一般中小型的生技公司根據專長，專注在其中的一段。有些公司對臨床前的毒理實驗最拿手，有些對臨床一二期的劑型生產或臨床設計最熟悉。當完成某些臨床驗證即可尋找下階段的接棒人。生技公司的獲利來自於授權，藥企公司來自於賣藥。

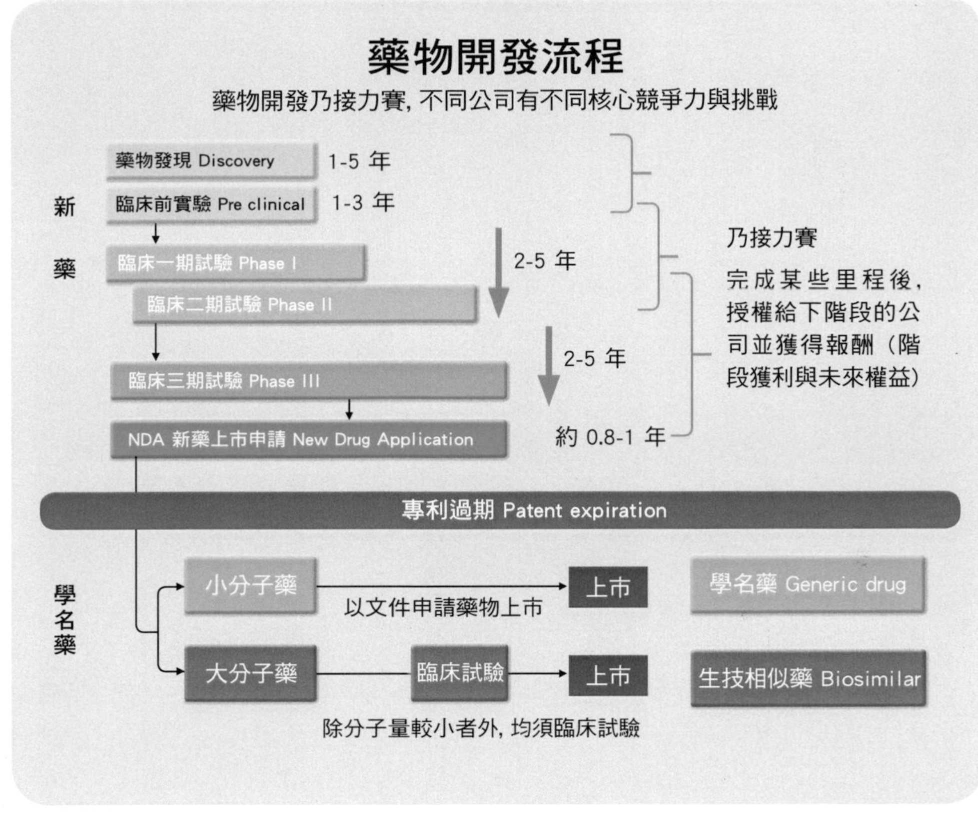

投資者投資新藥公司時請留意公司的營運模式，很多台灣新藥公司，如智擎、景凱、台睿、全福，都很清楚地表明公司以授權為主要獲利模式，而公司產品線愈多，其授權機率也愈大，公司價值當然也愈高，雖然每個品項的授權難易不同。

基本投資判斷

投資這類以授權為主的公司，除了藥物評估須要專業以外，一般投資者還是能抓到某些技巧，例如產品線多，團隊務實有經驗，股價又便宜時，就是好買點。之後追蹤公司重訊，看其臨床進度，掌握公司進展，看線型買賣，根據自己的口袋和獲利目標決定獲利出場或留一些長抱，其實投資新藥也沒那麼難，風險來自於短線過度追高！

3-3 由台灣授權成功案例思考未來投資

在所有產業裡，只有新藥有高度的專利和法規保護，原開發者可靠智財授權，分享後段不錯的營收分潤。

台灣近年新藥授權成功案例，包括智擎自行開發的安能得 (Onivyde) 胰臟癌新藥，授權給美國 Merrimeck，和太景開發的抗生素授權給中國二例。另外寶齡的腎病磷酸鹽吸收劑及中橡孤兒藥二案則是投資型案例。

這些都是跑完全程取得上市核可的藥物，至於階段性授權的新藥案例則更多了。

中裕案例則是另一狀況，由於多重抗藥性的後線愛滋病病患集中，所以中裕決定半自營，再逐一擴大市場，由後線往前線推廣，也是不錯的策略。

而由這些跑完全程的成功案例，我們要如何評估和投資未來類似案件呢？筆者喜歡小兵立大功，借力使力的案例，理由是台灣資源不多，若能善用國際力量，以小搏大，擠入國際藥物市場，就是企管課程裡面的成功典範。相反的，花一大堆錢押在未有競爭前景的產品，則應避免。如何知道有前景？多閱讀有用的資訊是必要的功課，天下沒有不勞而獲的長期運氣。

在所有產業裡，只有新藥有高度的專利和法規保護，可靠專利授權，分享後段不錯的營收分潤。台灣可以善加利用，早期開發，然後授權給其他國際公司完成後期。

部份留美專家認為台灣老是在為外國人賣命，故興起蓋大廠，獨力完成新藥的想法，這想法見人見智。台灣的研發環境、人才和資本市場與國外有差距，移植後不見得可以成功。Case by case，沒有一致性的答案。

不過，以財管原則來看，大公司傾九牛二虎之力，拿了投資者幾十億資金，只針對小市場，再加上可能失敗在半路的風險，也就是 ROE (return of equity) 或 ROA (return of asset) 不佳的公司，如果投資者不明就裡，又追價在高點，自然上漲空間有限，風險無限，必須小心。

中橡案例：託美國大廠的努力，躺著睡覺賺錢

台灣最早期也是最漂亮的授權成功案例是中橡投資的 Myozyme® 孤兒藥，讓中橡名符其實的躺著睡覺賺錢，每年貢獻好幾元的 EPS，比本業獲利還高。

中橡旗下的生技事業 Synpac 公司 2000 年授權龐氏症罕見疾病用藥給美國知名生技公司 Genzyme，即後來命名為 Myozyme® 的藥物。雙方於 2006 年達成協議，2006 年 Genzyme 支付第一筆權利金 US$22M (台幣 7.2 億元) 給中橡，據公開訊息報導，中橡 15 年內可分配的權利金總計 US$423M~821M (折合台幣約 140 億元到 270 億元)，其中包含未來每年藥物營收分潤的 13.5%，創下台灣新藥開發最高授權紀錄 (資料來源：中橡提供，2006/10/04 經濟日報公佈)。中橡等於躺著睡覺賺錢。投資六年就開花結果。

智擎案例：以小換大

以 US$20M 股本開發出美歐核准的胰臟癌用藥，換回 US$220M 授權金！
紮實的醫學基礎、臨床設計與國際合作。

智擎的 ONIVYDE 併用 5-FU/LV 化療藥療法乃歐美核准的胰臟癌二線用藥：

- 使用於標準藥物 gemcitabine 治療無效的病人。
- 乃第一個也是目前唯一被美國 FDA 和歐盟 EMA 核准使用於上述病患的藥物。

乃 2015 年 9 月之 ESMO (European Society of Medical Oncology) 治療指引，及 2016 年最新版胰腺癌第二線治療指引的第一級 (Category 1) 治療建議。資訊來源：2016 年 3 月美國國家癌症資訊網 (NCCN, National Comprehensive Cancer Network)

- 2011 年簽下授權總金 US$220M，2014 年再獲歐洲轉授權金收入，總計 US$266.5M，外加未來藥物營收分潤，根據法人預估大約 10~12% (公司尚未公布實際範圍)

智擎的 ONIVYDE® 原名 PEP02，乃是以 PEG 和 Liposome 包裹癌藥以增加療效的產品。其併用另外二個癌藥 5-FU 和 LV 的合併療法，於 2011 年臨床二期結束後，授權給美國 Merrimack 公司，並改名為 MM-398 (即後來的 ONIVYDE®)。授權總金 US$220M。

2014 年 5 月 MM-398 三期臨床實驗順利，同年 9 月 Merrimack 轉授權給 Baxter，最後於 2015 年 10 月成功取得美國和台灣藥證。2016 年 10 月又順利取得歐洲藥證，智擎可再分潤"再授權"金額 US$46.5M，總計 US$266.5M。智擎每年都有收入，2011 到 2016 年授權金總共收入為 US$73.5M，外加未來藥物營收分潤根據法人預估大約 10~12% (公司尚未公布實際範圍)。

智擎成立於 2002 年，PEP02 開發不到八年即成功授權 (含募資不順的延宕)，PEP02 的開發資金不到 20 億台幣 (由財報推測，非公司資料)，智擎堪稱小兵立大功的案例。

在這案例裡，有幾個重要關鍵期待讀者與雜誌從企業經營正面思考，莫只以金錢獲利評估生技公司，沒有這群人，我們也沒有藥醫！

- 斷然止血留下最大資源是企業經營必須具備的判斷：

  智擎以 NRDO (no research, development only) 模式開發銜接性臨床新藥，原本計劃開發 3~5 個產品，但後來進行實驗後發現有二項產品療效或毒性未有市場潛力，智擎馬上止血開發，這是很好的專業決定。我們要學會尊重專業，除非公司能力不佳，我們再來批評。

- 專業選擇乃成功之鑰：

  在 PEP2 的開發過程中，曾經測試各種癌症，但是最後選定胰臟癌，且加入合併治療方案，尤其合併治療這一拐點，造就了最後的成功。要合併什麼藥物？治療何種癌症？各藥物之間是加乘效果？還是互相抵消？對病人的副作用是加重還是可忍受？各藥物之間搭配的劑量如何才能有效而無太多毒害？要選擇第幾期的病患？醫生支持合併療法嗎？醫管單位同意嗎？這合併後的藥物市場定位在哪裡？……這些一連串的不確定性非常複雜，而每一步驟都須要實驗數字和決擇判斷，股東更是天天盯著看成果，換成是您，您承受的了嗎？新藥開發進入門檻高，享有高本益是應該的，當然混水摸魚者也要監督之。

- 國際共同開發加速藥證取得：

  台灣自己一直想要獨立完成某些產品，這是很好的目標，但要認清國際事實是通力合作，尤其在藥物開發這動輒數億美金的投資上。授權給歐美專業公司，協助台灣藥物站上國際舞台是很好的策略。智擎在早期開發上即與國際密切聯繫，加上自己的專業，快速取得胰臟癌二線藥，即使有人批評只是二線，但回頭想想智擎的股本和歐美公司相比，非常迷你，我們如果學會不要拿雞蛋和籃球相比，我們會對台灣更有信心！

請給新藥公司一些掌聲，只要公司誠信以待，我們投資者也與有榮焉。

寶齡案例：由更有經驗者完成全球佈局

寶齡富錦的腎病磷酸鹽吸收劑又是另一類成功。

寶齡早期投資由台灣旅美教授開發的檸檬酸鐵分子（Ferric Citrate），後技轉給美國 Keryx Biopharmaceuticals（NASDAQ:KERX），商品名 Auryxia®。Keryx 完成美國與日本約十八個臨床實驗，用以治療末期腎病及慢性腎病磷酸鹽過多和鐵離子不足的狀況。

開發檸檬酸鐵是一個聰明的想法，可以一邊吸收不利的磷酸鹽，一邊補充鐵離子，乃雙效設計，且療效甚佳，它可降低對鐵劑及紅血球生成素的補充各 52% 及 24%，為各國腎病病患省下不少鐵劑及紅血球生成素的支出；而鐵劑及紅血球生成素為全球知名生技公司 Amgen 的長紅暢銷藥（2010 年銷售金額 370 億美金），Auryxia® 對 Amgen 的紅血球生成素造成不小的威脅。美國甚至有分析師大膽預估 Auryxia® 最高營收可達十億美金。

雖然寶齡富錦最後的營收分潤必須與原發明者分享，但寶齡具原料藥權利金分潤，和中國市場營收主導權。

請投資者注意，寶齡並未分擔後來的全球臨床實驗支出，以大層面的策略而言，早期授權，讓更有經驗的公司協助完成全球藥證申請，這對當年股本僅有一億台幣的小公司而言，是一個相當成功的投資！

而寶齡股價有很長的時間是在 20~60 元徘徊，如果投資者仔細做功課的話，其實在興櫃股可以撿到很多好公司。

中裕案例

2016 年將愛滋病藥物 TMB 355 靜脈（台、美臨床三期）與皮下注射（臨床二期）單抗藥物授權加拿大上市公司 Theratech，總授權金最高 US$220M，銷售分潤 52%。

TMB 355 早期技轉自美國生技公司，中裕最後完成二三期臨床實驗。既然已走到最後一里路，當然要把營收分潤儘量留在自己的口袋，故授權小公司，前金少，後續力高。

喜康：生物相似藥與 Sanofi 簽下共同開發

2016 年 12 月，喜康授權賽諾菲，簽下數項生技相似藥（biosimilars）的共同開發。賽諾菲將支付喜康 2100 萬美元簽約金（upfront payment）、最高達 2 億 3600 萬美元的里程碑款（milestone payments），以及上市後銷售權利金（sales royalty）。賽諾菲可優先取得喜康 4 個研發中的生物相似藥 - 包括 JHL1101（rituximab 原廠商品名Rituximab®），JHL1149（bevacizumab 原廠商品名 Avastin®），JHL1188（trastuzumab 原廠商品名 Herceptin®），以及 JHL1228（adalimumab 原廠商品名 Humira®）的中國市場權利。

本案例屬於共同開發，Sanofi 以高於市價的價格取得市場權利，照理來說股價應該反應到授權價格之上，因為 90 元是專業機構計算出來的每股價值。台灣股市與專業脫軌，除了台灣主管單位及投資者均須加強國際接軌知識以外，公司本身的投資人關係也應好好維護才是，莫取得營運資金就不管股價，非長期之道。

東生華

類風濕性關節炎 Biosimilar 台灣三期臨床成功，中國市場探詢與授權中。

德英

植物藥軟膏使用於鱗狀皮膚癌，台灣三期臨床成功，美國二期臨床中。

台醫

2005 年臨床一期時授權德國百靈佳公司，權利金收入 US$5M。

醣聯

2009 年臨床剛進入一期時授權日本大塚製藥 US$3M。

小結

新藥開發是全球如火如荼大力競爭的產業，台灣辛苦耕耘三十多年，也吸引國際大藥廠的高階主管加入共襄盛舉，例如法國第一大藥廠 Sanofi 的科技長加入生控基因，美國輝瑞的高級藥物副總加入台睿，而全福生技也組織國際藥物開發團隊，藥物開發迅速⋯，台灣還有更多好公司，不要因為少數公司暫時的臨床實驗失利而放棄國際機會。

3-4 新藥研發失敗原因

很多人參考學術報告中的統計數字，描述新藥失敗率高達八成，五成…各種數字都有，為何會有這些差距？主要端看統計取樣的起始點和樣品條件而定。

是從體外篩選算起？還是從進入動物實驗後起算？是統計癌症？心血管疾病？感染性疾病？還是精神科疾病？若是癌症的話，是那種癌？該統計只統計全新藥物 505(b)1 還是包括改良劑型的 505(b)2？是蛋白藥或小分子藥？…

由於不同藥品，不同適應症所造成的失敗率差距甚大，因此看統計數字時，必須詳查背後設定的條件，小心斷章取義所造成的誤判。

由於投資是在賭單一公司或單一產品，故統計數字僅做產業投入時的參考，投資者更在乎的是“我投資的公司到底會不會成功？”

全球每年登錄於 Clinicaltrials.gov.com 網站的臨床試驗案件數高達數千件，2015 年登錄在案者就有 7,171 件，很多是小實驗，或主要實驗所分出來的次要觀察。這幾千件的臨床試驗中，決定成敗的關鍵性實驗（Pivotal study）僅有 25 件。

如果僅就每年數十個關鍵性臨床實驗來談的話，新藥失敗的原因籠統歸納如下：

★ 藥品本身不佳：

若是藥物本來就沒療效或療效不佳，再好的團隊也不容易逆轉勝。這必須要有專業藥物開發經驗者才有辦法推敲。對大部份的個人投資者而言有難度，所以有些人會參考是否有專業創投投入，再於公司上市時做個人跟投。在美國專業生技創投較多，較能做為個人投資者篩選新藥的指標。但也不是每家創投都有好的 track record。近年美國創投大量聘請醫生或醫藥專業者評估生技，掌握度比十年前優秀許多。

★ 臨床設計不佳：

有時候藥物療效還可以，但臨床設計錯誤也會造成無法達到統計上的差異。這方面學問很深，也涉及到不同的藥物和適應症，無法於書中簡單描述。如果藥品不佳，在動物實驗或臨床一期時就應該放棄，以節省資金和時間。如果是進入晚期階段才發現立論錯誤，則不易挽回，因為頭已洗了大半，投資者的資金和信心都會受傷慘重。

★ 團隊能力不佳：

不同藥物有不同特性和屬性，例如化學藥和蛋白藥分屬不同次產業，即使是化學藥也有各種不同的化學結構和特性，均得重新研究。而使用於癌症或心血管疾病等等不同的適應症更是南轅北轍。團隊必須對其藥物的發展和臨床應用有不錯的經驗，才能提高把握度。在管理上，有成功經驗者較有管理智慧，但也必須兢兢業業，因為全球競爭是動態性的，在製藥業也是如此。

而其他造成藥物（包含改良劑型的新藥或學名藥）投資失敗的原因有：

★ 未有市場策略：

公司可能太科學導向，對其藥物的市場進入或通路未有規劃；這可經由策略合作彌補之。

★ 時間拖太久，失去先機：

這是台灣島內人最大毛病，缺少國際競爭意識，以為只要乖乖遵照政府法規進行就可以水道渠成，而忘了台灣市場太小，等完成台灣程序，國外商機早就沒了。建議國內外管道均須佈局，而且要積極，因為市場不等台灣人。台灣在細胞治療、基因檢驗，都是先跑後到，甚至還沒到，而輸給周遭國家的。

台灣法規不友善，主管機關公公婆婆太多，也是阻礙科技發展的原因之一。

★ 投資者關係不佳，募資不順：

巧婦難為無米之炊，投資者的信任和支持是公司成功的基石之一，須誠心對待支持公司成長的投資者。失敗案例中有些並不是技術不佳，而是關係不佳，或關係冷淡。資金若是斷炊，再偉大的理想也無法實現。

3-5 為什麼好公司沒有好股價

新藥公司沒獲利，不易由財務數字判斷潛力，而觀察台灣國際新藥公司的市值與其藥物在國際市場上的潛力，高估或低估者均有，筆者將原因依不同面向歸納如下：

來自公司方面的股價偏低因素：

★ 臨床進度落後於原先規劃過久（例如二年以上），投資者失去耐心。

★ 同類型的藥物產生競爭，或對手打擊。

★ 技術太高端，公司又無法簡易表明利基，故股價偏低。

★ 科學研究者主導公司運營，管理效率不良。

★ 公司高層未在國內，或發言人未被授權，無法即時解答投資者疑慮。

★ 高層對技術或臨床結果過度樂觀，與國際同儕差距過大，或臨床試驗等級、人才或資金資源不對等，使投資者不信任。

★ 原股東大量賣股，換手不順。

★ 同業臨床失敗，被拖累。

★ 其他各產業均會發生的共同問題：例如財務不佳、財務不實、股權有異或太複雜、非關公司基本面的干擾性新聞過多、政治不正確、得罪媒體…等等因素。

建議生技公司莫閉門造車，必須建全組織，引進國際人才，並重視公司治理與社會責任問題，才能產生良性互動。

來自投資方造成的生技股價波動原因：

★ 生技技術不易懂，只以價格評估進出場時點。

★ 人云亦云一面倒，造成過度追捧或過度保守。

★ 以電子股獲利期待評估新藥，無耐性，短線操作。

★ 受媒體影響，包括電視、雜誌、投顧公司、Line 傳言，而忽略公司競爭力。

★ 受國際生技指數影響。

★ 淺盤股市，資金不足，風吹草動就賣股，造成壓力。

★ 對台灣整體環境沒信心。

★ 有其他投資標的。

筆者發現很多新藥投資者連該公司做什麼藥物都不清楚就投資了，因為謠傳股價上看xxx，這類的投資者會有二種反應，一是短線看不到價差就走人，如果對方持股又不小的話，容易造成公司股價大跌。另一種反應是股價腰折只好變長投，一回到壓力線之上就趕快賣出，造成新進者觀望。

投資者還是要自己做功課，才不會有低賣高買的自殺狀況。

來自承銷商的因素：

有些承銷商案件過多無法同時照顧多家公司，或者沒有新藥研究員，無法適時造市，這在興櫃尤其常見。所以到興櫃撿便宜的好公司，有時不失好的投資策略。

來自政府的原因：

稅改的不公平是台股資金外移的主要原因。另外，政檔輪替所造成的無奈，影響所有的產業，在此無須贅述，這是老百姓最無力的地方。老百姓只希望有穩定明確的國家政策，不要朝令夕改，或換個政黨換個腦袋，搞得大家無所適從。不穩定的社會，股市很難突破。在此情形之下，優秀的國際新藥公司也不容易在股價上獲得股民支持。

政府機關對新藥業者主要影響包括：

★ 金管會管理原則

★ 櫃買中心審議會對新藥的看法

★ 工業局高科技推薦標準

★ 新藥臨床試驗審查效率

我們感謝政府相關單位對生技產業的促進和獎勵，使台灣生技三十年有成，小小台灣已有多家進入國際舞台。

然而把關單位多頭馬車，多方窗口，沒有負責勇氣，行政效率低落，是政府最應該要加油的地方。

另外過度民粹，常為單一事件進行全面監管，一直被詬病，建議回歸專業治國軌道。

小結：向上提升而不是向下限縮

我們認為生技公司除了技術開發以外，也應尊重公司治理，更應強化國際競爭力與國際曝光度，以挑戰國際市場為目標；另一方面，我們期待政府給與生技產業安定發展環境，而不是只喊空洞的政策口號。此外在滙集國外專家給藥方的會議裡，能加入了解台灣產業現況的人士，以免產生過度落差，而且要有追蹤政府單位成效的機制。在資金募集方面則希望能多網開一面，使國外資金和民間資金能大量協助台灣生技公司進軍國際，不須要拒絕國際入股，反而應該鼓勵之。

第四篇　個案篇

導　讀

距離四年前台灣掛牌生技公司以學名藥或通路為主的產業形態，目前以研發為主並接軌國際的生技公司如雨後春筍般的出現。有營收的公司大家容易判斷，而研發型的生技公司則有專業的國際評價方法，讀者可以另外參考專業研討會或附錄的簡易評價描述。

雖然新藥開發有風險，但新藥也是極少數可以利用專利和早期臨床數據換取收入和未來分潤的產業。而什麼樣的藥品和市場缺口容易趨動授權，則是讀者可善加研究的地方。

本篇列舉部份掛牌生技公司，分析其國際競爭優勢，非股票推薦，產品進展請讀者以公司資訊為主。

類別	個案舉例	國際競爭特點
新藥開發	中裕	愛滋病單抗／靜脈劑型取得突破性療法。
	聯生藥	擁有該族群最佳的愛滋病單抗藥物 best in the class, 並有多項蛋白質藥物在臨床前開發期；公司具蛋白藥生產工廠。
	心悅	採用 2~3 個治病機制, 篩選安全性分子以開發精神疾病用藥, 如精神分裂、重度憂鬱症、失智症等。 二項成人精神分裂用藥取得美國突破性療法。
	藥華	生產單一成份的干擾素長效劑, 善用孤兒藥優勢, 開發紅血球增生等血液性疾病。
	景凱	針對肝發炎開發新藥, 進入國際火紅開發領域。
	生華 (無個案分析)	創新機制的癌症小分子藥物開發, 針對多種腫瘤, 可修復腫瘤 DNA 並具多種治病機制。
	亞獅康 (無個案分析)	為跨國新藥研發公司, 專研免疫療法與標靶抗癌藥物, 包括 ASLAN001 (pan-HER 抑制劑)、ASLAN002 (RON, 免疫檢查點) 和 cMET 抑制劑等。
	台睿	針對轉移性惡性腫瘤的脈管增生開發新藥, 佐以較低風險的針劑開發,並擁有改良口服癌藥劑型的平台。
免疫治療 平台公司	生控基因	以去毒並加強 T 細胞免疫反應的治療性疫苗開發為主, 針對子宮頸癌, B 肝進行臨床實驗。
生技相似藥	喜康 (請見第 156 頁)	已取得法國 Sanofi 授權金及入股, 開發四項 Biosimilar 產品。
	台康 (請見第 157 頁)	專攻 Her2 Family 藥物, 開發 Biosimilar, bio-better 及 ADC 新藥；並具 CDMO 營收。
第一上市 學名藥公司	漢達	針對二項暢銷藥已取得 First To File 競爭優勢。
大通量檢測	博錸與瑞磁	結合國際生技檢測與台灣電子高端科技, 開發以 BioCode 晶片辨識蛋白質或基因的技術, 可同時辨識上萬個標的物, 比羅氏現有的螢光檢測更快速更有效率, 適合大數據分析使用, 故加入個案分析中。

中裕新藥股份有限公司 4147.TT

Taimed Biologics, Inc.

愛滋病單抗靜脈劑型取得突破性療法

- 成立於 2007 年 9 月
- 2016 年實收資本額：24.7 億台幣
- 定位：國際性愛滋病藥物開發
- 產品線：

產品線	性質	病患對象	2016年進度
TMB 355 Ibalizumab i.v.靜脈劑型	Anti-CD4愛滋單抗 授權 Theratechnologies	針對多重抗藥性，無藥可醫的AIDS 病患	靜脈劑型完成臨床三期 Ibalizumab已獲美國FDA的"突破性療法"及"孤兒藥"資格
TMB355 i.m 肌肉劑型	同上	同上	一月施打一次。公司表示靜脈上市一年後，預計申請Label extension，省掉臨床實驗
TMB 365	TMB 355的第二代	待公司確認	醣 IgG1，顯著改良抗藥性，藥物安定性，及藥物動力學；藥效提升，劑量下降
TMB 607	HIV的蛋白酶抑制劑 小分子奈米長效劑型.本案須付權利金與原開發者加拿大Ambrilia Biopharma.	同上	皮下與肌肉之長效劑型於2016/12美國開始收病人
雙效抗體	TMB 355的第三代		臨床前
HDAC 抑制劑	ADC含藥抗體		臨床前

資料來源：公司網站

TMB-355 (Ibalizumab) 治病原理

愛滋病的病毒是 HIV, HIV 攻擊人體免疫系統中的 T 細胞，造成人體無防禦外來細菌或病毒的能力，所以愛滋病的正式名稱為"後天免疫缺乏症候群 (Acquired Immune Deficiency Syndrome 簡稱 AIDS)"。

TMB-355 可阻斷 HIV 侵入人體細胞的"門", 屬於 Entry Inhibitor 藥物的一種。 TMB-355 的優點是可以擋住 HIV, 而不影響人體的免疫功能。

* 2015 年獲美國突破性療法。

* 2016 年 3 月授權加拿大 Theratechnologies 公司 (含靜脈與皮下劑型)。

* 2016 年 10 月靜脈劑型臨床三期成功。

* 皮下注射劑型開發中。

關於 ibalizumab 的臨床三期試驗

- 臨床實驗名稱：TMB-301。
- 針對病患：已接受過治療並具有多重抗藥性的 HIV-1 陽性病人。
- 病患數：40 人。
- 臨床設計：單一組別，使用 ibalizumab 24 週再加上"最適背景療法"的臨床試驗，比較用藥前後的療效 (註"最適背景療法"乃指由醫生依據各病人狀況，給與最適合的用藥，然後比較同一病人用 ibalizumab 之前與之後的差異)。
- 主要評估指標：ibalizumab 施打 14 日後的抗病毒能力。
- 施藥方法：試驗一開始有七天的控制期，這期間病人會持續使用原先已失敗的抗病毒療法。控制期後，在原本的療法中加入靜脈施打的 2,000mg ibalizumab。之後每兩週靜脈施打 800 mg ibalizumab，為期 24 週。

- 結果 (2016 年 10 月 29 日報告)：其第 14 天與基線 (第 7 天) 相比，83% 的病患病毒量下降大於 0.5 log10，統計意義 ($p<0.0001$)。從 7-14 天，60% 的病患病毒量下降大於 1.0 log10 ($p<0.0001$)，平均病毒下降量為 1.1 log10 ($p<0.0001$)，在這期間沒有與治療相關的嚴重不良反應或藥物停用。
- 未來前景：如果被 FDA 核准，ibalizumab 將會是第一個針對具有高度抗藥性愛滋病患有效的長效型生技藥品。
- 市場：美國愛滋病抗藥性人數約 20,000~25,000 人 (中裕提供)。

授權活動：

- 公佈時間：2016 年 3 月
- 授權對象：加拿大上市公司 Theratechnologies (TH)
- 授權內容： 為期 12 年，含美、加地區的獨家銷售契約，包括 TMB-355 靜脈注射及未來開發的肌肉劑型。
- 授權金：中裕簽下最佳銷售分潤 52%，並著重未來一月一次長效肌肉劑型的開發：
    - 簽約金 200 萬美元，前期金 850 萬美元。其中 100 萬美元簽約金和前期金 300 萬美元以等值的 TH 股票交易。若完成每月施打一次的肌肉劑型，權利金最高可達 5,000 萬美元。
    - 淨銷售額中裕分潤 52%。(註：主要重點所在，因為本藥終端售價預估可達四萬美金以上，中裕欲保留最大利潤於中裕股東身上)。
    - 銷售里程金：連續四季銷售合計達 2,000 萬美元時，里程金為 700 萬美元；年銷售額達 2 億美元時，里程金是 1,000 萬美元；年度銷售達 5 億美元，里程金為 4,000 萬美元；年度銷售 10 億美元，里程金為 1 億美元。

中裕投資觀察

營運策略部份：

- TMB355 取得突破性療法，以少少40人數據就有機會拿到藥證，為公司按個"讚"，雖然所費不眥，幸好其有富爸爸。
- 由於單抗藥物每一療程高達數萬美金，中裕本次授權協議取得 52% 的淨銷售額分潤，將創造長期不錯的穩定獲利，策略運用相當成功。

營收部份：

- 靜脈劑型預計 2017 年 Q3 取證（公司資訊）。
- 授權協議主在營收分潤的利益，故營收數字為追蹤觀察重點。短期主看靜脈劑型。中期觀察肌肉長效劑型的市場滲透率。
- 肌肉劑型權利金上看 US$50M，但 TH 能否支付尚待觀察。如果靜脈獲利不錯，TH 即有能力支付。
- 營收分潤所創造的穩定獲利比權利金收入更值得觀察，因為單抗藥物每一療程高達數萬美金，很快就會超越一次性的權利金獲利。

研發部份

- 我們更期待看到第二代療效更強，使用劑量更低的 TMB365 進展，此產品可望更有效地阻擋 HIV 病毒。
- 然而聯生藥的 UB421 愛滋單抗產品已在臨床二期。
- 我們樂見二家台灣優質公司為國際愛滋病患貢獻心力。二家公司雖有競爭關係，但仍比美國大廠的藥物更佳！白話詮釋：UB421 擋住大門主控室 CD4-D1，TMB355 擋住大門 CD4-D2，其他藥物只擋偏門-CXCR4，CCR5，二家公司我們都支持！

聯合生物製藥股份有限公司 6471.TT

United BioPharma Inc.

具最佳的愛滋病毒阻斷單抗藥物 UB-421
＋多項國際潛力蛋白質藥物

各藥物阻止 HIV 病毒進入的方式

擋住 HIV 上面的 gp120,
使無法搭上免疫細胞
VRCO1(NIH)
3BNC117(Celldex)
10-1074(Celldex)

gp120

愛滋病毒

阻擋 CD4 第一道門者：
- 聯生藥 UB-421 擋住 CD4 的 Domain 1
- 中裕 TMB-355 擋住 CD4 的 Domain 2

UB-421

TMB-355

CD4 受體

擋住 CCR5 使 HIV
進不了第二道門
PRO 140 (CytoDyn)

CCR5
Co-recepter

宿主細胞

UB-421 和 TMB355 擋大門, PRO 140 擋偏門

CD4 上的 D1 重要性高於 D2。另外 UB-421 與 CD4 的結合力高於 TMB355 (affinity： 0.057nM v.s. 0.080nM 資料參考來源：聯生藥法說)。

科學複習

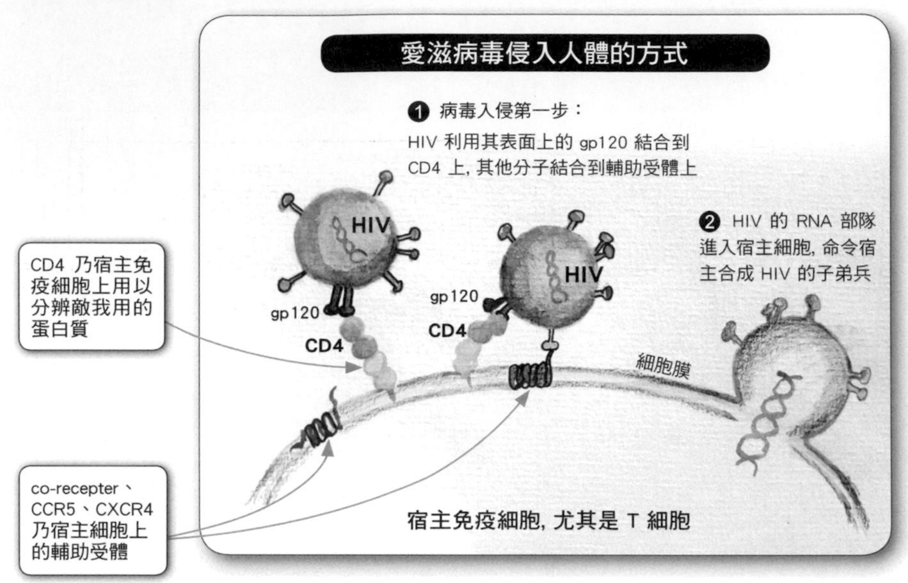

CD4 (cluster of differentiation 4) 是位在免疫細胞上面的醣蛋白，主要用於 "分辨異我用"。免疫細胞必須分辨誰是自己人誰是外來者，才能做出攻擊或放行的動作。免疫細胞中的 T 細胞、單核球、巨噬細胞或樹狀細胞，其細胞表面都有 CD4 受體。

CCR5 或 CXCR4 是宿主細胞表面的輔助受體 "Co-receptor"。

- 愛滋病病毒感染

  愛滋病病毒 HIV 主要經由 T 細胞上面的 CD4 受體侵入人體，搗毀人體的免疫系統。

  HIV 入侵後，表現 CD4 的 T 細胞數目會快速減少，而被當成評估愛滋病病情的計量方法，例如 1mm^3 血液中含有多少 CD4 cells，在歐洲病人血液中的 CD4 細胞降到 500-1200 cells/mm^3 時就視為該治療的病患。美國較寬，以 350 cells/mm^3 為界限。

- 療效指標

  在療效指標方面則以病毒數 (viral load) 的降低量為主。

UB-421 具單獨用藥優勢

UB-421 為阻擋細胞表面 CD4 的單株抗體，主治愛滋病，與中裕的藥物一樣，均是阻擋愛滋病毒進入人體細胞的蛋白質藥物

不同點在於 UB-421 阻擋的是 CD4 上面的 Domain 1，和病毒直接競爭，故阻擋力較佳。據聯生藥資料顯示 UB-421 與 CD4 的結合力高於 TMB355 (affinity: 0.057nM v.s. 0.080nM)。UB-421 臨床二期設計為單獨使用，可直接降低愛滋病毒量達 2.5 log (PIIa, repeated dose, monotherapy)。而中裕 TMB 355 阻擋的是 Domain 2，為非競爭性抑制點，也就是說 TMB- 355 單獨給藥時容易產生病毒反彈現象，故 TMB355 須搭配其他療法，而 UB-421 可以單獨使用。

註：D1 domain 為主要 MHC II 分子結合點。D2 不是 (資料來源：Freeman MM, et al.(2010) Crystal structure of HIV-1 primary receptor CD4 in complex with a potent antiviral antibody. Structure 18: 1632-1641)

由於二藥特性上的不同，故臨床設計也不同，UB-421 也許會走授權大藥廠路線，而 TMB-355 已走授權小公司以取得高營收分潤路線。另外因為二家公司的臨床進展有時間上的差距，故投資者無須只擁護一家。

聯生藥另外有其他產品線，如下表，其中 UB-621，UB-221 均值得觀察。

聯生產品線：資料來源 2016 年公司網站

產品線	適應症	臨床階段 Pre　P I　PII　PIII
UB-421	愛滋病，HIV 感染	→
UB-621	單純疱疹病毒感染	→
UB-221	過敏，氣喘	→
UB-923	NHL 淋巴癌，類風濕性關節炎	→
UB-925	胃癌，大腸直腸癌等	→

餘為生物相似藥，如 Herceptin, Humira, Avastin

藥華醫藥 6446.TT

PharmaEssentia Corporation

志在取得紅血球增生疾病一線藥

- 實收資本額：新台幣 21.84 億/2016年。
- 產品：單一成份的干擾素長效針劑，自行生產。
- 營運：生產單一成份的干擾素長效劑，藥效長，副作用低。公司善用孤兒藥優勢，以少數病患驗證在紅血球增生等血液性疾病上的應用。若美國臨床實驗也成功，有望成為紅血球增生的一線藥。之後再擴及其他適應症。
- 臨床進展：紅血球增生疾病之歐洲三期臨床實驗已過關；與現有化療藥HU同等療效，但在安全性上則顯示不錯競爭力。
- 競爭性比較：與 HU (Hydroxyurea) 相比，無致癌危險。HU 療效雖較快，但有致癌疑慮，尤其在較年輕病患的使用上。即使無致癌疑慮，HU 畢竟是細胞毒殺性化療藥，市場還是較受限。
- Off-label use 疑慮：有正式臨床驗證者才是正宮。何況各種干擾素的成份、劑量和副作用均不同，PV1101 仍有其市場。但是美國總統歐巴馬任期屆滿前通過可以臨床實績申請藥證，現有干擾素是否也可在紅血球增生疾病上扶正，則待觀察。
- 改成 Non-Inferiority 非劣性的疑慮：歐洲臨床三期收取病情較早期或較輕的病患，療效指標與臨床終期指標也隨之更改，乃策略運用（舉例來說，輕度病患脾臟可能未腫大，難以見到的脾臟縮小的療效，故改成非劣性對藥華較有利）。
- 未來：公司 2016 年底未公佈 PROUD-PV 臨床三期的全部數據，而另一分析分子療效的臨床數據也未出爐（CONTINUATION-PV），目前尚難評估其市場競爭力。

藥華產品線

藥名/成份	適應症	2016年臨床實驗階段	競爭分析
P 1101 IFN-PEG	PV (真性紅血球增生)	歐洲：2016/12/臨床三期過關 美國：2017入	二週一劑，副作用較現有干擾素低。 孤兒藥，市場獨銷權7年
	ET (血小板增生)	2016年Q3入美國三期	
	CML (慢性骨髓癌)	歐洲：Phase II	
	PMF 骨髓纖維化	美：Phase II	
	B 肝	PII/III	B肝目前仍無抗病毒藥物
	C 肝 Genotype 1	PII	剛上市不久的C肝藥物已出現抗藥性，且價格過高，低副作用的干擾素仍有市場
	C 肝 Genotype II	台韓：PII/III	同上
Oraxol	乳癌	PII/III 待拉丁美洲結果出爐	藥華目前僅有台灣市場，未來爭取亞洲市場
K X01	牛皮癬軟膏	PII 中國，台灣	體外實驗佳
PEG-GCSF	白血球缺乏 (Neutropenia)	PI	長效劑型
PEG-EPO	貧血	PI	長效劑型

PV=polycythemia vera 真性紅血球過多症

ET=essential thromocythemia 血小板增生

PMF=myelofibrosis 骨髓纖維化

CML=Chronic Myeloid lymphoma 慢性骨髓癌

有關干擾素：

干擾素（interferon 簡稱 IFN）是動物細胞在受到某些病毒感染後所分泌的糖蛋白，當細胞受到病毒感染時，會立即製造出干擾素以抵抗病毒，並同時警告鄰近正常的細胞，提高警覺，以防病毒入侵。

- 1957 年由英國發現，累積 40 年的研究得知干擾素除了抗病毒外，還有抑制癌細胞生長、促進細胞分化和增強免疫力的功能。
- 但是干擾素在人體的含量極低，必須另行施打。
- 干擾素目前主要可分三大類：其中 IFN-α 在體內半衰期長達 4-16 小時，最常被使用。可肌肉或皮下注射。
  - α型干擾素（IFN-α）由免疫細胞產生：其中 α2a 半衰期較長，較穩定，2b 較短，但藥華已克服此問題，可二週或四週打一劑。
  - β型干擾素（IFN-β）是由纖維母細胞產生；
  - γ型干擾素是（IFN-γ）由 T 細胞及天然殺手細胞產生。
- IFN-α 引起的副作用：主要為"類流行性感冒徵候群"。例如：發燒、發冷、肌肉骨骼酸痛、失眠、食慾不振、體重減輕與疲累。

干擾素的治病功效

對 IFN-α 的生物活性及作用機轉的研究，目前仍在持續進行中。目前已知的作用包括：

* 抑制病毒的複製
* 增強免疫細胞對癌細胞及受病毒感染細胞的殺傷力
* 刺激癌細胞及病毒感染細胞表現第一類不相容抗原於細胞表面，使這些細胞易於讓免疫細胞辨認而被消滅
* 抑制癌細胞核酸和蛋白質的合成，使細胞生長停滯
* IFN-* 可影響約 40 種和癌症生成有關基因的表達，包括 JAK2 基因。

干擾素可影響約 40 種和癌症生成有關基因的表達，包括 JAK2 基因，所以藥華的歐洲夥伴 AOP 製藥公司把干擾素應用於血球增生類疾病的驗證上。

註：AOP Orphan Pharmaceuticals AG，成立於 1996 年，為歐洲小有名氣的特色藥廠，專注於特定藥物的開發與行銷。

藥華干擾素的優點：

藥華主要產品為 PEG（一種聚合物）鍵結改良的干擾素（IFN-alpha-2b)-P1101，藥華使 IFN-alpha-2b 更穩定，以達到二週施打一次的劑型。

- P1101 為單一成份的 IFN，在製造和確效上較以往的 IFN 簡易許多。
- 藥物進入體內的代謝行為與羅氏製藥的 PEGASYS 類似，但半衰期更長 (66hr v.s. 16 hr)。

P1101 的專利保護：

藥華於干擾素的某定點鍵結 PEG，使變成長效，專利保護至 2023 年。競爭者要模仿甚難。

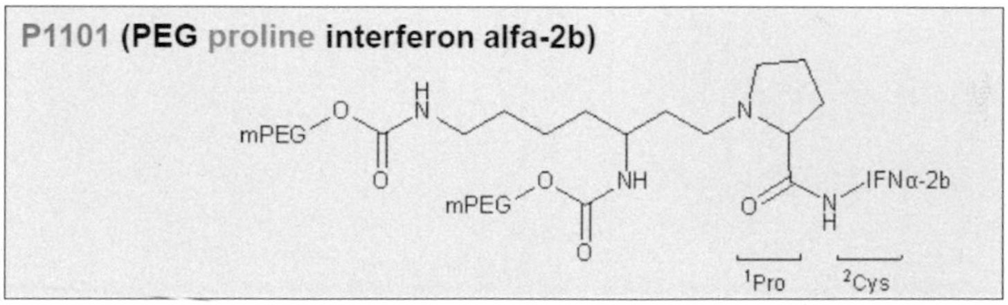

P1101 (PEG proline interferon alfa-2b)

資料來源：藥華醫藥(股)

由科學認識干擾素競爭力：

干擾素是人體本身即有的保護措施，可廣泛性地消除不正常的基因突變或抵抗外來感染。

干擾素在細胞傳導上比 JAK2 基因更上游，也就是說控制性關口更佳。然而在新藥開發上，目前潮流是愈來愈靶向，只針對 JAK2 基因突變進行抑制的 Jakafi® （美國 Incyte 公司開發)，雖然療效不特別明顯，只能讓脾臟縮小和減少衰弱，仍取得藥證，並定價高昂。

本書不評論 JAK2 靶藥的新藥開發，畢竟它有其開發與研究上的意義，以下只針對科學方面提供資訊。

> Jakafi (Ruxolitinib) 2011 年取得治療骨髓纖維化藥證，2014 取得治療紅血球增生藥證。其使用於對 HU 無反應的紅血球增生病患上，乃二線藥。

慢性骨髓性增生疾病 (Chronic myeloproliferative diseases，簡稱 MPD) 是一種由幹細胞衍生出來的血液疾病，其主要的表現為骨髓系列之細胞大量增生而導致病徵。

慢性骨髓性增生疾病主要分為兩大群：

- 典型：
  - * 慢性骨髓性白血病 (簡稱 CML)
  - * 真性紅血球增生病 (簡稱 PV)
  - * 本態性血小板血症 (簡稱 ET)
  - * 原發性骨髓纖維症 (簡稱 IMF)
- 非典型：
  - * 慢性嗜中性白血病
  - * 慢性嗜伊紅性球白血病

這些疾病起因雖不同，但臨床表現卻有相似之處，例如血球會增生、阻塞血管，造成血栓，或脾臟腫大等等，病人隨時要放血。

慢性骨髓性增生如果由肇病基因－費城染色體 (Phildelphia chromosome) 來區分的話，可分為：

- 陽性
- 陰性：如 ET、PV 和 IMF。2005 年發現此些病患與 JAK2 基因突變有關。

高貴靶藥 JAK2 抑制劑的含蓋性有限

JAK2 基因突變，主要發生在 JAK2 的第 14 個外顯子 (exon) 上，其第 1849 個核苷酸序列由原本的 G 轉為 T，造成原來的第 617 位置上的胺基酸由 valine 轉變為 phenylalanine (V617F)，而此單點突變也造成了 JAK2 之作用增加。

目研究顯示有超過 95% 的 PV 病患 JAK2 基因變異，但在 ET 和 IMF 上僅 50%~60% 有病異。這使位於更上游關口的干擾素有更大勝出機會。JAK2 屬於 Janus 家族的一員，它是一個細胞質內帶有 tyrosine kinase 的一種蛋白酵素。因為它位於細胞內，因此必須結合於特定的接受器 (receptor)，例如：紅血球生成素接受器 (EPO receptor)、血小板生成素接受器 (TPO receptor) 等，才有功能。

正常情況下的 JAK2 和接受器均須有特定的激素刺激，才能活化並開啟下游訊息傳遞的功能，若是一個擁有 JAK2 突變 (JAK2 V617F) 的骨髓細胞，那情形就不一樣了。此類細胞不須特定激素刺激，也能不斷地活化下游基因，因此造成細胞不斷增生。

雖然 JAK2 的突變和 MPD (慢性骨髓性增生疾病) 有關，但仍有許多待解之處。(醫學資訊來源參考自高雄醫學大學 血液腫瘤內科)

PV1101 潛力

美國的 Incyte 公司開發了 JAK2 抑制劑，商品名 Jakafi®，療程定價高達 11 萬美金。Incyte 自估 2016 年 Jakafi® 全年淨營收可達 $825m (source：Incyte company /2Q2016)。

PV1101 將申請美國臨床三期實驗，未來臨床進展、定價和營收均未知。但期盼看到 PV1101 在分子層次上的療效 (待 CONTINUATION-PV 臨床結果出爐)。

PV1101 歐洲三期數據 (2016/12/4)

- 試驗結果：已達主要療效指標與整體試驗目標。另外發現對照藥物化療藥 HU 的致癌性
- 試驗目的：評估 PV 病患的療效、安全性與耐受性。
- 病患數：260 人，分佈於歐洲 14 國，50 個臨床試驗中心。
- 病患條件：含未曾接受細胞減抑療法或曾經服用 HU (hydroxyurea 愛治膠囊) 的患者。
- 主要療效指標：12 個月治療後 PV1101 的完全血液學反應率 (CHR) 非劣於 HU。
- CHR 定義：血容比、白血球與血小板數量恢復正常、脾臟大小未變異以及先前三個月不用抽血。
- CHR：P1101 為 43.1%，HU 為 45.6%。

  副作用：PV1101 各項副作用發生率均較低，包括貧血 (6.3% 與 24.4%)、白血球減少症 (8.7% 與 21.3%)、血小板減少症 (15.0% 與 28.3%) 與噁心 (2.4% 與 11.8%)，均展現出優於HU的安全性與耐受性。

其他：

- 本實驗乃全球第一次也是最大的 PV 干擾素前瞻性對照試驗
- PV1101 展現的安全性與耐受性似乎優於其他長效型干擾素藥物 (等同即有市場)。
- 在整個進行中的第三期臨床試驗 (PROUD-PV 及 CONTINUATION-PV) 中，HU 組有 5 人於治療過程中產生惡性腫瘤 (2 人 PROUD-PV 試驗中發生、3 人是在 CONTINUATION-PV 試驗中發生)，2 人是急性白血病 (acute leukemia)、2 人是基底癌 (basal carcinomas)、1 人是黑色素腫瘤 (melanoma)。粗估 HU 導致較為致命的惡性腫瘤發生率為 2.36%。此點會讓醫生使用 HU 時產生責任道德問題。
- 但公司未公佈更詳細的臨床數據，目前尚難評估。

心悅生醫 6575 T.T.

SyneuRx

國際第三代精神科藥物篩選平台
二項成人疾病取得美國突破性療法認可
並攻全球至今無解的失智症

精神科用藥已經有五六十年未有新的治病機制出現，目前用藥均圍繞在小分子的神經傳導調節，卻忽略佔有腦神經傳導功能 90% 以上的胺基酸作用！心悅利用多種胺基酸調節機轉，由老藥或已知高安全性的化合物資料庫中篩選藥物，以減低藥物開發風險，其中有二個項目因為二期臨床療效不錯而取得美國 FDA 突破性療法認可，由 FDA 直接指導。

心悅創辦人蔡果荃醫師是加州大學洛杉磯分校（UCLA）醫學院的專任醫師與教授，本身拿到約翰霍普金斯大學神經科學博士及商學院碩士。蔡醫師兼具基礎醫學研究和臨床執業經驗，了解目前用藥瓶頸，故由臨床經驗反向開發藥物，乃目前流行的轉譯醫學（translational medicine）模式，在與 FDA 的溝通中一直修正臨床計劃，排除不確定因素的風險，以提高成功率。相信嚴謹是必要的馬步。

心悅採用的神經傳導理論屬於第三代精神科藥物，心悅的技術核心是“阻斷甘胺酸（Glycine）回收”及“D絲氨酸（D-Serine）代謝抑制”兩大領域，並透過原料藥、中間體、劑型及使用方法等四層的專利保護，進行老藥新用，以減低新藥開發風險。

心悅目前有六個產品獲准進入人體臨床二、三期實驗。除專攻精神分裂、憂鬱症以外，也看好心悅對早期失智症的新藥開發。七成的失智起因於艾滋海默症，目前針對艾滋海默症的 beta-Amyloid 或 Tau 蛋白的國際臨床實驗幾乎全軍覆沒，因為這二個標的可比喻為墓碑，去除墓碑並沒辦法使人起死回生，而心悅找到更早期可防範老年痴呆的藥物，將申請進入二期實驗。

心悅產品線

新藥名稱	適應症	優勢	2017 年 美國臨床階段
SND-11	青少年精神分裂症	• 孤兒藥 • 新治病機制	II / III
SND-12	成人精神分裂症 (合併治療)	**美國突破性療法** • 孤兒藥 • 新治病機制 • 針對無藥可醫者	II / III
SND-13	成人精神分裂症 (Add-on therapy 在現有藥物上加入治療)	**美國突破性療法** • 新治病機制 • 非孤兒藥	II / III
SND-14	早期失智症	• 新治病機制	II / III
SND -5	失智症之思覺失調	• 新機轉 • 植物藥或申請505(b)2	I / II
SNG-12	重鬱症	• 新化學分子NCE • 新治病機制	III
SNA-1	難治重度憂鬱症	• 新治病機制 • 505(b)2	II

註：NCE: new chemical entity 全新化學結構藥物

精神分裂症簡介

精神分裂症乃主要的精神科疾病，全球終生盛行率約為 1%，台灣約 0.3%。

主要表現症狀分正面和負面思考障礙，患者會出現諸如幻聽、幻視、被害妄想、怪異行為等狀況，之後認知功能與情緒表達退化，喪失社交和工作能力。

部分病人會併發憂鬱症狀，造成自傷自殺。男女發病比率一致，男好發於 10~25 歲，女性 25~35 歲之間。

目前用藥起緣於 1960 年興起的多巴胺假說，認為精神分裂症患者的多巴胺系統活動過於旺盛，臨床上接受多巴胺抑制劑後症狀明顯改善，但副作用高。後來朝"選擇性受體"藥物發展，如針對 D2 or 5-HT2A 受體等，然而作用混亂；於是美國於 2010 年興起 NMDA (N-methyl-D-aspartate) 理論，即心悅使用的治病機轉，已有多國實驗的臨床證實，但心悅使用的是更安全的藥物分子。

精神分裂症的症狀

現有 Dopa 類藥物只改善正向症狀，無法解決負向行為與認知失能；而且基因學上也未找到 Dopa 與精神病的直接證據，也就是說過去的療法可能未擊中要點。

- 正性症狀：**最常見的陽性症狀包括幻覺和妄想。幻覺是指一個人聽到或看到不存在的事物。精神分裂症的患者通常還會有妄想，即相信一些荒謬的事情，例如認為別人知道他們在想什麼，或者以為自己能控制別人的思想。**
- 負性症狀：**是指精神分裂症讓患者失去的一些特性或能力。負性症狀通常包括情緒冷漠或沒有表情，不能持續進行任務或行動，語言貧乏及內容空泛，並喪失對任何事物的興趣和愉悅。**
- 認知症狀：**包括錯亂的思考和言語，以及不可理解或不合實際的行為。精神分裂症可使患者動作遲緩，重復有節奏的肢體動作，或以固定的模式移動，如不斷走圓圈。患者的感官能力有所改變，令他們難以理解日常的所見所聞和別人的語言，或容易誤解喜悅、憤怒或恐懼等情感。患者也會對顏色、形狀和噪音特別敏感。**

目前 DOPA 藥物只對其中某些症狀可改善，心悅的 SND-1 系列藥物則對正性、負性都有效；認知功能也有改善。

NMDA 的神經傳導理論

神經傳導物（neurotransmitter）負責將神經元上面的訊號經由突觸（synapse）傳到特定細胞。神經傳導物通常以簡單的分子為反應物，例如膽鹼類、單胺類及胺基酸類，如谷胺酸（Glutamine）、甘胺酸（Glycine）、D-絲胺酸（D-Serine）等。精神分裂被發現可能與甘胺酸和 D-絲胺酸的不足有關。

至於 NMDA（N-methyl-D-Asparate）乃神經傳導最普遍的機制，與認知、學習功能相關。精神分裂病人通常 NMDA 受體（receptor）功能低下，若能提高此功能（NMDAR）便可改善症狀。

因此第三代精神病用藥的開發概念為藉由 NMDAR 的 Glycine site 或 Glutamate Site 來提高 NMDAR 活性，以減輕病人症狀。

但是 Glutamate Site 活化太強容易導致自由基過多，引起神經細胞的死亡，所以心悅主攻 Glycine Site，可降低病人的長期副作用。

註：心悅藥物編碼中的 SNG 和 SND 分別代表走 Glycine 和走 D-Serine 不同路徑的藥物。SN 則是心悅 SyneyRx 的縮寫。

表: 神經傳導物質與精神科藥物開發

	膽鹼類	單胺類	
物質名稱	乙醯膽鹼 (Acetylcholine)	多巴胺 (Dopamine)	血清素 (Serontonin)
生理功能	1. 促進學習與記憶 2. 體溫心跳的調控 3. 控制調節自律神經	1. 運動控制 2. 產生認知 3. 產生同情	1. 睡眠控制 2. 記憶
相關應用	可改善阿茲海默症	1. 憂鬱症 (多巴胺過多) 2. 精神分裂症 (巴多胺過多) 3. 帕金森氏症 (多巴胺不足)	1. 憂鬱症(血清素不足) 2. 強迫症 (血清素不足) 3. 躁鬱症 (血清素不足)
藥物開發		第一代抗精神疾病藥物	第二代抗精神疾病藥物
附註		副作用大， 目前已很少使用	與第一代藥物相比，副作用較低，但仍有一定程度的副作用

精神分裂用藥市場：約 57 億美元

心悅利基

- 運用第三代精神用藥治病機制，但選擇副作用較低的路徑，並由安全性較高的老藥資料庫中篩選新藥。已降低美國傳統精神科新藥的高副作用風險。
  - ＊ 蔡果荃醫師已在相關領域研究並執業三十多年，具深厚經驗基礎。
  - ＊ 依明確的治病理論，由老藥找新應用，是公司成立不久即可快速申請到六個二三期美國臨床產品的原因。
- 取得二項成人精神分裂用藥的突破性療法資格，由 FDA 高層直接協助，若臨床有進展，將是大藥廠併購標的。
  - ＊ 公司在精神分裂的二期臨床除了可控制正性反應，也有其他藥物無法達到的負性治療效果。

	胺基酸類		
	谷胺酸(Glutamte)	甘胺酸 (Glycine)	D-絲胺酸 (D-serine)
	與記憶有關 使興奮	使興奮	使興奮
	1. 癲癇 (谷胺酸過多) 2. 舞蹈症 (谷胺酸過多) 3. 帕金森氏症 (谷胺酸過多)	1. 精神分裂症(甘胺酸不足) 2. 治療攝護腺肥大	1. 精神分裂症 (D-絲胺酸不足)
	第三代抗精神疾病藥物	第三代抗精神疾病藥物	第三代抗精神疾病藥物
		心悅藥物副作用低，可改善負向症狀	心悅 SND 系列藥物，副作用低

* 公司與FDA密切討論，以嚴謹的方式篩選臨床試驗中心，並藉由循環式的臨床試驗排除安慰劑反應 (Placebo effect)。
* 公司挑選的 Sodium Benzoate 是老藥，每日每公斤體重的安全劑量是 647~835 毫克，遠大於治療劑量，相當安全。
* 公司已有專利保護，更多專利申請中。

● 心悅尚有多項藥物，多項適應症，尤其是早期失智症的探就，均已進入美國臨床二期，風險均散。

* 失智症為全球至今無解之症，心悅已找到標的，開發策略規劃中。

風險

● 臨床實驗均有風險，須密切觀察。

● 獲得突破性療法，有專家指導，可排除某些風險，但仍要看臨床療效。

生控基因 6567 T.T.

TheVax Genetics Vaccine CO., Ltd

針對 T 細胞的免疫治療平台

生控基因是個免疫治療技術平台公司，其平台利用去除毒性的"病原菌蛋白"有效引發 T 細胞反應，可使用於多種腫瘤或疾病的治療，例如子宮頸癌、B 肝治療等等。而這平台技術也吸引法國第一藥廠前研發長 Dr. Frank Douglas 的注意，而擔任美國生控的執行長。

技術平台利用無毒的病原菌引發免疫反應

生控基因的免疫治療技術平台是個由三個重要部份所組合的融合蛋白，以子宮頸癌治療性產品為例，這融合蛋白為 PE-E7-K3：

- PE：主要促使樹狀細胞誘發免疫反應用。有效誘發免疫反應是免疫治療的首要條件。PE 是本平台的固定要角。
- E7：是子宮頸癌的抗原之一，如果換成其他抗原，則可治療不同疾病，例如換成 HBV 抗原，可對抗 B 型肝炎，換成肺癌抗原，則可對抗肺癌。
- K3：是輔劑，可加強 T 細胞免疫反應，視情況可換成其他輔劑。

PE 是 Pseudomonas exotoxin A（綠膿桿菌外毒素）的縮寫。綠膿桿菌是病原菌，所以人體免疫細胞對綠膿桿菌外毒素會起很強的免疫反應，如此才能有效引出人體最強的 T 細胞，出來攻擊疾病，PE 是生控平台的主要角色。生控已在瑞寶動物疫苗公司（同一集團），以相同平台開發豬隻疫苗並驗證其安全性，比國際其他以病原菌引發免疫反應的產品更安全。

利用病原菌誘發免疫反應是幾十年來科學家一直想開發的技術，科學家曾利用過其他病原菌，例如李斯特菌或沙門桿氏菌，想誘發免疫反應，但一直無法通過安全性這一關。生控董事長章修剛先生算是少數堅持者，這也是生控基因最大的潛力－－個安全又可以有效引發免疫反應的治療平台。

技術含有諸多設計

但是這平台的設計不是只靠 PE 而已，以子宮頸癌產品 PE-E7-K3 為例，當這融合蛋白打入人體後，因為 PE 是外來病原菌蛋白的關係，一下子就引起體內最強的抗原呈現細胞－樹突細胞（Dendritic Cells）的注意。

PE-E7-K3 和樹突細胞表面的 CD 91 結合，被吞進樹突細胞裡，如下頁圖形所示，然後 PE-E7-K3 就像巡疫飛彈一樣解體。E7-K3 在細胞內分解後，與內質網的 MHC1 結合，放大訊號，然後呈現給 T 細胞。是這些過程有效引起體內最強的 T 細胞注意，才有辦法成為免疫治療的基礎要件（註 CD91：Surface receptor of DC（Dendritic Cells））。

根據筆者以前開發癌症疫苗的經驗，免疫刺激劑、抗原和輔劑要同時打入人體，比較能集中火力引發足夠的 T 細胞反應，生控採取融合蛋白的方式較分別打入人體的方式要有效率。

下頁圖為生控法說資料，生控將 PE 比喻為飛彈，可隨著換乘載彈藥的不同，治療不同疾病。以 PE-E7-K3 為例，PE 為飛彈，E7 為彈藥。

PE 經由與 CD91 的結合，把 E7 帶入樹突細胞內。E7 和 PE 在細胞內 1~2 分鐘後就解體，E7 約 10~30 分鐘就被分解出來，並藉由 MHCI 呈現於樹突細胞表面。接著引起 E7 專一性的 T 細胞免疫反應。

看似簡單，但當中有些融合蛋白技術的設計，才有辦法達成如此巧妙的任務。

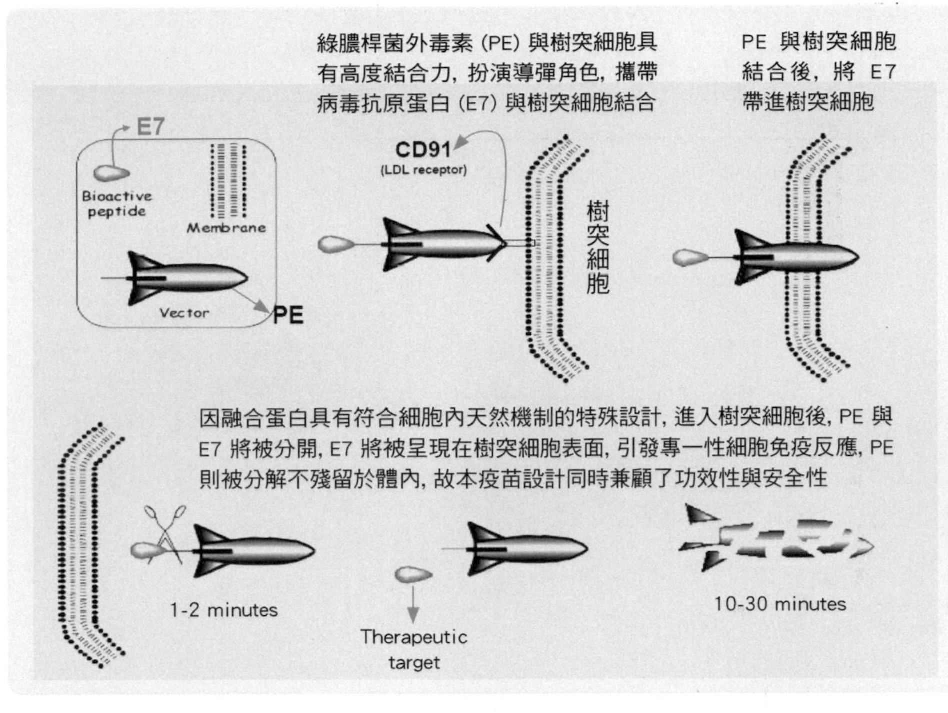

PE-E7-K3 市場：針對子宮頸癌和肛門癌

PE-E7-K3 主要針對由人類乳突病毒 (HPV) 引發的感染與癌症, 除了子宮頸癌, 肛門癌也是 HPV 引起, 全球每年罹患新例分別為 50 萬人和 2.7 萬人。

子宮頸癌病發展過程大致分四階段 (癌前病變一、二、三期及侵襲性癌), 大部份婦女發現有異狀時, 已到不易治療的第四階段 (侵襲性癌)。但在癌前病變階段仍有很高的治療機會。

生控的融合蛋白較安全, 故可使用於子宮頸癌的癌前病變治療, 而這塊市場遠比子宮頸癌更大。

傳統發現子宮頸癌前病變後, 有些選擇直接手術割除, 如果生控的子宮頸癌產品能夠成功完成臨床實驗上市的話, 未來只要打幾針就可清除病灶, 不須住院, 也不須忍受手術割除的痛苦, 也是女性一大福音。

生控其他產品線：

疫苗代號	適應症	合作單位	藥理驗證結果
TVGV-2	子宮頸癌	・台大醫院婦產部 ・約翰霍普金斯大學 ・南加州大學	• TVGV-2 可誘發更強之細胞免疫反應 • TVGV-2 具有極佳預防/抑制腫瘤生長之功效
TVGV-HB	B 肝帶原肝癌	・台大醫院肝炎研究中心 ・昆明理工大學	• TVGV-HB 可誘發針對 HBV 抗原之 Th1 反疫反應 • 預防投與 TVGV-HB 可加速病毒感染細胞之清除 • HBV 持續感染後投與 TVGV-HB 可達到治療功效

競爭比較

美國有些公司直接打入 DNA，或單純抗原，雖有製程簡單不用複雜生產的優點，但 DNA 疫苗若不小心整合至染色體，恐有長期性的安全疑慮，故 DNA 疫苗使用於較嚴重的癌症病患或重大遺傳性疾病，如基因治療的應用。

Advaxis 採用減毒的病原菌治療子宮頸癌，使用時須加抗生素以防萬一，增加醫生困擾，市場潛力限縮。

生控的 PE-E7-K3 產品是融合蛋白質，不是 DNA，也不是活菌。以大腸桿菌生產，製程便宜。若能驗證療效，潛力比其他產品佳。目前處於美國臨床二期。

公司	生控基因	Advaxis	Inovio
技術分類	融合蛋白疫苗	細菌性疫苗	DNA 疫苗
疫苗策略 (抗原性)	去毒 PE 誘發 T 細胞免疫反應 勝	減毒李斯特菌誘發 T 細胞免疫反應 勝	病毒 DNA 片段誘發免疫反應
安全性	蛋白進入人體 10-30 分鐘後即分解 勝	活菌進入人體, 循環全身	DNA 恐嵌入宿主 genome, 具基因變異風險
方便性	3 針即可 勝	病人需住院, 3 天後投與抗生素	醫院需另購 electroporation 儀器
臨床試驗進度	Phase II 進行中	Clinical on hold	Phase II 結束 勝
授權交易	NA	NA	US$ 700M 勝

資料來源：2016 年生控法說

生控小結

- 具 PE 綠膿桿菌平台, 可更換抗原, 治療癌症或感染性疾病, 應用廣泛, 另外安全性早有認證, 可使用於癌症或癌前病變, 較美國同類公司更具市場潛力。
- PE 融合蛋白平台的競爭優勢：能有效引發 T 細胞反應, 此乃免疫治療的主要基礎。
- 臨床進度：目前以子宮頸癌前病變為主, 處於美國臨床二期, 台灣一期。B 肝產品也在積極規劃中。

景凱生技 6549 T.T.

TaiwanJ Pharmaceuticals Co., Ltd

抗脂肪性肝炎的特色新藥公司
老藥新適症開發

- 設立日期：2011 年 5 月 2 日。
- 2016 年實收資本額：新台幣 451,200,000 元。
- 主要產品：二項抗肝臟發炎新藥。
- 國際潛力：

  * 慢性炎症長期被忽略，目前極端缺乏有效藥物
  * 非酒精性脂肪肝炎（NASH）藥物國際授權活動熱烈
  * 老藥新適應症，有安全性資料可循，只待療效驗證。
  * 多項產品已在臨床二期實驗中，解盲若成功即有授權機會
  * 抗癌雙標靶藥物處於臨床前

景凱由老藥開發新適應症，可降低藥物毒性風險。目前開發的新藥主要係利用過去美國 FDA 已核准之藥物，JKB-122 及 JKB-121，進行新適應症、新劑型之改良，並鎖定國際開發熱潮的肝臟發炎疾病，包括 NASH（非酒精性脂肪肝炎，請詳商機介紹篇），進行臨床二期實驗。具初步結果之後，即會陸續授權以開發更多的新藥產品線。

景凱主要產品線

產品	適應症	2016年臨床階段	說明
JKB-122	• 慢性肝炎 • 中國市場 58億人民幣	美國二期 台灣二期	• 雙盲 • 2016/12 收案完成
	自體免疫性肝炎 (AIH)	美國二期 美國孤兒藥許可	• 開放性臨床實驗, Open Label • 目前無藥可醫, 病患的 ALT指數較平常人高十倍, 相當於第三級的肝炎 • 美國潛在病患10萬人
	非酒精性脂肪肝病 (NAFLD)	台灣二期	
JKB-121	非酒精性脂肪肝炎 (NASH)	美國二期	• 雙盲 • 預計 2017 Q1 完成收案
TWJ101	抗癌雙標靶藥物／大腸直腸癌 (CRC)／臨床前		

景凱抗發炎藥物作用原理

TLR4 (Toll-Like Receptors) 是包埋在細胞表面的跨膜蛋白, 存在於肝臟的庫氏細胞 (Kupffer cells)、巨噬細胞及其他器官組織中。在免疫反應中, TLR4 透過一連串下游反應, 啟動免疫機制, 產生發炎, 使身體免於感染與傷害。若免疫反應過於激烈或持續性發炎, 則會造成器官或組織的傷害。

景凱研發 TLR4 拮抗劑藥物, 利用調節自身免疫系統的機制達到降低發炎的效果。

文獻報導 TLR4 在控制肝炎及肝纖維化有明確的重要性，特別與非酒精性脂肪肝炎（NASH）與酒精性脂肪肝炎（ASH）相關。景凱的藥物為口服小分子 TLR4 拮抗劑。

全球慢性肝炎相關疾病

2010 年 5 月世界衛生組織（Word Health Organization；WHO）首次正式聲明肝臟疾病是一個重大的全球性公共衛生問題。

其中慢性發炎相關疾病長期被市場忽略，主要原因在於找不到較好的標靶可以抑制發炎反應。

以慢性肝病為例，起因可簡單分為病毒引發、酒精性引發的脂肪肝，和非酒精性脂肪肝引起的慢性肝病。

當肝臟受到病毒、內毒素、脂肪、化學物質等因子刺激時，會使肝臟分泌過多的發炎誘發因子，使肝臟發炎（liver inflammation），漸漸出現肝臟纖維化（liver fibrosis）和肝臟硬化（liver cirrhosis）現象，最後發展成肝癌以及肝衰竭等疾病。

目前藥物均針對病毒抑制，而無抗發炎藥物，然而美國藥廠巨頭輝瑞、美國知名生技公司 Gilead Sciences Inc、Conatus Pharmaceuticals、Intercept Pharmaceuticals 等等上市公司，均積極投入肝炎及肝纖維化新藥的研發。不過美國喜歡開發全新分子，在市場獨享期上較有保障，但全新分子的安全性研究耗時費資，開發緩慢，臨床失敗率也很高。景凱使用上市老藥，安全性數據有長達 20 年的資料可尋，省下許多開發時間，這是股本小小的景凱，卻有高達五項臨床二期實驗的原因。

全球廣大肝炎病患無抗發炎藥可醫

全世界 C 型肝炎患者約 1.5 億人，每年以 300~400 萬新例的快速增加速度在全球蔓延，且大部份未得到有效治療。

感染 C 肝病毒後，80% 會轉成慢性肝炎，每年 5~10% 的 C 肝病患會惡化成肝癌；其中 42% 出現在中國大陸。

C 肝目前沒有疫苗可預防，而 C 肝抗病毒藥物 Olysio、Sovardi、Harvoni 等，雖然病毒抑制效果良好，但無法治療已形成的肝炎、肝纖維化和肝硬化。

非酒精性脂肪肝的醫療需求

肥胖，三高和糖尿病被認為是"非酒精性脂肪肝炎 (NASH)"的起因。而當中與脂肪堆積肝臟造成發炎脫不了關係。

NASH 不處理將演化成肝硬化，造成肝癌風險的增加，所以 NASH 成為歐美國家十分重視的藥物開發領域，由大藥廠爭相取得新藥技術即可得知 (商機篇 161 頁)。

統計顯示美國慢性肝病約有 5 百多萬人，估計在 2030 年將有 45% 的 C 肝病患發展為肝硬化，加上日益嚴重的肥胖問題帶出來的非酒精性肝病 (NAFLD) 或非酒精性肝炎 (NASH)，估計最少有 20% NASH 病患會由肝纖維化進展為肝硬化。

其他引起慢性肝病的原因還包含酒精刺激、其他感染、膽汁逆流、自體免疫性肝炎等等。目前肝硬化的治療方式為器官移植與支持性療法，急須口服抑制劑。

景凱使用老藥，安全性佳，該公司有多項肝炎相關的臨床實驗正在進行，可密切觀察。

台睿生技

TaiRx, Inc.

抗惡性腫瘤＋口服癌藥平台

- 成立時間：2011 年 8 月。
- 獲利模式：新藥採授權，晚期藥物採授權與銷售分潤。
- 2016 年產品線與臨床進度：

  * 下一代抗癌新藥 CVM1118 抗惡性腫瘤移轉（生技製藥國家型計劃首選標的藥物之一），處於美國和台灣的 PI b/PII a 臨床實驗中。

  * 敗血症新藥 Rexis® 針劑：已有多項臨床證明可以調節免疫／發炎，降低敗血症死亡率，開發風險不高，台灣臨床三期中。

  * 劑型改良癌藥：乃口服平台技術，已開發出 TRX- 707 癌藥及 TRX- 711 抗副甲狀腺亢進藥物。

- 公司潛力：具大型國際藥廠顧問群，以國際標準開發新藥。
- 公司經營策略：

  * 在全新藥物方面，台睿選擇安全性高的小分子進行臨床實驗（CVM-1118）。

  * 搭配在國外已有臨床實證的針劑，重新進行劑型改良與專利保護（Rexis®），其低劑量版本（Selnite®）則無須臨床實驗即可上市創造營收。

  * 為長久經營，公司另有口服劑型改良平台，將難以溶解的針劑藥物，改成口服劑型，即所謂的 505(b)2 類新藥策略，以降低開發風險。

CVM-1118：具多重抑癌功效，尤其是抑制腫瘤脈管的能力

科學家發現惡性腫瘤細胞具有侵略周遭組織，躲避人體免疫追蹤以及遠端建立殖民地的超強行為。癌症一旦轉移，一年內的死亡率高達八成。

當腫瘤在壯大的過程中，會誘發微血管的生成，為其帶來糧草，所以很多知名暢銷藥以抗微血管增生為治癌機制，例如像 Avastin® 之類的 anti-VEGF (Anti vascular endothelial growth factor) 藥物。

然而使用 Anti-VEGF 藥物一陣子後，癌症又會復發。美國科學家發現有些惡性腫瘤演化成更強大的能力，除了形成微血管，還在腫瘤內部，形成中空水溝狀的管道，由其幹細胞繁衍形成類似脈管的樣子，並接線到身體原來的血管，幫其運來更多的營養，這類似脈管的現象稱為 VM (Vasculogenic Mimicry)。CVM-1118 在體外發現可以抑制腫瘤的脈管增生，具 Anti-VM 效果。除此之外，CVM-1118 還有抑制癌細胞生長和誘導癌細胞凋亡的功能。

腫瘤壯大自己的兩個方法

A. 分泌生長因子，誘使微血管形成，為其帶來更多的養份

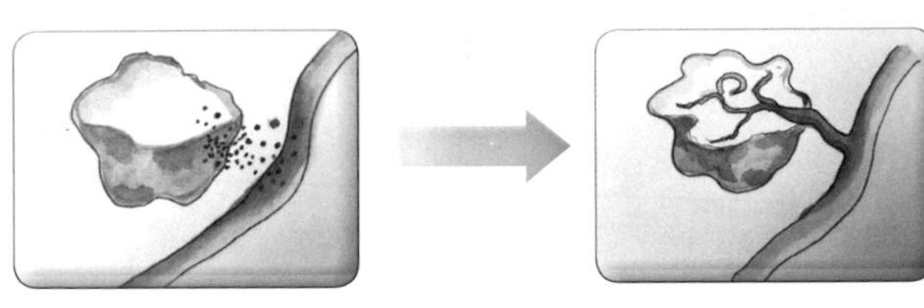

抗微血管增生藥物舉例：Avastin®

B. 腫瘤可以組織自己，形成類似通道的組織，並接到身體的血管，為其運來營養

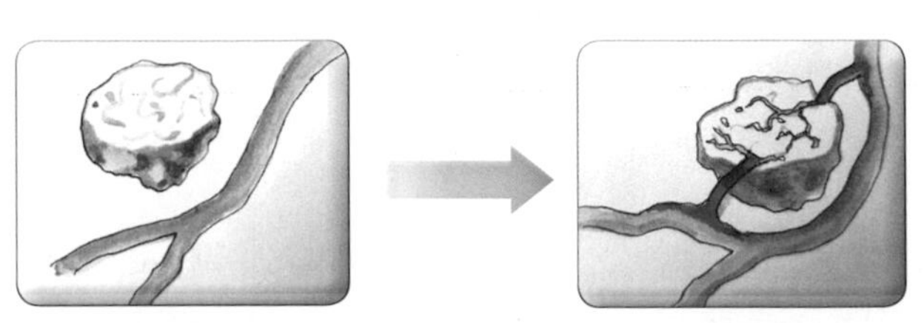

CVM 1118 抑制劑是全球第一個 Anti-VM 藥物

CVM-1118 是台灣學界發現，經由國際製藥團隊重新定位，開發劑型，並申請美國臨床實驗的口服癌症新藥。安全性高，具多重抑癌機制。2017 年進入美國臨床實驗二期。主要針對固體癌這類會形成脈管和惡性移轉的腫瘤。

CMV 1118 之創新技術

- 獨特的抑制類管道 (Vasculogenic Mimicry, VM) 形成機制。
- 有潛力成為市場首創藥物 (First-in-class drug)，抑制癌細胞的生長及轉移。

CMV 1118 小分子抗癌藥

- 生技製藥國家型計畫盤點首選標的新藥分子之一。
- 水溶性高，口服吸收率佳。
- 抗癌活性強，安全性高。
- 具有多重標靶作用機制，同時促進癌細胞自行凋亡、抑制癌細胞分裂生長、並防止惡性腫瘤移轉。
- 全球專利佈局。

資料來源：台睿生技

Rexis 針劑使用於加護病房

Rexis 乃硒劑，使用於加護病房的敗血症及敗血性休克。國外臨床報告顯示可降低 42% 死亡率，在 WHO 為必要施打針劑，但亞洲無藥。2017 年入台灣臨床三期。人口老化，加護病房人數增多，將可趨動 Rexis 的未來成長性，台灣市場預估每年 10～14 億台幣。

505(b)2 特色新藥優勢

台睿也開發 505(b)2 藥物，二項口服癌藥研發中，預計 2018 年入臨床三期。

505(b)(2)	▶ 505(b)(2) 屬於美國特色新藥之法規。 ▶ 可較新成分新藥縮短 5-7 年開發期。
特色藥市場	▶ 特色藥市場達 1,200 億美元。 ▶ 擁有三到五年市場專賣權保護。
特色藥優勢	▶ 銷售額度不低於全新藥，有案例達到 30 億到 40 億美元。

漢達生技醫藥 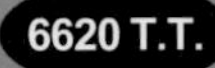

Handa Pharmaceuticals,Inc

已取得 FDA 二項暢銷藥的首發學名藥
+ 劑型改良新藥授權

漢達已取得二個美國重磅學名藥首發資格，前景明確

美國 Handa 製藥公司於 2005 年成立，創始者劉芳宇博士曾任職於美國安成，Impax，日本山之內藥廠…等等知名學名藥公司，實力深厚。2016 年整合台灣的劑型改良公司華瑞後，於 2016 年底興櫃，目前股本 10.45 億元。華瑞總經理宋國峻博士原為藥學教授，專長在藥品的口崩控釋技術（近年主流），可改善藥品在體內的有效吸收率，使病人服藥更方便。宋博士目前為漢達總經理。漢達的業務開發則由在美國 GSK（葛萊素藥廠）具多項藥物上市經驗的 Stephen D. Cary 擔綱。

競爭優勢

漢達專門挑戰高進入障礙的暢銷藥。漢達的藥品和專利研究技術高超，幾乎新藥一上市的隔年，漢達即挑戰 P4 原廠專利，故已有 2 項產品通過美國 FDA 審查，在專利未到期前即取得 "暫時性核准 (Tentative Approval)"，成為首發學名藥 (First-To-File ANDA) 廠家。請詳商機篇第 140 頁。

另外漢達也進行高進入障礙的暢銷藥劑型改良，直接申請新藥（即 505(b)2 類新藥），以授權大藥廠的方式取得獲利機會。

高進入障礙是指原料藥或劑型不穩定、難合成或純度不易掌控者，故一般學名藥廠難以加入競爭。

另外很多藥廠雖登記申請某某學名藥，但不見得能查廠通過或即時取得藥證。漢達在生產和行銷方面與大廠合作，經驗豐富，無縫接軌，以有效搶得首發藥市場商機。

首發暢銷學名藥 Seroquel® XR (Quetiapine XR)

* Seroquel XR® 為一天服用一次的長效錠劑，使用於重度憂鬱症、精神分裂症、思覺失調症。2012 年上市，專利2017/11 到期。原廠為 Astra Zeneca。根據 IMS Health 市場報告，2016 年 Seroquel XR® 的美國年銷售額高達 13 億美金。其中 50, 150, 200 和 300mg 劑量的營收為 9.11 億美金。
* 漢達的 50, 150, 200 和 300mg 已取得 FDA 首發學名藥資格，享有 180 天法定獨銷期。
* 漢達與原廠合解，於 2016 年 11 月就在美國開賣：

  漢達攻擊原廠專利弱點，早於 2011 年 10 月即取得原廠的合解，使漢達可於專利 2017/11 到期之前一年，即 2016 年 11 月，就可以在美國開賣，並由知名學名藥商 Par/ Endo 行銷，這種無縫接軌的合作模式，讓漢達在市場搶奪大戰上，比台灣其他國際學名藥公司更有效率。
* 至於 400mg 這部份雖非首發，但漢達也可分食這四億美金的市場。

另一重磅首發藥 (Dexilant®)Dexlansoprazole 也已到手

* Dexlansoprazole 主治胃酸逆流，其中治療糜爛性逆流食道炎的 60mg 劑型最具市場，在原廠藥 15 億美金營收中佔比 93%。
* 原廠日本武田，專利 2031 年到期。
* 漢達早就在 2010 年 8 月即卡位 60mg 劑型的首發學名藥 (First-to File ANDA)，更於 2014/7 即取得原廠的合解。
* 本案有望於 2023 年之前第一上市享受 180 天獨銷期。

* Dexlansoprazole 的原料藥不穩定，劑型上採二段式釋控，一般學名藥競爭者不易進入。劑型設計上可使藥物分別緩慢釋放到胃中，病人服用後第一小時和第四小時血液濃度達到高峰，使病人一天服藥一次即可。屬於長效型的緩慢釋控。

漢達也有 505b2 新劑型新藥的開發

漢達長項在於口崩控釋劑型的改良，目前正在開發的品項眾多。新藥採授權方式獲利，讓漢達具暢銷學名藥的獲利分潤和新藥半路授權的潛力。

合計開發中的 8 項藥品，市場潛力超過 50 億美元：

品項	適應症	註
1	癌症	505b2 劑型改良新藥，開發風險低
2	自體免疫疾病	
3	胃食道逆流	
4	降血壓	
5	抗憂鬱症	高進入障礙學名藥
6	降血壓	
7	結成炎	
8	未透露	

行銷

漢達在美國耕耘多年，與當地原料藥廠、生產廠，和國際知名學名藥公司具長期合作關係，故較能無縫接軌。直接搶得市場先機。

首發學名藥產業潛力

請參考第二篇學名藥商機。首發學名藥可享有美國 HWA 法案所法定的 180 天獨銷期。而專利研究能力佳者，可攻擊原廠專利細縫，有機會於專利到期前數年即可上市。但是雙方常進行私下合解，學名藥廠可以等原廠將市場做大後，再進場分食。

博錸生技 6572 T.T.
瑞磁生技 (ABC-KY) 6598 T.T.

結合生技與電子，將各種被檢物接上晶片條碼，
可微量同時檢測數十種標的物，全球創舉
比羅氏單次單點螢光檢測火力更強大，乃未來疾病大數據分析利器

瑞磁生技 (Applied BioCode Inc.) 提供原始技術並開發感染性疾病檢測，博錸則開發癌症、食安及其他檢測產品。

2014 年美國總統歐巴馬推動「精準醫療」(Precision Medicine)，期待為病人做出最正確有效的個人醫療。

以癌症為例，傳統用藥是一藥治所有病狀類似者，例如大腸癌全部以化療藥治療，但副作用過高，病人折騰不少。所謂的精準治療是指對不同個體的病人基因進行檢測，找到該病患罹癌原因後，再對症下藥，搭配精準治療的藥物為標靶癌藥。

目前美國 FDA 只批准 24 種標靶藥物上市，還有 100 多項靶藥正在陸續開發中。美國 FDA 發佈一個新規定，期待未來新藥開發都能伴隨特定的檢測試劑，讓醫生下藥前先篩檢病因，以提高治療效率，並減少盲目試藥的浪費。

由於每個病人的基因變化不同，癌細胞對每種藥物的反應也不同，所以在治療前必須先檢測個別病患的基因變化。而一個基因又有許多不同的突變點，A 藥對某些突變點有效，但對另一突變點就沒效。以肺癌為例，相關的致病基因至少就有八個，每個基因還有不同變化，至少 73 個突變點。

光一個病患的癌症基因檢測就如此的複雜，可以想見一家醫院面對數百個數千個病人時的高檢測量要求。

博錸技轉 ABC-KY 的生物條碼技術，開發出可以自動化檢測並分析病人基因突變點的儀器，給每個突變點一個辨識碼，有如人臉的辨識一般，讓這個龐大的檢測分析工作輕鬆又快速，一個按鍵按下，就等著報告出來，使基因檢測變得更快速、更容易分析，促使精準治療有辦法落實並普遍化。

除了儀器，博錸也開發針對子宮頸癌、肝癌或其他癌症的檢測套組，在台灣即將進入臨床驗證，預計進行 309 人的檢測。

博錸創始者曹汀博士在美國為免疫檢測的知名人物，已有三家公司被美國和日本公司併購。

曹博士於 2010 年回台成立博錸，挾帶他在美國病理檢測的數十年經驗，與台灣電子公司合作開發全自動化的多元生化基因檢測儀。

技術優勢

- 分辨性強大：

  博錸採用瑞磁生技（ABC-KY）獨創的晶片辨識技術，可結合到 DNA，蛋白質和單株抗體各種現有生物標的物，突破現有的螢光檢測瓶頸（螢光分辨性較模糊，一次僅可檢測 4-10 種標的物），博錸加入 Pi Code 條碼，可一次檢測 16000 種以上的標的物，"分辨性" 強大。

- 靈敏度高十倍：

  只放大突變基因的訊號，使平常無法偵測到的極少數腫瘤細胞可被檢測到，大大提高疾病預防功能。

- 應用廣泛：

  達基因分析層次，故可使用於偵測細菌，病毒或人體細胞變異，應用於癌症檢測，食品安全檢測，感染性疾病檢測…等等，市場廣大。

近期佈局

- 2016 年授權日本合作開發更多產品。
- 2017 年規劃約十項的多元腫瘤基因檢測產品於歐洲上市。
- 2017 年爭取中國食品安全檢測政府案，逐步打入食安領域。

中期規劃

- 腫瘤基因檢測三類醫材臨床實驗 2016 年底入台灣，預估二年內取證，後入美國、中國。
- 持續技術授權與合作開發，使技術平台被業界廣泛使用，達到國際普及。

董事長　曹汀 博士

曹汀博士於美國科羅拉多州立大學 (Colorado State University) 取得博士學位，專長為生物化學及免疫學，曾在加州大學舊金山醫學院 (UCSF) 及奧克拉荷馬州立大學從事研究工作，後自行創業。

- 1980 年創立 Zymed 公司，提供近二千種免疫試劑作為癌病相關疾病的研發及診斷，成立二年營收即達 2000 萬美元，後來成為全球第三大病理體外診斷試劑公司，2005 年被全球最大試劑公司 LIFE Technologies 收購。
- 1988 年創立 Genemed 公司，提供診斷試劑代工服務 (FISH 螢光檢測)，為 Roche 部分分子診斷試劑唯一代工廠商長達 17 年，並找到肝癌基因。2015 年被日本 Sakura Finetek 收購。
- 1996 年創立 GSI，提供 Oligo、Peptide 及 gene 的合成與 antibody 的生產，於 2007 年被美國 Genetic Resources 收購。

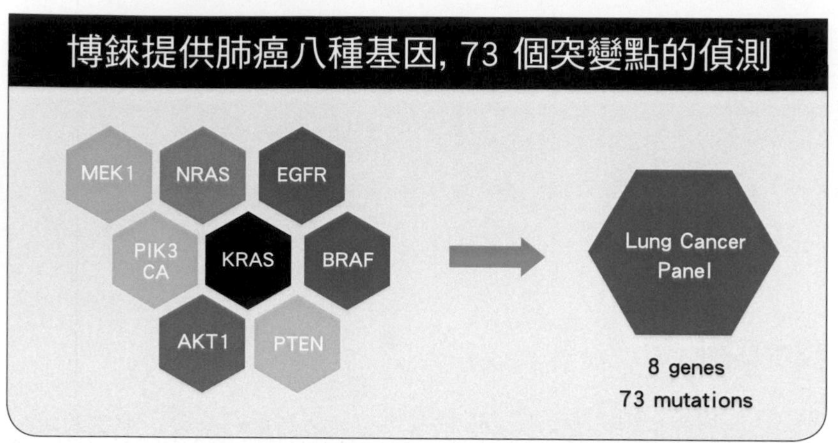

博錸提供 all-in-one 套組, 比大廠檢測產品更方便

博錸		Qiagen		Roche	
Panel	Mutations per gene	Kit	Mutations per gene	Kit	Mutations per Gene
Lung Cancer Panel	**8 genes** **73 mutations** EGFR (40) KRAS (17) BRAF (2) PIK3CA (5) NRAS (4) AKT1 (1) PTEN (1) MEK1 (3)	therascreen EGFR RGQ PCR Kit	29	cobas® EGFR Mutation Test	15
		therascreen KRAS Pyro Kit	11	cobas® KRAS Mutation Test	19
		BRAF RGQ PCR Kit	5	cobas® 4800 BRAF V600 Mutation Test	1
		PIK3CA Mutation Test Kit	4	cobas® PIK3CA Mutation Test	17
		therascreen NRAS Pyro Kit	18		

至於 ABC-KY 則是 Bio-code 的原始技術開發者，何重人博士開發出將晶片條碼結合到蛋白質的技術，並搭配檢測儀器，而試劑開發方向則以申請美國醫保給付的感染性疾病為主，例如疾病型的腹瀉檢測、下呼吸道疾病檢測、性疾病檢測，及肺結核檢測，2017 年期待拿到腹瀉檢測的上市許可。其腹瀉檢測 (18-Plex GI®) 可以同時檢測 18 種標的感染菌，較傳統檢測更快速也更便宜。

附錄 新藥公司的價值評估方法

大家可能以為新藥公司沒有 EPS，所以股價可以亂炒，沒有標準，其實非也，國際對新藥有一套評量方法，其中運用了許多不同面向的評估，並加權之，最後得到一個區間的價格，買方和賣方在這區間價格中進行投資決擇。

新藥評估方法適用於國際間製藥公司的併購、單一藥品的授權交易或整個公司的投資。新藥的鑑價或評價是個非常專業的過程，本書僅簡單列出面向，有興趣者請參加專業研討會。

簡易新藥評價方法：以 rNPV 為基本法，其他方法則具時間和競爭變動性，波動性較大，且較難找到適合的比較樣本。

1. rNPV法 (Risk-Adjusted Net Present Value)：此乃新藥評價的基本法，先假設該藥在未來某時點會成功，以其未來營收減掉開發支出，再除以風險因子，折算成投資當年的淨現值，就是該藥物的 rNPV。風險因子包括臨床風險、團隊執行風險、國際競爭風險、資本借貸風險…各種風險。有人以 DCF (Direct Cash flow) 計算，但 DCF 未加重考量風險因子，而風險因子在新藥特別重要，故 rNPV 比 DCF 較被國際接受於新藥的評價。
2. 同業新藥授權金額參考：每年各種藥物的授權金額都有市場資料庫可參考，只是一般民眾較難取得。
3. 美國同業市值比較法：一般未買資料庫者可簡易由美國同業市價推算台灣公司市值。但要小心樣品選擇。把只有單一產品的新藥公司和具有多產品的成熟公司放在一起比較須要很小心。成熟公司有時沒前景，單一產品公司有時風險過高，拿捏須要深入的探討。
4. 台灣同業市值比較法：台灣屬於淺盤不夠國際化的市場，而且樣本數更少，最無評估參考性。
5. 其他方法：還有許多方法，例如 option 觀念的評價法。

在框框裡是游不出去的　跳脫現有思考才有未來

MEMO
投資筆記

名詞索引

技術篇 名詞解釋	中文	英文	說明
1-1	急性骨髓瘤	AML（Acute myeloid leukemia）	
	自然凋亡	apoptosis	細胞天然的代謝程序，可維持正常的新陳代謝。
	良性(腫瘤)	benign	良性腫瘤不會擴大或侵略週遭組織。
	上皮細胞癌	carcinoma	由上皮組織引起的癌症。
	慢性骨髓瘤	CML（Chronic myeloid leukemia）	
	神經膠質瘤	glioma	腦癌的一種，難治，幾乎都是惡性。
	血癌	leukemia	屬於液體癌，治療方法與固體癌不同。
	淋巴癌	lymphoma	
	惡性(腫瘤)	malignant	惡性腫瘤會侵犯週遭組織，並可能移轉到遠方器官，造成治療上的困難。
	黑色素瘤	melanoma	2016 年美國黑色瘤新案例 76,380 件，死亡 10,130 件。
	癌症移轉	metastasis	癌症一旦移轉，不易治療。
	主要組織相容性複合物	MHC (major histocompatibility complex)	乃細胞表面上的複合物，可用來協助免疫細胞辨識外來物。
	腫瘤微環境	microenvironment	腫瘤微環境的低氧，高壓，微血管密佈及其他狀況，造成一般藥物無法進入，此乃癌藥療效不佳的原因之一。
	多發性骨髓瘤	multiple myeloma	2016 年美國新案例約 30,330 件，死亡約 12,650 件。難治癒，平均存活時間為三年到四年左右。
	原位癌	primary cancer	原始發生癌變的組織或器官。
	預後	prognosis	根據個別病人的病情狀況，預估該病患可能的治療結果或復發情況。

技術篇名詞解釋	中文	英文	說明
1-1	原癌基因	proto-oncogenes	調控細胞生長的基因之一。
	肉瘤	sarcoma	發生於軟組織的癌症。
	次位癌	secondary cancer	癌細胞移轉後，在遠端器官所造成的癌症。治療上以其原位癌的特性處理之。
	固體癌或實體癌	solid tumor	如肺癌、乳癌、肝癌等具實體的癌症，固體癌的形成與微環境造成治療上的困難。
	鱗狀細胞癌	squamous cell carcinoma	主要發生於皮膚下層。
	抑癌基因	tumor suppressor gene	調控細胞生長的基因之一。
1-2	ADC	Antibody drug conjugates	帶藥抗體或抗體藥物複合體。
	Car-T immunotherapy	Chimeric Antigen Receptor T-Cell Immunotherapy	嵌合抗原受體 T 細胞，即利用基因編輯，使增強 T 細胞的抗原辨識與殺癌能力，用於治療癌症的一種免疫療法。
	ICM	Immune Check Point Molecules	免疫檢查點分子，抑制之，可大量提高療效，乃國際開發熱點。
	I/O	Immune Oncology	指癌症的免疫治療領域。
1-3	原位癌	Carcinoma in situ	原位癌，化生不良 (dysplasia) 的程度明顯，但細胞未突破基底膜產生侵襲，尚未成為一般所謂的癌症 (侵襲癌)。
	化生不良	Dysplasia	細胞具有某些不正常的型態與基因特徵，但尚未達到惡性腫瘤的程度，日後有進展成惡性腫瘤的可能性。
	腫瘤分級	Grading	分級腫瘤形態上的惡性程度，各種癌症分級規則皆不同。若以數字呈現分級，數字越大通常惡性度越高。若以文字呈現，則常以分化好壞描述，分化壞表示惡性度高。

技術篇 名詞解釋	中文	英文	說明
1-3	腫瘤分期	Staging	分期, 常見之腫瘤分期依據 TNM 系統, T 為腫瘤程度, N 為淋巴結轉移程度, M 為遠端轉移程度。各種癌症之分期規則皆不同。
	誘導型多功能幹細胞	iPS (Induced pluripotent stem cells)	使體細胞具有胚胎幹細胞的萬能轉化能力。
	間質幹細胞	Mesenchymal Stem Cell, MSC	濃度高, 應用性廣, 為產業主要幹細胞種類來源。
	腫瘤轉移	Metastasis	轉移, 腫瘤細胞侵犯遠端器官。
	多功能幹細胞	Multipotent Stem Cells	只能分化成特定組織或器官等。
	Neoplasm 腫瘤	Neoplasm	包含良性與惡性，涵義上強調基因變異造成細胞過度增生。
	萬能幹細胞	Pluripotent Stem Cell	可以發育成不同的器官和組織。
	全能幹細胞	Totipotent Stem Cell	受精卵分裂成八個細胞之前的細胞, 這珍貴的四顆幹細胞, 各自都可以可分化成完整的個體, 被稱為全能幹細胞。
	專一性幹細胞	Unipotent Stem Cells	已定型, 只能產生單一特定的細胞。

	專有名詞	英文	中文	說明
商機篇名詞解釋	Orange Book	Approved Drug Products with Therapeutic Equivalence Evaluations	具相同療效之藥品核准目錄。	美國上市藥品的資料登錄目錄, 供業者查登用。
	Hatch-Waxman Bill	the Drug Price Competition and Patent Term Restoration Act	藥價競爭與專利回復法案。	美國對學名藥與新藥管理的著名法規。
	Data exclusivity		資料專屬權。	保護新藥公司用。
	FTF	First to File	第一學名藥上市申請。	在美國具180天除原廠外的獨銷期。
	P IV或 P4	the Paragraph IV of Orange Book	橘皮書藥品登錄目錄的第四章。	為學名藥廠對原廠提出未侵犯專利的登錄章節。
	Generic Drug		學名藥,仿製藥。	指專利過期的藥物。
	ANDA	Abbreviated New Drug Application ANDA	簡易新藥上市申請。	指學名藥新上市時只提供生物相容性 (bioequivalence) 之類的數據, 而不須臨床實驗即可申請藥證。